U0113381

国家社会科学基金项目
中央高校基本科研业务费资助项目

"一带一路"背景下
中国企业 对外投资风险防控研究

黄　娟/著

西南财经大学出版社

中国·成都

图书在版编目(CIP)数据

"一带一路"背景下中国企业对外投资风险防控研究/黄娟著.—成都:西南
财经大学出版社,2021.12
ISBN 978-7-5504-5145-2

Ⅰ.①一… Ⅱ.①黄… Ⅲ.①企业—对外投资—风险管理—研究—中国
Ⅳ.①F279.23

中国版本图书馆 CIP 数据核字(2021)第 239253 号

"一带一路"背景下中国企业对外投资风险防控研究

"Yidaiyilu" Beijing xia Zhongguo Qiye Duiwai Touzi Fengxian Fangkong Yanjiu

黄娟 著

策划编辑:孙婧
责任编辑:李思嘉
责任校对:李琼
封面设计:墨创文化
责任印制:朱曼丽

出版发行	西南财经大学出版社(四川省成都市光华村街55号)
网　　址	http://cbs.swufe.edu.cn
电子邮件	bookcj@swufe.edu.cn
邮政编码	610074
电　　话	028-87353785
照　　排	四川胜翔数码印务设计有限公司
印　　刷	四川煤田地质制图印刷厂
成品尺寸	170mm×240mm
印　　张	15.75
字　　数	282 千字
版　　次	2021 年 12 月第 1 版
印　　次	2021 年 12 月第 1 次印刷
书　　号	ISBN 978-7-5504-5145-2
定　　价	88.00 元

前言

　　"一带一路"倡议作为中国首倡、国际合作的新模式，开启了中国企业对外投资的新纪元，中央经济工作会议做出"深入推进'一带一路'建设，切实防范企业对外投资风险，努力提高对外投资效率和质量"的决策部署；党的十八大、党的十九大、十九届三中全会、十九届四中全会亦明确提出"准确把握国内、国际两个大局，固根基、扬优势、补短板、强弱项，构建系统完备、科学规范、运行有效的制度体系"。"一带一路"背景下，企业对外投资的关键还在于"投准""投稳"，《中国企业对外投资调查报告》表明，一些已经或有意愿对外投资的企业不乏存在"走一步看一步"的投资心态，且凸显出重商机、轻布局，重业务、轻财务，重资本、轻知本，重规模、轻运营等显性与隐性投资风险，离真正的"投准""投稳"还存在较大差距。"一带一路"倡议既需要顶层设计，也需要企业探索。因而，如何从风险防控的视角出发，建立与优化中国企业对外投资风险防控体系，健全与完善对外投资风险防控的长效保障机制，进而培育与提升企业对外投资风险防控能力，从而切实为我国企业践行"一带一路"倡议保驾护航，已成为政府部门、中介机构和企业主体亟待解决的重要课题。

　　本书以会计学、投资学、国际贸易学、管理经济学、制度经济学、区域经济学、计量经济学、运筹学等为理论基石，遵循"理论诠释—实证检验—国际比较—对策设计"的逻辑思路，综合运用系统分析法、归纳演绎法、文献计量法、比较研究法、实证研究法、问卷调查法、案例分析法等研究方法，对"一带一路"背景下中国企业对外投资风险防控的作用机理、应用实践和长效机制等问题进行了深入探究。

　　以下是本书的具体内容和主要观点。

　　第1章，基于文献计量的"一带一路"背景下中国企业对外投资风险防控研究：文献综述。文献分析是研究的出发点。本章基于中国知识资源总库（CNKI）数据库，运用文献计量法、可视化分析法和内容分析法等研究方法，分别对"一带一路"、企业对外投资风险、"一带一路"背景下企业对外投资风险防控进行研究，从文献发表时间分布、研究力量与作者分布、关键词与内容分析等层面进行梳理与剖析。分析表明：关于"一带一路"背景下企业对外投资风险防控的研究起步较晚，整体数量较少，且研究领域还不够广泛，相关研究基金支持尚不够充分。对关键词、研究机构分布情况、被引频次进行可视化计量分析，研究热点主要集中在政治风险、法律风险与经济风险三个层面，大多关注宏观风险防控，研究方法侧重于定性研究和静态研究，亟须构建科学系统、切实可行的风险防控体系。基于文献计量的研究综述突出当前研究热点与未来研究趋势，为全文的深入研究做好文献铺垫。

第 2 章，"一带一路"背景下中国企业对外投资风险防控研究：理论诠释。理论分析是研究的奠基石。企业对外投资的过程始终伴随着对外投资风险，改革开放 40 多年来我国企业对外投资发展迅速，进入 21 世纪，尤其是"一带一路"倡议实施以来，企业对外投资在投资规模和投资质量上取得了长足进展，我国已成为世界上最主要的对外投资输出国之一。但与此同时，世界格局多极化、多样化和多元化趋势不断推进，企业对外投资风险不可小觑，显性风险与隐性风险相互交织，每一阶段的对外投资风险具有不同的风险表征和风险性态。本章阐释"一带一路"倡议的时代背景与内涵，考察我国企业对外投资风险的演变趋势，探究"一带一路"倡议对我国企业对外投资风险演变的影响，剖析企业对外投资及其风险防控的理论基础，在此基础上，探寻企业对外投资风险（外源性、内生性、过程性）的产生根源和演化规律，基于风险态势特征，从风险识别、风险分析与评价、风险控制三个构面建立"一带一路"背景下企业对外投资风险防控的分析框架，为本书的深入研究奠定理论基石。

第 3 章，"一带一路"背景下中国企业对外投资风险防控研究：实证检验。实证分析是研究的检测器。本章基于外源性、内生性、过程性三个维度，运用拓展的投资引力模型（gravity model），以 2013—2017 年与我国签订"一带一路"合作协议国家的样本数据，实证检验"一带一路"背景下中国企业对外投资的影响因素，分析发现"一带一路"背景下影响中国企业对外投资的因素既有外源性因素、过程性因素，也有内生性因素；采用问卷调查法，运用结构方程模型（SEM），实证考察"一带一路"背景下中国企业对外投资风险防控对投资绩效的作用路径和影响程度。结果表明："一带一路"背景下我国企业对外投资中，良好的对外投资风险防控体系的建立有效提高了企业的对外投资绩效。外源性风险防控、内生性风险防控、过程性风险防控的实施，不同程度地提高了企业对外投资绩效；基于实地调研与问卷调查，以华为公司为案例对象，运用综合集成算法（DHGF），量化评价"一带一路"背景下华为公司对外投资风险及其防控的运行态势，评价结果显示无论是"一带一路"实施前还是实施后华为公司对外投资风险都属于较高风险水平，亟待强化动态风险防控系统。实证检验为本书的深入研究提供经验证据。

第4章，"一带一路"背景下中国企业对外投资风险防控研究：国际比较。国际比较是研究的广角镜。"他山之石，可以攻玉"，尽管"一带一路"沿线各国经济发展不平衡，企业对外投资的发展阶段、投资规模、行业结构和区位分布等存在较大差异，但各国都将企业对外投资作为参与全球资源配置和提升国际竞争力的战略抓手。本章从外源性、内生性和过程性三个维度，全面透视"一带一路"沿线国家企业投资风险现状。分析表明：各国在政治、经济、社会等各方面的差异导致企业对外投资风险的形成与表征各有不同；在深入剖析各国企业对外投资风险防控体系构建与运行的基础上，分别考察发达国家（美国、日本、德国）企业和新兴市场国家（韩国、巴西、俄罗斯）企业的对外投资风险防控体系建设，从宏观层面和微观层面考量其共生性与差异性，以期为优化和拓展我国企业对外投资风险防控提供借鉴。

第5章，"一带一路"背景下中国企业对外投资风险防控研究：对策设计。对策分析是研究的归宿和落脚点。科学有效的风险防控体系是提高企业对外投资效能与效率的重要途径，新形势下，"一带一路"沿线各国的投资风险日趋复杂，我国政府、中介（智库）、对外投资企业均需树立全面风险管理理念，从对外投资风险的被动承受者转变为主动防控者。本章提出"一带一路"背景下中国企业对外投资风险防控对策的总体思路，依托"政府引导、中介（智库）指导、企业主导"，借力"动力机制、学习机制、协调机制、运行机制"，践行"主体协同、技术支撑、机制保障"，共同助推中国企业稳健"走出去""走进去"，为"一带一路"背景下中国企业对外投资风险防控提供践行方案。

黄娟

2021 年 8 月

目录

1 基于文献计量的"一带一路"背景下中国企业对外投资风险防控研究：文献综述

文献分析是研究的出发点，本章基于中国知识资源总库（CNKI）数据库，运用文献计量法、可视化分析法和内容分析法等研究方法，分别对"一带一路"、企业对外投资风险、"一带一路"背景下企业对外投资风险防控进行研究，从文献发表时间分布、研究力量与作者分布、关键词与内容分析等层面进行梳理与剖析，突出研究热点与研究趋势，为本书的深入研究做好文献铺垫。

1.1 "一带一路"研究的文献综述

本部分通过检索中国知识资源总库（CNKI）中"一带一路"相关文献2013—2018 的年度数据，采用文献计量分析法、可视化分析法和内容分析法等对文献进行梳理，分析"一带一路"领域的研究现状和发展趋势，并从政治层面、经济层面和文化层面三个维度透视当前研究热点，并进行了简要展望。

1.1.1 "一带一路"溯源

2013 年 9 月，习近平主席在哈萨克斯坦纳扎尔巴耶夫大学发表题为《弘扬人民友谊 共创美好未来》的重要演讲，首次提出共建"丝绸之路经济带"的倡议；2013 年 10 月，习近平主席在印度尼西亚国会发表题为《携手建设更紧密的中国——东盟命运共同体》的主旨演讲，首次提出共同建设 21 世纪"海上丝绸之路"的倡议；2013 年 12 月，中央经济工作会议做出推进"丝绸之路经济带"建设的战略部署；2014 年 3 月《政府工作报告》中提出抓紧规划建设"一带一路"。2014 年 11 月，习近平在 APEC 峰会上宣布，中国将出资 400 亿美元成立丝路基金；2015 年 2 月，"一带一路"建设工作领导小组成员亮相；2015 年 3 月，国家发展改革委、外交部、商务部联合发布了《推动共建丝绸之路经济带和 21 世纪海上丝绸之路的愿景与行动》；2016 年 8 月，习近平出席推进"一带一路"建设工作座谈会并发表重要讲话。2017 年 3 月，"一带一路"被写入联合国决议；2017 年 5 月，"一带一路"国际合作高峰论坛开幕①。2018 年 8 月，习近平在推进"一带一路"建设工作 5 周年座谈会上，提出"一带一路"建设要从谋篇布局的"大写意"转入精耕细作的"工笔画"，向高质量发展转变，造福沿线国家人民，推动构建人类命运共同体②。2019 年 4 月，习近平在第二届"一带一路"国际合作高峰论坛上发表题为《齐心开创共建"一带一路"美好未来》的主旨演讲，强调共建"一带一路"为世界各国发展提供了新机遇，也为中国开放发展开辟了新天地③。

　　"一带一路"作为中国首倡、高层推动的国际合作模式，开启了中国对外开放的新纪元。自 2013 年习近平主席提出共建"一带一路"合作倡议，得到国际社会的广泛支持。截至 2019 年 10 月 31 日，中国已经与 137 个国家和 30 个国际组织签署了 197 份共建"一带一路"合作文件。为了深入探究我国"一带一路"的研究现状，量化考察"一带一路"的研究进展和研究成果，本部分运用文献计量法，对 2013—2018 年我国"一带一路"的研究文献进行深度分析，旨在为推进"一带一路"的发展提供理论支撑和践行指南。

1.1.2　数据来源

　　通过对比国内主要的数据库平台，并考虑到权威性、准确性、使用方便性等综合因素，本书选取中国知识资源总库（CNKI）作为文献数据的研究来源，利用其计量可视化分析功能进行量化研究。在中国知识资源总库（CNKI）知识服务平台首页中选择"知识元检索"，而后选取指数检索，以"一带一路"作为检索词，进入指数数据库检索。分别从学术关注度、媒体关注度、学术传播度三个维度考量"一带一路"的年度发文趋势。指数含义说明如下：学术关注度，指篇名包含此检索词的文献发文量趋势；媒体关注度，指篇名包含此

---

① 佚名."一带一路"五年历程回顾 [J]. 全球商业经典，2019（5）：10-13.

② 习近平在推进"一带一路"建设工作 5 周年座谈会上的重要讲话 [EB/OL].[2018-08-27].http://www.gov.cn/xinwen/2018-08/27/content_5316913.htm.

③ 习近平在第二届"一带一路"国际合作高峰论坛开幕式上的主旨演讲 [EB/OL].[2019-04-27].http://www.xinhuanet.com/politics/2019-04/27/c_1124422911.htm.

检索词的报纸文献发文量趋势；学术传播度，指篇名包含此检索词的文献被引量趋势。

在学术关注度维度，检索出来的文献时间分布于 2014—2018 年①，其中 2014 年"一带一路"发文量为 460，环比增长率为 0；2015 年发文量为 7 648，环比增长率为 1 563%；2016 年发文量为 9 324，环比增长率为 22%；2017 年发文量为 16 310，环比增长率为 75%；2018 年发文量为 15 134，环比增长率为 −7%。从图 1-1 可以看出，学术界对"一带一路"的关注始于 2014 年，2015 年得到迅猛发展，不论是发文量，还是环比增长率较上一年都大幅提升，随后三年继续保持上升趋势（见图 1-1）。

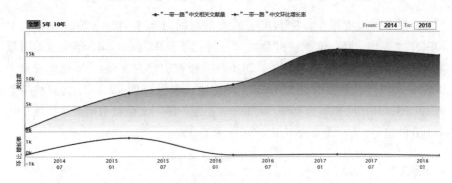

图 1-1　2014—2018 年我国"一带一路"学术关注度趋势

在媒体关注度维度，检索出来的文献时间分布于 2013—2018 年，其中 2013 年"一带一路"发文量为 2，环比增长率为 0；2014 年发文量为 1 387，环比增长率为 69 250%；2015 年发文量为 13 896，环比增长率为 902%；2016 年发文量为 10 866，环比增长率为−22%；2017 年发文量为 19 472，环比增长率为 79%；2018 年发文量为 15 326，环比增长率为−21%。可见，媒体对"一带一路"的关注始于 2013 年，随后各年保持持续关注态势，尤其是 2015 年和 2017 年，发文量和环比增长率呈现明显增长趋势（见图 1-2）。

---

① 数据窗口截止时间为 2018 年。

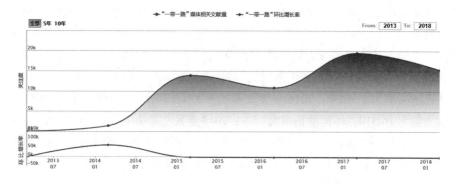

图 1-2 2013—2018 年我国"一带一路"媒体关注度趋势

在学术传播度维度，检索出来的文献时间分布于 2014—2018 年，其中 2014 年"一带一路"文献被引量为 26，环比增长率为 0；2015 年文献被引量为 1 278，环比增长率为 4 815%；2016 年文献被引量为 3 684，环比增长率为 188%；2017 年文献被引量为 6 830，环比增长率为 85%；2018 年文献被引量为 10 203，环比增长率为 49%。可见，"一带一路"文献被引用量保持逐年稳步上升的趋势，学术传播较为广泛（见图 1-3）。

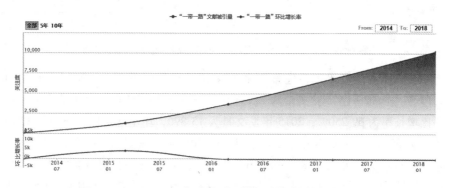

图 1-3 2014—2018 年我国"一带一路"学术传播度趋势

在中国知识资源总库（CNKI）知识服务平台中选择"文献主题检索"，以"一带一路"为检索词，选择计量可视化分析下的全部检索结果分析。从总体趋势图来看，对"一带一路"的文献研究始于 2014 年年底，随后得到快速发展，尤其在 2015 年呈现井喷式的增长，这说明近年来对"一带一路"的研究，已成为学术界关注的焦点之一。

1.1.3 数据统计与数据分析

在中国知识资源总库（CNKI）知识服务平台上，利用计量可视化功能分析与数理统计法对 2013—2018 年的有关文献进行分析。首先，使用高级检索功能，以"一带一路"作为主题、篇名、关键词的检索词，共检索出 20 453 篇期刊文献。其次，利用中国知识资源总库（CNKI）中计量可视化分析功能，分别从时间分布、基金分布、研究层次分布、作者分布、机构分布、期刊分布几个方面进行考察。

1.1.3.1　时间分布

通过对文献分布时间段的分析，可以准确把握相关研究的发展趋势。由图 1-4 可以看出，发文时间 2013 年为 0 篇，2014 年为 149 篇，2015 年为 3 146 篇，2016 年为 3 790 篇，2017 年为 7 126 篇，2018 年为 6 242 篇，预计发文量将持续增长。2013—2018 年以"一带一路"作为主题、篇名、关键词的期刊论文共有 20 453 篇，平均每年发文 3 409 篇，最少为 2013 年 0 篇，最多为 2017 年 7 126 篇。从图 1-4 可以看出，我国对"一带一路"的研究始于 2014 年，以后呈现逐年上升趋势，其中 2017 年的发文数量占 6 年发文数量的 34.84%，究其原因可能是 2017 年"一带一路"被写入联合国决议以及"一带一路"国际合作高峰论坛的召开，使得"一带一路"的影响范围进一步从国内走向国际，激发学界的研究热情与持续关注度。

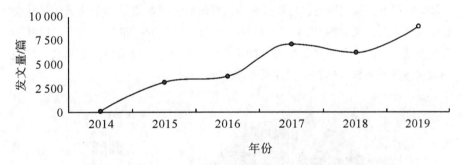

图 1-4　2013—2018 年我国"一带一路"研究领域期刊发文量

1.1.3.2　基金分布

由图 1-5 可以看出，国家社会科学基金、国家自然科学基金、江苏省教育厅人文社会科学研究基金占据发文量前三名，文献量分别为 1 214 篇、368 篇、62 篇；其他靠前的基金依次为中国博士后科学基金、河南省软科学研究计划等，发文量依次为 56 篇、44 篇。其中，依托基金项目总发文量为 2 105 篇，国家社会科学基金和国家自然科学基金发文量占总发文量的 75.15%，这说明对"一带一路"的研究，主要依托国家级的基金项目，地方类基金只占很小一部分。

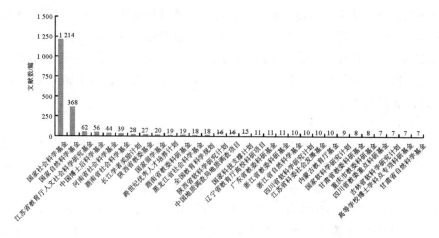

图 1-5　2013—2018 年我国"一带一路"研究领域支持基金分布

1.1.3.3　研究领域分布

由图 1-6 可知，研究领域排名前五的分别为基础研究、行业指导、政策研究、职业指导、经济信息，发文数量和占总发文量的比重依次为 8 318 篇、44.86%，6 506 篇、35.09%，1 352 篇、8.62%，472 篇、2.55%，418 篇、2.25%。其中，基础研究、行业指导、政策研究、职业指导四个领域属于社会科学类，占总发文量的 91.12%。可见，国内对"一带一路"的研究，以社会科学类研究为主，且主要集中在基础研究、行业指导、政策研究等领域，其他领域虽然涉及面较为广泛，但比重较小。

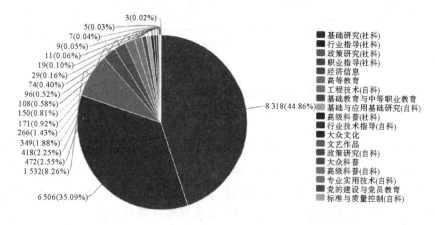

图 1-6　2013—2018 年我国"一带一路"研究层次分布

1.1.3.4 研究机构及作者分布

从图 1-7 可以看出，发文量排名前五的研究机构分别是中国人民大学（265 篇）、对外经济贸易大学（149 篇）、武汉大学（145 篇）、北京大学（138 篇）、北京师范大学（115 篇）。其余的依次为中共中央党校、清华大学、吉林大学等。从作者分布来看，王义桅（中国人民大学，43 篇）、刘进（北京理工大学，21 篇）、刘卫东（中国科学院，19 篇）、赵磊（中共中央党校，16 篇）、张茉楠（中国国际经济交流中心，16 篇）等发文较多（见图 1-8），其中只有 1 位作者发表 43 篇文献，根据文献计量领域的普赖斯定律，核心作者的最低发文量应为 $N = 0.749\sqrt{N\max}$，其中 $N\max$ 为作者最高发文量。基于此我们计算出，5 篇以上的作者发文总量占总发文量的 1.97%，远没有达到一半的标准，因此可以看出在"一带一路"的研究方面还没有形成核心作者群，没有一位作者形成自己完整的理论，这方面的研究还未成熟，还需要该领域的现有作者和新进入作者专注于此，进行更加深入的探讨和研究。此外，通过对研究机构和作者分布情况的考察，可以发现：我国对"一带一路"的研究机构以高校为主，且不少高校学者已取得有影响力的研究成果。

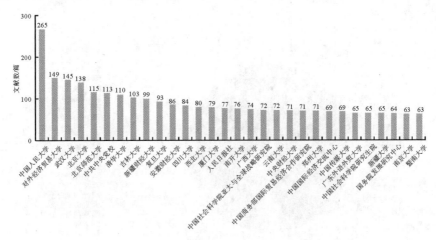

图 1-7　2013—2018 年我国"一带一路"研究机构分布

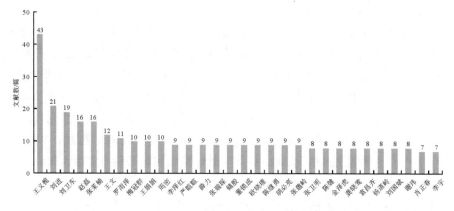

图 1-8 2013—2018 年我国"一带一路"研究作者分布

1.1.3.5 期刊分布

如图 1-9 所示,《大陆桥视野》发文数量最多,为 304 篇,其他的期刊依次为《经贸实践》172 篇、《现代经济信息》168 篇、《时代金融》159 篇、《商场现代化》147 篇等。可见,对于"一带一路"的发文期刊,以经济、管理类为主。

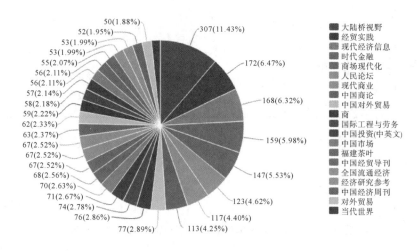

图 1-9 2013—2018 年我国"一带一路"研究期刊分布

1.1.4 研究热点

关键词是文献计量研究的重要指标之一,也是作者学术思想的凝练和概括。因此,高频次的关键词和主题词常被用来衡量一个研究领域的热点问题。

如图 1-10 所示，关键词"一带一路"处于网络核心位置，涉及领域较广，主要包括对外直接投资、走出去、产能合作、人类命运共同体等。根据关键词的分析，可以透视"一带一路"领域的研究热点，本书从政治、经济、文化三个层面对此进行分析。

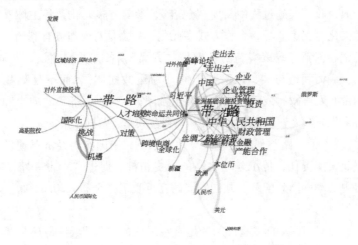

图 1-10　"一带一路"关键词分布的可视化结果

1.1.4.1　政治层面

（1）"一带一路"的内涵

习近平主席在 2013 年提出建设"新丝绸之路经济带"和"21 世纪海上丝绸之路"的构想，有其深刻的理论内涵，理论界对此展开热烈探讨。

从历史角度而言，"一带一路"倡议继承了古丝绸之路开放包容、兼收并蓄的精神，又赋予这条古丝绸之路新的使命（王义桅，2015；刘卫东，2016）[①]。中国通过古老的丝绸之路与沿线中亚、西亚各地区、各民族互通有无，这条道路是一条历史悠久的友谊路，推动了亚欧经济文化上的广泛交流与发展（赵逵夫，2015）[②]。"一带一路"推动的是陆海联动，让中国与外部的联系更深入，实现新时代的陆海地缘重构，让亚欧非大陆通过新的陆海连接，形成世界发展与国际新关系、新秩序的范式（张蕴岭 等，2018）[③]。

---

① 王义桅. 论"一带一路"的历史超越与传承 [J]. 人民论坛·学术前沿，2015（5）：19-27；刘卫东."一带一路"战略的认识误区 [J]. 国家行政学院学报，2016（1）：30-34.

② 赵逵夫."一带一路"的战略构想与丝绸之路的文化传统 [J]. 甘肃社会科学，2015（6）：105-109.

③ 张蕴岭，陆南泉，李向阳，等."一带一路"倡议与国际发展环境和国际合作 [J]. 财经问题研究，2018（10）：3-20.

从现实角度的分析来看，"一带一路"倡议的核心内涵是"开放、包容、互利、共赢"（程国强，2015；刘卫东，2017）[①]。"开放"指政策开始实施时，各个主体自愿参加，不搞小圈子，不具有针对性或是有意形成政治经济联盟，"一带一路"政策对世界上所有国家或经济体、国际组织、区域合作机制和民间机构开放；政策实施过程中需要"包容"，参与方多元化，各主体互相尊重历史宗教文化等国家差异，合作方式多元化，只要是对合作有利的，都可以拿来、尝试和创新；政策实施的基础是"共赢"，各方共同商议、共同参与、共同建设，成为利益与共、风险共担的"命运共同体"，而不是某些大国包办，小国没有发言权，或者将风险转移给别国；"一带一路"的动力和最终目的是"互利"，各参与方优势互补，实现利益共享、共同发展。

　　可见，"一带一路"倡议是在全球化背景下，中国作为经济迅速发展的大国，承担起大国责任，传承丝绸之路的历史精神，促进"一带一路"沿线各国资源自由流动、高效配置，共同发展的互惠政策（金碚，2016）[②]。

　　（2）倡议的实施

　　"一带一路"倡议的实施，无论是宏观层面的"几步走"，还是具体的区域经济合作方案，现有研究侧重于实施的背景、意义、过程，聚焦于工业基建、经济金融、人文地理等不同领域。

　　"一带一路"倡议应当分阶段实施（杨保军 等，2015）[③]，初期目标主要是陆上、海上的基础建设，形成连接东亚、西亚、南亚的交通运输网络；中期目标可在条件成熟国家和地区向自由贸易区迈进，打造中国与东盟自贸区升级版，与中亚国家建立自贸区，将非洲东海岸和拉美地区环太平洋国家纳入合作机制；远期目标是建成覆盖中亚、南亚、西亚、欧洲、非洲、南美洲国家的自由贸易区群，覆盖全球100多个国家。

　　在"一带一路"倡议下，衍生出许多具体的经济合作方案，如"中巴经济走廊""中印缅孟经济走廊""中蒙俄经济走廊"等。"中巴经济走廊"是"一带一路"的旗舰项目和样板工程，对"一带一路"倡议顺利实施的重要性

---

　　① 程国强.共建"一带一路"：内涵、意义与智库使命［J］.中国发展观察，2015（4）：8-11；刘卫东."一带一路"：引领包容性全球化［J］.中国科学院院刊，2017（4）：331-338.

　　② 金碚.论经济全球化3.0时代：兼论"一带一路"的互通观念［J］.中国工业经济，2016（1）：5-20.

　　③ 杨保军，陈怡星，吕晓蓓，等."一带一路"战略的空间响应［J］.城市规划学刊，2015（3）：6-23.

不言而喻（陈继东，张健全，2016）①。"中印缅孟经济走廊"契合该区域内共赢性发展需求，为中印缅孟实现优势互补、开放发展开启了新的机遇之窗（杨文武 等，2016）②。"中蒙俄经济走廊"深化了中俄能源合作，是中俄经贸合作的重要构成，是中俄全面战略协作伙伴关系的重要内容，是保障两国能源安全的地缘战略合作（杨洋 等，2018）③。

（3）实践意义

"一带一路"是中国在经济新常态背景下重点实施的一项倡议（陈雨露，2015）④，标志着我国经济开放升级至 3.0 版（华桂宏，2016）⑤，为中国梦的实现拓展了经济发展新空间。中国西部由"内陆"变成"一带一路"开放的前沿，发挥自身优势，有利于平衡中国东、中、西部发展，有利于扩大基础设施投资、经济文化交流，可以创造就业、增加需求，为中国经济发展注入新的活力，有利于实现中国梦。

从世界范围来看，共建"一带一路"通过发挥沿线各国资源禀赋，实现优势互补，将大幅提升世界贸易体系的活力，促进亚欧非区域发展（陈健，龚晓莺，2017）⑥，"一带一路"可能成为打造中式全球化的重要尝试，"一带一路"将加深沿线各区域在多重领域的合作，建立更加平等均衡的新型全球发展伙伴关系，夯实世界经济长期稳定发展的基础（王义桅，2017）⑦。"一带一路"揭示中国与世界关系自近代以来，从"把世界的变成中国的"到"把中国的变成世界的"最深刻的变迁，在国际上充分彰显了"四个自信"，生动展示了解决人类问题的中国方案和中国智慧，鲜明体现了改革开放的世界意义（王义桅，2018）⑧。

---

① 陈继东，张建全. 中巴经济走廊在"一带一路"建设中的定位 ［J］. 新疆师范大学学报（哲学社会科学版），2016（4）：125–133.

② 杨文武，王彦，李城霖. 中印缅孟经济走廊建设研究 ［J］. 南亚研究季刊，2016（4）：93–101.

③ 杨洋，董锁成，李泽红. 中蒙俄经济走廊背景下中俄能源合作进展、驱动力、挑战及对策 ［J］. 资源科学，2018（2）：237–249.

④ 陈雨露. "一带一路"与人民币国际化 ［J］. 中国金融，2015（19）：40–42.

⑤ 华桂宏. 共建"一带一路"：经济开放 3.0、多元评价与空间延展 ［J］. 南京社会科学，2016（2）：4–7.

⑥ 陈健，龚晓莺. "一带一路"战略开启具有"人类命运共同体"意识的全球化发展的新时代 ［J］. 经济学家，2017（5）：73–79.

⑦ 王义桅. "一带一路"能否开创"中式全球化" ［J］. 新疆师范大学学报，2017（5）：7–13.

⑧ 王义桅. "一带一路"彰显改革开放的世界意义 ［J］. 太平洋学报，2018（9）：1–12.

（4）障碍与风险

①政治风险

A. 大国的地缘政治战略

"一带一路"倡议及其后续推进，将不可避免地受到美国的影响，而"一带一路"倡导的政治理念、经济机制是否会影响到美国的既得利益，美国是否会干涉"一带一路"沿线同盟国家的内政外交，美国的"新丝绸之路"计划的涵盖范围与"一带一路"倡议所辐射的地区有重叠部分，中美双方如何协调合作都是值得关注的问题（马建英，2015）①。由于担心美国的领导地位受到动摇，美国不仅不愿接受"一带一路"倡议，而且想通过污名化"一带一路"，阻碍其实施，以重新稳固国际社会对"美国领导"的霸权认同。美国政府对"一带一路"倡议的态度从一开始的谨慎接触，变为后来的质疑与联手应对（韦宗友，2018）②。

日本认为"一带一路"是中国的地缘战略工具，中国试图通过主导新的地区金融秩序等措施控制地区政治（黄志凤，刘瑞，2015）③。日本政府提出"印太战略"，意图构筑日、美、印、澳"四国同盟"，并构建相应的"辐辏"体系，从地缘制衡的战略视角遏制"一带一路"（张耀之，2018）④。印度社会对"一带一路"倡议的看法存在着较大分歧，"机遇论"和"挑战论"并存，官方则采取了"没有态度"的表态，显示出谨慎应对的立场（林民旺，2015）⑤。

可见，"一带一路"倡议不可避免地会对沿线地区乃至世界地缘政治关系产生深刻影响。因此，要密切关注大国对于"一带一路"政策的反应，警惕其他国家误解中国政治意图而对"一带一路"的实施进行阻挠（陈健，龚晓莺，2017）⑥。

B. 沿线各国的政治风险

"一带一路"沿线一些国家，其国内始终存在着"反华"势力。随着社交

---

① 马建英. 美国对中国"一带一路"倡议的认知与反应 [J]. 世界经济与政治，2015（10）：104-160.

② 韦宗友. 美国对"一带一路"倡议的认知与中美竞合 [J]. 美国问题研究，2018（1）：41-66，266.

③ 黄凤志，刘瑞. 日本对"一带一路"的认知与应对 [J]. 现代国际关系，2015（11）：37-64.

④ 张耀之. 日本的印太战略理念与政策实践 [J]. 日本问题研究，2018，32（2）：8-19.

⑤ 林民旺. 印度对"一带一路"的认知及中国的政策选择 [J]. 世界经济与政治，2015（5）：42-57，158.

⑥ 陈健，龚晓莺. "一带一路"沿线网络空间命运共同体研究 [J]. 国际观察，2017（5）：60-73.

媒体的广泛运用，这些国家的政治进程越来越受底层民粹意识的裹挟，某些领导人可能会以中国因素来解释经济失败，以"排华"的方式来谋求个人政治利益（马昀，2015）①。另外，许多"一带一路"沿线国家正处于政治转型的过程中，未来政府倾向甚至政权性质都存在着不确定性，如"阿拉伯之春"爆发后，中东地缘政治格局呈现出新态势，形成了多层地缘政治博弈交织的复杂局面，"一带一路"在中东主要面临因地区大国激烈争夺而导致的地缘政治风险（邹志强，2018）②。

②非传统风险

"一带一路"沿线100多个国家，大多数国家民族众多，基督教、佛教、伊斯兰教、印度教等宗教信仰并存，一些宗教内部还存在不同教派，各民族各宗教之间的历史纷争复杂，增加了沿线各国合作的难度（王卫星，2015）③。中东、中亚、东南亚等地区的国际恐怖主义、宗教极端主义、民族分裂主义势力和跨国有组织犯罪活动猖獗，地区局势长期动荡不安。特别是在中东地区，殖民主义历史、西方频繁进行武力干涉、民族与宗教矛盾复杂、中东民族国家构建和国家治理存在严重问题等因素作用下，新老热点问题复杂联动，冲突频发（刘中民，2018）④。这些非传统不安全因素的凸显，既恶化了当地投资环境，威胁企业人员和设备安全，也可能借"一带一路"建设开放之机扩散和渗透到中国国内，甚至与国内不法分子内外勾结，破坏中国安定的国内社会环境，对"一带一路"倡议及沿线工程建设构成严峻挑战（马昀，2015）⑤。

③法律风险

"一带一路"沿线国家政治、经济、文化、宗教的不同，导致各个国家在法律制度上存在巨大的差异。这对我国境外投资企业在应对法律风险、协调相关利益主体、整合价值冲突方面的能力提出了巨大挑战（徐卫东 等，2018）⑥。考察"一带一路"企业投资失败案例，"一带一路"企业失败的主要原因在于企业法律意识不强所产生的法律风险，具体表现为企业对外部法治

① 马昀."一带一路"建设中的风险管控问题［J］.政治经济学评论，2015（4）：189-203.

② 邹志强.中东地缘政治经济新格局及其对"一带一路"的影响［J］.当代世界与社会主义，2018（6）：174-180.

③ 王卫星.全球视野下的"一带一路"：风险与挑战［J］.人民论坛·学术前沿，2015（5）：6-18.

④ 刘中民.在中东推进"一带一路"建设的政治和安全风险及应对［J］.国际观察，2018（2）：36-50.

⑤ 马昀."一带一路"：挑战、风险与应对［J］.经济研究参考，2015（37）：45-52.

⑥ 徐卫东，闫泓汀."一带一路"倡议下的海外投资法律风险对策［J］.东北亚论坛，2018（4）：26-38，127.

环境认识和把握的欠缺和企业内部法律风险预防与化解制度的不完善两个方面（周明勇，2017）①，没有详细了解对方国家的法律机制，再加上企业自身法律意识也不够强，无法很好地维护自己的权利，如知识产权等。另外，合作国家的法律法规也不健全，如缺少相关条款保护在贸易摩擦中受损的中小海外投资企业的利益等。

④道德风险

道德风险的实质是一种典型的损人利己、见利忘义的行为。近年来，我国已遭遇诸多道德风险，例如"海港城"项目建设被单方终结，水电站建设搁置，铁路项目受挫等，究其原因是个别国家为追求自身利益，违反诚信要求，因此，应该加强道德风险预警机制，完善相关规则的制定（王义桅，2015）②。然而，我国目前对于道德风险的研究还比较少，如何防范"中途退出"、出尔反尔，规制各方诚信合作也是防控"一带一路"风险的重要议题。

可见，"一带一路"倡议需要各参与国真诚相待、开放包容，加深相互之间的了解，包括政治、经济、法律、文化、宗教、社会结构和资源环境，以及国家治理结构上的不同。同时有针对性地进行"一带一路"国别地理研究，了解每个沿线国家的特殊性，尊重每个国家的特殊性，具体问题具体分析，灵活制定投资策略，提前分析可能发生的风险，将合作中可能产生的损失降到最低（保建云，2017）③。

1.1.4.2　经济层面

（1）"一带一路"与人民币国际化的关系

"一带一路"与人民币国际化互相依托、相互促进，"一带一路"顺利推进的前提是消除沿线产业资本循环与人民币循环之间的各种障碍（陈硕颖，简练，2017）④，其建设和发展需要依托于人民币的国际化。然而在华尔街金融资本占据统治地位的现状下，人民币的跨境清算渠道仍然有限。中国政府顺应时势提出的"一带一路"倡议，依靠资本输出使人民币在"一带一路"更宽地域、更深领域、更高层次实现国际化，这对中国经济崛起和中华民族复兴

①　周明勇."一带一路"背景下中国企业"走出去"法律问题研究 [J].现代管理科学，2017（8）：106-108.

②　王义桅."一带一路"战略的道德风险与应对措施 [J].东北亚论坛，2015（4）：39-47.

③　保建云.论我国"一带一路"海外投资的全球金融影响、市场约束及"敌意风险"治理 [J].中国软科学，2017（3）：1-10.

④　陈硕颖，简练.浅析"一带一路"的金融支持条件 [J].福建论坛，2017（10）：37-41.

有着深远的战略意义（刘一贺，2018）①。但人民币国际化面临历史性的战略机遇的同时，也面临着巨大的风险。"一带一路"倡议能为人民币国际化奠定经济基础、提供市场支持、营造稳定金融环境、有助于人民币成为区域内结算货币（严佳佳，辛文婷，2017）②，但也会为人民币国际化带来不确定性市场竞争风险、安全冲突风险及金融市场波动风险（刘功润，2017）③。自"一带一路"倡议提出以来，人民币国际化取得一系列进展，人民币支付货币功能不断增强、投融资货币功能不断深化、储备货币功能进一步显现；但也存在人民币国际化"特里芬难题"、沿线国家金融发展水平参差不齐、金融监管不统一、金融环境不稳定等挑战。因此，借助"一带一路"倡议加快人民币国际化进程，将是新时代我国改革开放的一项重要任务（马广奇，姚燕，2018）④。

（2）经济措施

"互联互通""贸易便利化""对外直接投资""走出去""对外开放""国际合作"等是推进"一带一路"建设的重要举措。

互联互通始于基础设施建设领域，2013年9月习近平主席丰富了互联互通的内涵，提出了"五通"，即政策沟通、设施联通、贸易畅通、资金融通、民心相通。有关"一带一路"与"互联互通"的研究主要体现在三个方面：第一，"一带一路"与互联互通关系的研究。互联互通不仅是"一带一路"建设的基础和前提，更是"一带一路"重构全球经贸格局的根本要求。其具体包括：在贸易便利化视角下，我们应充分利用丝路基金和亚投行，助推沿线国家基础设施建设的同时提高贸易便利化水平，在互联互通建设进程中实现互利共赢（程欣，2016；刘国斌，2016⑤；在能源合作视角下，建设基础设施互联互通网络有助于构建国际能源治理平台（高世宪，杨晶，2016)⑥；在基础设

---

① 刘一贺."一带一路"倡议与人民币国际化的新思路 [J].财贸经济，2018（5）：103-112.

② 严佳佳，辛文婷."一带一路"倡议对人民币国际化的影响研究 [J].经济学家，2017（12）：83-90.

③ 刘功润."一带一路"倡议给人民币国际化带来的机遇与风险 [J].上海金融，2017（10）：60-62.

④ 马广奇，姚燕."一带一路"背景下人民币由"丝路货币"走向"世界货币"的推进策略 [J].经济学家，2018（8）：60-66.

⑤ 程欣."一带一路"背景下我国贸易便利化水平及发展策略 [J].中国流通经济，2017（6）：110-116；刘国斌.论亚投行在推进"一带一路"建设中的金融支撑作用 [J].东北亚论坛，2016（2）：58-66.

⑥ 高世宪，杨晶.依托"一带一路"深化国际能源合作 [J].宏观经济管理，2016（3）：55-58.

施建设视角下，中国与各大经济走廊交通基础设施互联互通所产生的经贸效应强于中国与单一经济走廊的互动（许娇 等，2016）[①]；"一带一路"还需要文化、精神、价值层面和语言资源的互联互通。第二，中国与沿线国家或组织互联互通的研究，具体包括中国与"一带一路"沿线上的中等强国以及中南半岛、中亚、欧洲等地的国家的互联互通建设研究。中等强国有助于提升"一带一路"建设的精准度和费效比，从而为"一带一路"倡议的实施营造上佳的区域环境和优良的外部条件（丁工，2017）[②]。中南半岛在交通、信息通信技术和能源基础设施建设方面存在巨大需求缺口，同时中国受供给侧因素的影响，中国与中南半岛在未来相当长一段时间内仍具有坚实而必要的合作基础（张建平，2017；屠年松，薛丹青，2018）[③]。新亚欧大陆桥贯穿我国东、中、西部地区，连接亚欧大陆，对推动我国西部地区开放、东部经济发展、节省与沿线国家交易成本、我国国际贸易发展和经济转型有重要作用（陈继勇，杨格，2018）[④]。第三，有关互联互通与共同体建设的研究，具体包括"一带一路"框架下互联互通与实现亚欧发展共同体的建设以及强化人类命运共同体的最终目标来推动区域经济合作的顺利开展；精细化我国与沿线各国的贸易政策措施，推动多元化、多层次的区域质量合作，将贸易便利化融入实体合作园区建设、质量服务、通关合作、认证认可互认互通中（王隆重，2018）[⑤]。

国内学者对"一带一路"建设过程中"贸易便利化"的研究大多依托贸易便利度评价模型，测算"一带一路"沿线国家的贸易便利度，研究贸易潜力以及贸易便利化对"一带一路"沿线国家之间贸易的促进作用。孔庆峰和董虹蔚（2015）通过测算"一带一路"沿线 69 个亚欧国家的贸易便利化水平，验证了贸易便利化对"一带一路"沿线国家之间的贸易促进作用大于区域经济组织、进出口国家 GDP、关税减免等[⑥]。陈继勇和刘燚爽（2018）运用主成分分析法测算了沿线 65 个国家在 2012—2016 年的贸易便利化水平，发现

① 许娇，陈坤铭，杨书菲，等."一带一路"交通基础设施建设的国际经贸效应［J］. 亚太经济，2016（3）：3-11.
② 丁工."一带一路"上中等强国的独特作用［J］. 理论视野，2017（10）：76-79.
③ 张建平."一带一路"框架下中国与中南半岛互联互通的实践与构想［J］. 东岳论丛，2017（9）：117-124；屠年松，薛丹青."一带一路"背景下中国与中南半岛贸易合作研究［J］. 未来与发展，2018（10）：47-52.
④ 陈继勇，杨格. 中国与新亚欧大陆桥沿线七国贸易互补性测度及影响因素研究［J］. 亚太经济，2018（2）：87-94，151.
⑤ 王隆重."一带一路"质量合作与贸易便利化［J］. 上海质量，2018（2）：31-34.
⑥ 孔庆峰，董虹蔚."一带一路"国家的贸易便利化水平测算与贸易潜力研究［J］. 国际贸易问题，2015（12）：158-168.

沿线各国贸易便利化水平在时间上和空间上都呈现"双 U"形结构，不同贸易便利化指标的改善会给不同地区带来不同的效果①。蒋宇宁和王雅莉（2018）运用出口相似度指数、贸易结合度指数、G-L 指数、B-L 指数和显性比较优势指数，测算并分析了中国与"一带一路"沿线中亚五国的贸易竞争性和贸易互补性，研究发现：中国与中亚贸易的竞争性较弱且存在较强的贸易互补性，中国优势产品以资本密集型的工业制成品为主，中亚地区优势则主要集中体现在资源密集型产品上，两地优势产品类目互不重叠，双方表现出较强的贸易互补性②。为解决"一带一路"沿线国家贸易便利程度不一的情况，中国还应以基础设施的互联互通为突破口，以基础设施的互联互通带动贸易与投资的发展（罗翊烜，扈钟方，2017)③。

"走出去"和"对外开放"概念相近。目前的研究成果多侧重于地区、行业等融入"一带一路"的"对外开放"的研究，包括湖北、辽宁、西部地区、延边地区、香港地区、广西、云南等如何在"一带一路"背景下利用地区优势和发展状况融入"一带一路"的建设当中，如何与"一带一路"沿线国家进行战略对接。对于"一带一路"建设过程中"走出去"的研究，主要包括巴蜀文化、中国武术文化在"一带一路"倡议下的国际拓展研究，中国出版业通过合作、收购、新设等方式实现新闻出版企业在境外落地和本土化对文化传播的意义，中国农业科技"走出去"的现状、特点、问题及对策，以及中国零售业、环保企业、煤炭产业、装备制造业以及中国铁路走出去将面临的问题和相应对策等内容。

"国际合作"大多数与"对外直接投资"相关，在对"一带一路"倡议下国际合作的研究中，既包括与各地区的国际合作研究，也包括各产业的国际合作研究。与各地区的国际合作研究：王文和刘典（2018）通过分析柬埔寨的经济状况和未来发展前景，认为"一带一路"对推进柬埔寨转型升级和加固中柬关系有重大作用，应将柬埔寨视为"一带一路"的国际合作样板④；杜幼康（2017）通过分析南亚地区的区位特点和"一带一路"建设的进展来阐释

① 陈继勇，刘焱爽."一带一路"沿线国家贸易便利化对中国贸易潜力的影响 [J]. 世界经济研究，2018（9）：41-54，135-136.

② 蒋宇宁，王雅莉."一带一路"倡议下中国与中亚地区贸易合作的竞争性与互补性研究 [J]. 内蒙古社会科学（汉文版），2018（5）：128-135.

③ 罗翊烜，扈钟方. 贸易便利化与中国"一带一路"建设选择：基于沿线亚洲国家面板数据和引力模型的实证分析 [J]. 商业经济研究，2017（23）：131-134.

④ 王文，刘典. 柬埔寨："一带一路"国际合作的新样板：关于柬埔寨经济与未来发展的实地调研报告 [J]. 当代世界，2018（1）：29-33.

"一带一路"建设在南亚的国际合作特点和建设中巴经济走廊的作用①；赵菡菡（2017）指出伊朗在与中国合作时具有地缘和资源优势，但同时也有很大的投资风险，我国应对投资伊朗的风险进行正确评估并寻找应对策略②。此外，"一带一路"倡议下相关产业的国际合作研究包括IT产业、煤炭产业、非物质文化遗产、水产品和农业的国际合作模式及前景展望等领域。

（3）区域经济

各区域对接"一带一路"国家战略，"区域经济""区域合作""东盟""沿线国家"等是研究的重点方向。从国内视角来看，"一带一路"对我国区域经济发展有重要意义，我国逐渐形成了"三纵两横一沿边"的经济发展新格局（张原天，2017）③，"一带一路"倡议能够调节我国区域经济的差异性，促进区域经济之间的联系与融合。吴军和魏安喜（2017）借助空间全局Moran's I、局部LISA与B-N分解模型分析了我国区域经济空间相关性的特征演变、根源和影响因素，研究指出加强区域之间的资金流动、技术流动和信息流动，加大中央财政支出，大力发展第三产业、合理引导人口流向、努力缩小各地区对外开放落差与贫富差距，能有效促进各区域经济协调发展④。邸玉娜和由林青（2018）对我国与"一带一路"国家投资区位选择的经济动因与多维距离研究发现，地理距离、市场规模、政治距离、资源禀赋、语言距离是影响投资合作的重要因素，因此提出我国应与"一带一路"国家增强多维度、多层面的互联互通⑤。从国际视角来看，对"东盟国家"的研究在"沿线国家"中占比最高。除新加坡外，中国的整体营商环境优于东盟其他国家的平均水平，各国的许多指标也存在较强的互补性差异，目前我国对东盟直接投资的整体规模仍然偏小，但已展现出良好的发展态势（张莉，2017）⑥。

1.1.4.3 文化层面

"一带一路"背景下，国际化人才、创新型人才、协同型人才、复合型人

---

① 杜幼康."一带一路"与南亚地区国际合作前瞻［J］.人民论坛·学术前沿，2017（8）：59-69.

② 赵菡菡.伊朗与"一带一路"战略［J］.兰州大学学报(社会科学版)，2017（1）：145-151.

③ 张原天."一带一路"对区域经济发展有何重大意义［J］.人民论坛，2017（17）：88-90.

④ 吴军，魏安喜.区域经济空间相关性的趋势分解及影响因素探析：兼与"一带一路"战略的政策建议［J］.经济经纬，2017（1）：1-10.

⑤ 邸玉娜，由林青.中国对"一带一路"国家的投资动因、距离因素与区位选择［J］.中国软科学，2018（2）：168-176.

⑥ 张莉."一带一路"战略下中国与东盟营商环境差异与协同构建研究［J］.经济与管理，2017（2）：27-32.

才等成为"一带一路"建设中关键性智力资源,对"人才培养""职业教育"和"高等教育"的研究也成为重中之重。"一带一路"为我国职业教育发展带来的空间巨大,有利于我国职业教育的经验外输,结构升级及品牌塑造,但同时也面临着相关专业人才培养总体规模堪忧、相关专业人才培养内在结构失调、职业教育的国际化程度不高、职业院校学生参与融入前景不明、创新能力不足、培养机制和模式缺乏创新等问题,因此需要整合多种资源,不断树立国际化办学理念、扩大人才培养的规模、提升人才培养的质量、加大服务与支撑能力和营造良好的舆论氛围,促进职业教育服务"一带一路"质量与能力的全面提高(刘国斌,孙雅俊,2016;赵其勉,王军福,2017;张小玲,杨瑞,2017;陈晓 等,2018)①。"人才培养"的研究中,包括"一带一路"背景下对技术技能型人才、国际化审计人才、中医药国际化创业型人才、农业跨国经营人才、高校外语人才等的培养问题和培养模式的研究。对职业教育的研究还涉及文化在"一带一路"沿线国家的传播,职业教育向沿线国家输送的人才以及职业教育学院在境外落地等都对我国文化的传播具有促进作用。

1.1.5 研究结论与研究展望

本部分基于中国知识资源总库(CNKI)知识服务平台,从学术关注度、媒体关注度、学术传播度三个视角考量"一带一路"研究 2013—2018 年的年度发文趋势。研究表明:媒体对"一带一路"的关注始于 2013 年,学术界对"一带一路"的研究始于 2014 年,随后学术关注度、媒体关注度、学术传播度持续升温,尤其是 2015 年,发文量和环比增长率都大幅增长。

进一步对 2013—2018 年中国知识资源总库(CNKI)中以"一带一路"为主题词、关键词的期刊文献进行计量可视化分析,研究发现:国内对"一带一路"的研究,支持基金主要是以国家社会科学基金和国家自然科学基金为代表的国家级基金,两者不仅发文量居多,而且占比高达 75.15%;从研究领域来看,以社会科学类为主,发文量占比高达 91.12%,主要集中在基础研究、行业指导、政策研究等领域;"一带一路"的研究机构和作者分布,以高校为

---

① 刘国斌,孙雅俊.高等院校人才培养助推"一带一路"战略的对策研究 [J].职业技术教育,2016(6):20-23;赵其勉,王军福."一带一路"战略中我国职业教育发展的机遇、差距与路径 [J].职教论坛,2017(31):67-72;张小玲,杨瑞."一带一路"视野下重庆—东盟高职教育跨境输出的可行性、经验及路径分析 [J].2017(32):12-16;陈晓,隋修志,冯博."一带一路"背景下高职教育国际化人才培养的特征及路径研究 [J].石家庄铁路职业技术学院学报,2018(4):100-103.

主；从发文期刊来看，以经济、管理类为主，其他领域占比较小。

综上，我国对"一带一路"的研究还需要针对性地进行国别地理研究，了解、尊重每个国家的特殊性，灵活制定投资策略，注意防范各种传统、非传统风险和道德风险。此外，目前关于"一带一路"在经济领域的研究更多地集中于推进"一带一路"建设的经济措施，以"互联互通"为基础，推进国家"对外开放"，重点研究对"一带一路"沿线国家的"对外直接投资"与"国际合作"，注重与"一带一路"沿线国家经济贸易的贸易便利化，并将"国际合作"具体化，即研究地区与地区的合作，但对"一带一路"与经济状况的影响研究不够充分。同时，对文化领域的研究目前多集中在教育和人才培养方面，关注职业教育的国际化以及符合"一带一路"建设要求的多元化人才的培养，对通过推行"一带一路"传播中国传统文化、弘扬中华民族精神等的研究仍然较少，亟待拓展研究和跟踪研究。

1.2 企业对外投资风险研究的文献综述

本部分通过检索中国知识资源总库（CNKI）中企业对外投资风险防控的相关论文，采用文献计量分析法、可视化分析法和内容分析法等对文献进行梳理，分析企业对外投资风险以及防控的研究现状和发展趋势，分别从企业对外投资模式、企业对外投资风险类别及其防控措施几个视角剖析研究热点，并对其总结展望。

1.2.1 数据来源

选取中国知识资源总库（CNKI）作为文献数据的研究来源，在中国知识资源总库（CNKI）首页中选择"知识元检索"，而后选取指数检索，以"企业对外投资风险"作为检索词，进入指数数据库检索，分别从学术关注度、媒体关注度、学术传播度三个维度考量"企业对外投资风险"的年度发文趋势。指数含义说明如下：学术关注度，指篇名包含此检索词的文献发文量趋势；媒体关注度，指篇名包含此检索词的报纸文献发文量趋势；学术传播度，指篇名包含此检索词的文献被引量趋势。

在学术关注度维度，检索出来的文献时间分布于1994—2018年，其中1994年关于企业对外投资风险的相关文献量为1，环比增长率为0%；2004年发文量为4，环比增长率为-60%；2012年发文量为42，环比增长率为45%；

2018 年发文量为 80，环比增长率为 13%。从图 1-11 可以看出，我国对于企业对外投资风险研究的学术关注在 2004 年之前普遍较低，在 2004 年之后关注度呈递增趋势，并且在 2013 年之后递增速度明显加快。

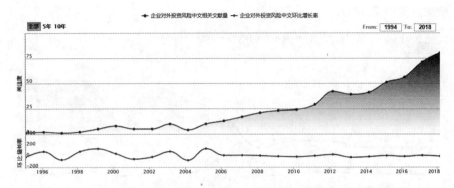

图 1-11　1994—2018 年企业对外投资风险研究学术关注度趋势

在媒体关注度维度，检索出来的文献时间分布于 2006—2018 年，其中 2006 年关于企业对外投资风险媒体相关文献量为 2，环比增长率为 0%；2013 年发文量为 2，环比增长率为-50%；2015 年发文量为 5，环比增长率为 150%；2016 年发文量为 3，环比增长率为-40%；2017 年发文量为 18，环比增长率为 500%；2018 年发文量为 6，环比增长率为-67%。可见，媒体对企业对外投资风险的关注始于 2006 年，除了 2015 年媒体关注度较显著之外，2016 媒体关注度基本没有太大波动，直到 2017 年企业对外投资风险研究媒体关注度激增（见图 1-12）。

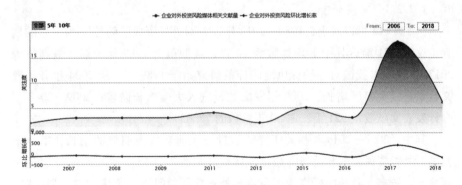

图 1-12　2006—2018 年企业对外投资风险研究媒体关注度趋势

在学术传播度维度，检索出来的文献时间分布于 2005—2018 年，其中 2005 年"一带一路"文献被引量为 1，环比增长率为 0%；2012 年文献被引量为 6，环比增长率为 200%；2015 年文献被引量为 5，环比增长率为 -50%；2016 年文献被引量为 11，环比增长率为 120%。可见，除去 2015 年这一个别年份，在 2012 年之后关于企业对外投资风险研究的学术传播度较之前有明显增加（见图 1-13）。

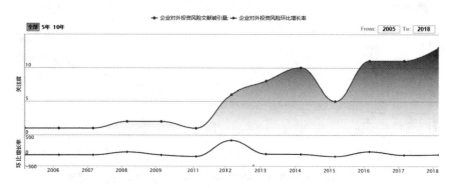

图 1-13　2005—2018 年企业对外投资风险研究学术传播度趋势

1.2.2　数据统计与数据分析

本部分以"对外投资"或"走出去"并含"风险防控"或"风险防范"为主题，基于中国知识资源总库（CNKI）的期刊数据库进行文献检索，共检索到 671 篇期刊；利用中国知识资源总库（CNKI）中计量可视化分析功能，分别从时间分布、基金分布、研究层次分布、作者分布、机构分布、期刊分布等几个维度进行考察。

1.2.2.1　时间分布

由图 1-14 可以看出，1989—2018 年以"对外投资风险防控"为主题的期刊论文共 671 篇，其中平均篇数为 22 篇，最低值为 1989 年 1 篇，最高值为 2017 年 84 篇。我国对外投资风险防控的研究始于 1989 年，从 2004 年开始发文数量有较大幅度增长，2009 年发文数量进入大幅增长阶段，2009—2018 年合计发表文献数量 521 篇，占 30 年总数的 77.65%。

其中，2009—2014 年相关研究的数量较此前有较为明显的增长，近年来我国对外投资风险的相关研究数量整体较高是源于 2015 年"一带一路"的全面推行，较多学者转向研究我国企业对外投资风险问题，尤其是"一带一路"背景下的对外投资风险研究，在 2017 年相关研究数量达到了历史高点，由此可看出对外投资风险防控仍是学界关注的重要问题，随着"一带一路"的进一步深化，以对外投资风险防控为主题的研究数量将会进一步增长。

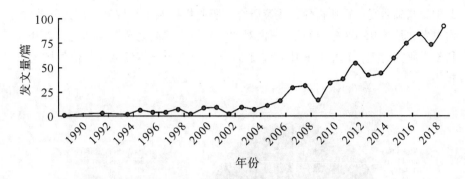

图 1-14　1989—2018 年企业对外投资风险防控研究领域发文量

1.2.2.2　基金分布

由图 1-15 可以看出，国家社会科学基金以发文量 29 篇占据第一位；其他靠前的基金依次为国家自然科学基金，发文量为 8 篇；湖南省教委科研基金、湖南省社会科学基金，发文量均为 3 篇。其中，国家社会科学基金和国家自然科学基金发文 37 篇，占总发文量的 61.67%，这说明对"对外投资风险防控"的课题研究，主要依托国家级的基金项目。

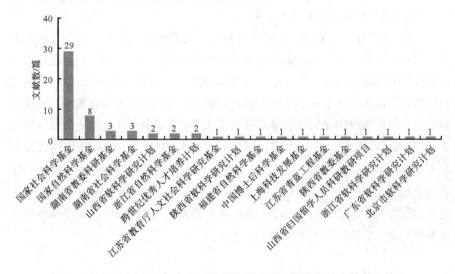

图 1-15　1989—2018 年企业对外投资风险防控研究领域支持基金分布

1.2.2.3　研究领域分布

由图 1-16 可知，研究领域排名前 5 的分别为基础研究、行业指导、政策研究、职业指导、经济信息，发文数量和占总发文量的比重依次为 273 篇、43.06%；259 篇、40.85%；42 篇、6.62%；39 篇、6.15%；11 篇、1.74%。

其中，基础研究、行业指导、政策研究、职业指导四个领域属于社会科学类，占总发文量的96.68%。可见，国内对"对外投资风险防范"的研究，以社会科学类研究为主，且主要集中在基础研究、行业指导等领域，其他领域比重较小。

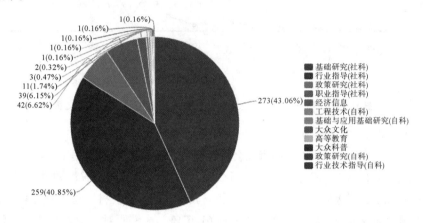

图1-16 1989—2018年企业对外投资风险防控研究层次分布

1.2.2.4 研究机构及作者分布

从图1-17中可以看出，我国"对外投资风险防范"的研究机构以高校为主，发文量排名前3的研究机构分别是对外经济贸易大学（11篇）、北京大学（8篇）、中南财经政法大学（8篇）。其余的依次为湖南涉外经济学院、东北财经大学、武汉大学、南京财经大学、安徽大学等。从作者分布来看，发文量排名前3的作者分别是熊志根（南京财经大学，3篇）、程立茹（中央民族大学，3篇）和陆晓倩（厦门大学，3篇），如图1-18所示。共有3位作者发表3篇文献，21位作者发表2篇文献。根据文献计量领域的普赖斯定律，核心作者的最低发文量应为 $N = 0.749\sqrt{N\text{max}}$，其中 $N\text{max}$ 为作者最高发文量。基于此我们计算出，2篇以上的作者发文总量占总发文量的7.6%，在对外投资风险防控的研究方面还没有形成核心作者群。

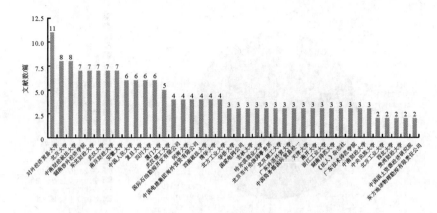

图 1-17　1989—2018 年企业对外投资风险防范研究机构分布

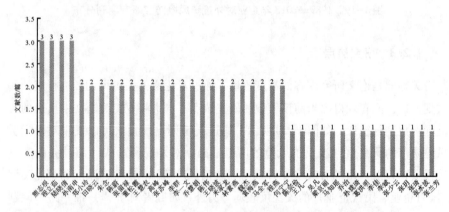

图 1-18　1989—2018 年企业对外投资风险防范研究作者分布

1.2.2.5　期刊分布

如图 1-19 所示,《国际经济合作》发文数量最多,为 19 篇,其他的期刊依次为《现代商业》12 篇、《中国对外贸易》10 篇、《中国商论》9 篇、《对外经贸》8 篇等。可见,对于"一带一路"的发文期刊,以经济、国际贸易为主。

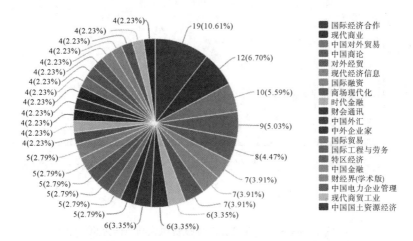

图1-19　1989—2018年企业对外投资风险防控研究期刊分布

1.2.3　研究热点

关键词是论文研究内容的高度提炼，通过对论文的关键词词频进行统计和共现分析，能有效得出当前该领域的研究热点。本书将671篇论文中出现的关键词次数进行统计，如图1-20所示。通过关键词出现频次可以发现对外投资风险防范的研究重点涉及了风险的防范措施、对外投资形式（海外并购和直接投资）以及风险的种类（法律风险、政治风险等），对风险评价和企业类别（国有企业、民营企业）的关注度较弱。另外，研究者对于"一带一路"问题有一定的关注度。

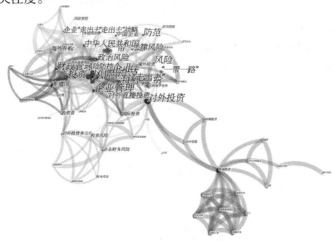

图1-20　1989—2018年企业对外投资风险防控关键词分布的可视化结果

根据以上关键词及高被引文献的分析，可以透视企业对外投资风险防控领域的研究热点，以下将分别从企业对外投资模式及其风险、企业对外投资风险类别与防控措施这两个视角进行分析。

1.2.3.1 企业对外投资模式及其风险

（1）海外并购

在对外投资领域，海外并购一直是受关注的热点之一，而风险识别是中国企业海外并购风险防控的前提。由于各国在政治、经济、文化等层面存在差异，增加了企业海外并购的风险。杜晓君和刘赫（2013）运用扎根理论，从跨国并购风险角度提出"跨文化风险"，指出企业在跨国并购活动中，由于不同国家、不同企业间的双重文化差异以及文化融合过程中各种不确定性因素，企业并购后的实际收益与预期收益目标发生背离，甚至出现企业跨国并购活动失败的可能性。"跨文化风险"主要涵盖两个层次：跨国家文化风险和跨组织文化风险[①]。随着世界经济格局变化，中国企业海外并购风险呈现出新特征，比如中国企业的并购面临越来越严格的安全审查政策、不断上升的政治风险和经济金融风险、文化差异所导致的风险等（李莉文，2017）[②]。因而，防控企业海外并购风险必须从政府和企业两个层面着手。在政府层面，要建立海外并购机制，完善海外并购法律法规，为企业海外并购提供政策和法律支持，引导企业海外并购良性发展；在企业层面，要建立风险控制和监督机制，严格控制财务风险，提高企业整合能力（李玉梅，桑百川，2010)[③]。

（2）绿地投资

对外直接投资采用绿地投资（新建投资）的方式不仅可以对东道国基础设施建设给予支持，而且也可以化解我国过剩的产能问题，成为一个一举两得的举措（方慧，赵胜立，2017)[④]。在整个投资过程中始终存在文化风险及政治风险，且政治风险随时间而增大，提出从风险情报流的建立和不同风险的具体管理措施两个方面建立海外投资风险防范体系（李树芳，潘懋，2005)[⑤]。

---

① 杜晓君，刘赫. 基于扎根理论的中国企业海外并购关键风险的识别研究 [J]. 管理评论，2012，24（4）：18-27.

② 李莉文. 世界经济新格局与中国企业海外并购的特征、风险及应对 [J]. 国际论坛，2017，19（1）：60-65，81.

③ 李玉梅，桑百川. 后金融危机时期企业海外并购的风险与控制 [J]. 国际经济合作，2010（12）：29-33.

④ 方慧，赵胜立. 跨国并购还是绿地投资?：对"一带一路"国家 OFDI 模式的考察 [J]. 山东社会科学，2017（11）：119-125.

⑤ 李树芳，潘懋. 海外石油勘探开发投资的风险及防范 [J]. 商业研究，2005（1）：114-116.

随着对外直接投资数量和规模的扩大，中国企业面临的风险呈现出新特点。太平和李姣（2015）梳理了2005—2014年中国企业对外直接投资遭遇风险的216个案例，发现政治风险是我国企业对外投资遭遇的最主要风险；在2011年后，经济风险、市场风险呈明显上升趋势；在地区方面，中国企业在北美洲和欧洲遭遇较多风险；民营企业风险案例数上升速度快。应对这些新风险，需要从全球投资治理体系、对外投资法律政策体系、金融支持体系、政府主导共建风险防范咨询服务等多方面构筑全面的风险防范体系①。

近年来，BOT项目融资模式作为典型的特许经营模式得到了广泛应用。BOT项目本身运作复杂，且投资项目处于国外环境，因此成为对外投资风险防控研究的焦点之一。张水波和高颖（2010）将BOT特许协议分为特许权的授予、建设期、运营期、转让期四个阶段，并针对BOT的风险管理，提出事前防范是风险管理最重要的阶段，并将事前防范划分为风险因素识别、风险评价和风险应对三个环节②。

1.2.3.2 企业对外投资风险类别与防控措施

学界对企业对外投资风险的具体类别观点不一。聂明华（2009）将企业对外直接投资风险划分为国家政治风险、恐怖主义与民族主义风险、政策与法律变动风险、汇率变动与汇兑风险、投资决策与经营风险、文化冲突风险以及管理体制与道德风险③；张琦（2010）认为企业对外直接投资风险主要包括政治风险、管理风险和财务风险等方面④；谢春芳（2011）将对外直接投资的主要风险归纳为国家风险、金融风险、文化风险和信息风险⑤；韩萍（2018）将企业对外直接投资风险细分为环境风险、市场风险、资源风险、能力风险和法律风险⑥；等等。梳理文献后发现，学者们认同的企业对外投资风险主要包括以下四类风险：

（1）政治风险

政治风险包括政府干预风险、民族主义风险、政策变动风险、恐怖主义风

---

① 太平，李姣. 开放型经济新体制下中国对外直接投资风险防范体系构建［J］. 亚太经济，2015（4）：122-127.

② 张水波，高颖. 国际BOT项目合同框架分析以及风险防范［J］. 国际经济合作，2010（1）：74-77.

③ 聂名华. 中国企业对外直接投资风险分析［J］. 经济管理，2009，31（8）：52-56.

④ 张琦. 中国企业对外直接投资风险识别与防范［J］. 国际经济合作，2010（4）：53-56.

⑤ 谢春芳. 后危机时代我国对外直接投资的风险与防范［J］. 贵州社会科学，2011（5）：44-49.

⑥ 韩萍. "一带一路"倡议下中国企业海外投资风险评估与对策研究［J］. 价格月刊，2018（2）：83-88.

险以及地缘政治风险。政府干预风险主要指因东道国政府采取消极的干预性行为、干预条款、干预政策等限制在其国家管控领域内的他国企业的正常、合法经营活动并造成权利侵害而发生的政治风险；民族主义风险指某些海外投资企业不注意实施当地化经营战略，与当地政府和公众缺乏有效的沟通和交流而导致的"排华"情绪和"排华"行为；政策变动风险指东道国政策、法规不连续，或者具有限制外商在境内进行正常投资活动等风险；恐怖主义风险指在东道国政治局势不稳定或者十分动荡，遭受恐怖主义袭击或者战乱带来的影响；地缘政治风险是贮存于特定地区的特定资源这一地缘政治的核心目标带来的激烈争夺和冲突产生的投资风险。针对政治风险，应设立国家风险评估机构，积极参与国际多边、双边投资合作并主动签订国家契约（熊小奇，郑小玲，2001)[1]、建立境外投资保险制度、打造区域及区域间安全共同体（黄河，Starostin Nikita，2016)[2]、搭建信息服务平台等（刘中民，2018)[3]。

（2）法律风险

法律风险指在对东道国进行直接投资这一特定法律风险环境下，因法律风险主体为或者不为一定行为所需承担的某种法律后果的可能性。祝宁波（2013）指出企业从事海外投资面临的法律风险具有不确定性、与政治风险密不可分、可控性较差以及后果难以估量等特点，提出运用计算机技术、信息技术、管理技术和决策技术对法律风险进行管理[4]。徐卫东和闫泓汀（2018）认为，秉持"服务和保护"而非"监管和限制"的指导思想，应当从审批权与经营权分离、细化海外投资险别两方面完善海外投资保险制度；应当从法律风险种类识别、法律风险发生概率预估、法律后果预估、法律风险应对机制四个方面强化企业海外投资法律风险管理制度[5]。

（3）管理风险

管理风险包括管理体制风险、跨文化风险以及投资决策与经营风险。管理体制风险是企业管理体制不够完善，尚未建立规范的法人治理机制，存在

---

① 熊小奇，郑小玲. 论海外投资国家风险的防范 [J]. 国际贸易问题，2001 (5)：5-9.

② 黄河，Starostin Nikita. 中国企业海外投资的政治风险及其管控：以"一带一路"沿线国家为例 [J]. 深圳大学学报（人文社会科学版），2016，33 (1)：93-100.

③ 刘中民. 在中东推进"一带一路"建设的政治和安全风险及应对 [J]. 国际观察，2018 (2)：36-50.

④ 祝宁波. 中国企业海外投资的法律风险与法律风险管理探索 [J]. 华东理工大学学报（社会科学版），2013，28 (3)：85-94.

⑤ 徐卫东，闫泓汀. "一带一路"倡议下的海外投资法律风险对策 [J]. 东北亚论坛，2018，27 (4)：26-38，127.

"内部人控制"现象，导致的国有资产流失风险；另外也有可能是企业在管理方式等方面与国际管理水平有所差距，导致的管理效率低下等风险。跨文化风险指与东道国在语言、风俗习惯、价值观与态度、宗教信仰等方面存在差异而给企业对外投资带来影响的不确定性（张琦，2010）①。投资决策与经营风险指东道国不可预见或不确定的投资环境导致的投资决策失误风险和生产经营风险。因而，企业应在投入资本前仔细研究东道国的政策条例和政策意图及它们的变化趋势，并且充分了解当地文化风俗习惯。此外，制定严格的决策机制、监控机制和追责制度、切实可行的海外经营战略、明确海外市场定位（齐晓凡，丁新举，2017)②；建立规则平台，规范突发事件应急管理程序（卫平东，孙瑾，2018)③ 也是应对管理风险的有效措施。

（4）财务风险

叶明和叶键（2012）针对企业海外并购中面临的财务风险，提出应谨慎评估目标企业价值、利用多种融资支付方式、加强防范国家风险和汇率风险、加强国家的支持引导等防范措施④。张琦（2010）认为对外投资经营活动产生的大量外汇结算业务而导致的货币风险也是财务风险的一种。此外，外汇结算业务也隐含了汇率变动风险，即跨国公司在其生产经营活动中，由于外汇汇率变动，增加了公司的负债和支出增加、资产和收入减少的可能性（聂名华，2009)⑤。针对财务风险，企业需要根据实际情况，确定合理的投资策略，将财务风险降低到最低限度，获得尽可能高的投资收益（郑崴，徐峰林，2011)⑥，并在资金使用过程中注重资金安全风险、信用风险、资金流动性风险、汇率风险的防范（何宁宁，2017)⑦。

1.2.4　研究结论与研究展望

梳理现有文献可以看到：近年来，我国对外投资风险及其防控研究发展迅速，尤其是以企业为研究主体，涉及领域较为广泛，但是尚未形成明显的学科

---

① 张琦. 中国企业对外直接投资风险识别与防范 [J]. 国际经济合作，2010 (4)：53-56.
② 齐晓凡，丁新举."一带一路"战略下中国企业海外投资风险应对 [J]. 企业管理，2017 (1)：85-87.
③ 卫平东，孙瑾. 中国对"一带一路"沿线国家直接投资的风险监管体系研究 [J]. 国际贸易，2018 (11)：28-36.
④ 叶明，叶键. 企业海外并购财务风险防范研究 [J]. 财会通讯，2012 (32)：145-147.
⑤ 聂名华. 中国企业对外直接投资风险分析 [J]. 经济管理，2009, 31 (8)：52-56.
⑥ 郑崴，徐峰林. 浅析企业对外投资的财务风险及其对策 [J]. 商业会计，2011 (6)：65-66.
⑦ 何宁宁. 海外投资财务风险防范 [J]. 财务与会计，2017 (13)：23-24.

交叉；研究重点涉及对外投资形式以及风险类别、风险防控措施，但对风险评价和企业类别的关注度较弱；此外，对外投资风险防控的研究方面还没有形成核心作者群，此领域的研究需要更多的拓展。

1.3 "一带一路"背景下企业对外投资风险防控的文献综述

1.3.1 数据来源

选取中国知识资源总库（CNKI）作为文献数据的研究来源，在中国知识资源总库（CNKI）首页中选择"知识元检索"，而后选取指数检索，以"'一带一路'企业对外投资风险"作为检索词，进入指数数据库检索，分别从学术关注度、媒体关注度、学术传播度三个维度考量"一带一路"企业对外投资风险的年度发文趋势。

在学术关注度维度，检索出来的文献时间分布于2015—2018年，其中2015年"一带一路"企业对外投资风险相关文献量为2，环比增长率为0%；2016年发文量为13，环比增长率为550%；2017年发文量为33，环比增长率为154%；2018年发文量为32，环比增长率为-3%。从图1-21可以看出，"一带一路"企业对外投资风险研究的学术关注起步较晚，始于2015年，在2016年学术关注度激增，并且在2016年之后保持稳定。

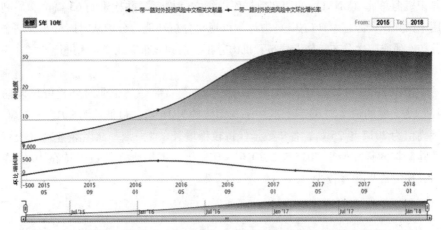

图1-21 2015—2018年"一带一路"企业对外投资风险研究学术关注度趋势

在学术传播度维度，检索出来的文献时间分布于 2017—2018 年，其中 2017 年"一带一路"企业对外投资风险文献被引量为 6，环比增长率为 0%；2018 年文献被引量为 7，环比增长率为 17%，如图 1-22 所示。可见，不管从时间维度还是数量维度来看，关于"一带一路"企业对外投资风险研究的学术传播度都较低。

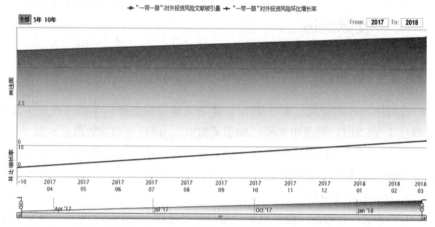

图 1-22   2017—2018 年"一带一路"企业对外投资风险研究学术传播度趋势

1.3.2   数据统计与数据分析

本部分以"一带一路"并含"企业对外投资"并含"风险防控"或"风险防范"为主题，时间范围为 2013—2018 年，并选中同义词扩展，利用中国知识资源总库（CNKI）的期刊数据库进行文献检索，共检索到 63 篇论文。利用中国知识资源总库（CNKI）中计量可视化分析功能，分别从时间分布、基金分布、研究层次分布、作者分布、机构分布、期刊分布等几个层面进行考察。

1.3.2.1   时间分布

由图 1-23 可以看出，2015—2018 年以"一带一路企业对外投资风险防控"为主题的论文共 63 篇，其中平均篇数约为 16 篇，最低值为 2015 年 7 篇，最高值为 2017 年 25 篇，各年数量保持较稳增长。"一带一路"企业对外投资风险防控的研究始于 2015 年，2016—2019 年，每年研究数量保持在 16 篇左右，研究成果相对较少。

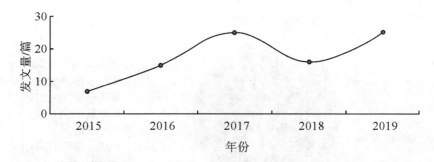

图1-23　2015—2018年"一带一路"企业对外投资风险防控研究领域发文量

1.3.2.2　基金分布

由图1-24可以看出，国家社会科学基金发文量为3篇，国家自然科学基金、湖南省教委科研基金、山西省软科学研究计划、浙江省自然科学基金发文量各为1篇，总数7篇。这说明对"一带一路"企业对外投资风险防控的研究，相关基金项目的支持较少，这也可能是近几年相关研究增速缓慢的原因之一。

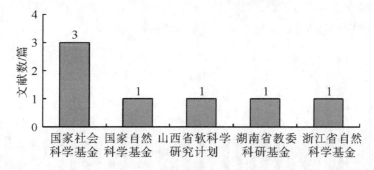

图1-24　2015—2018年"一带一路"企业对外投资风险防控研究领域支持基金分布

1.3.2.3　研究领域分布

由图1-25可知，各研究领域的比重从大到小分别为行业指导、基础研究、政策研究、经济信息、职业指导，发文数量和占总发文量的比重依次为25篇、43.86%；25篇、43.86%；5篇、8.77%；1篇、1.75%；1篇、1.75%。其中，基础研究、行业指导、政策研究、职业指导四个领域均属于社会科学类，占总发文量的98.25%。可见，我国对"一带一路"企业对外投资风险防控的研究，以社会科学类研究为主，且主要集中在行业指导与基础研究层次。

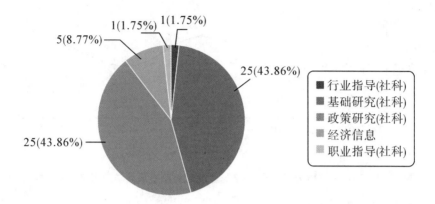

图 1-25　2015—2018 年"一带一路"企业对外投资风险防控研究层次分布

1.3.2.4　研究机构及作者分布

从图 1-26 可以看出，我国对"一带一路"企业对外投资风险防控的研究机构以高校为主，发文量少且比较平均，大部分仅为 1 篇。从作者分布来看，每位作者发文量均为 1 篇，如图 1-27 所示。可见，在"一带一路"背景下企业对外投资风险防控的研究方面，尚未形成核心作者群。

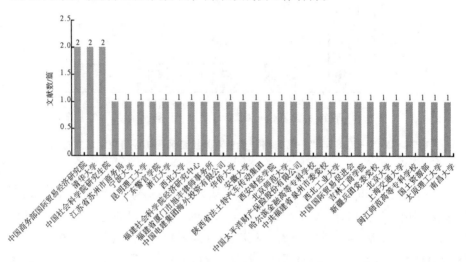

图 1-26　2015—2018 年"一带一路"企业对外投资风险防控研究机构分布

1.3.2.5　期刊分布

如图 1-28 所示，《国际经济合作》和《中国对外贸易》发文数量最多，均为 3 篇，大部分期刊为 1 篇，有少部分期刊为 2 篇。

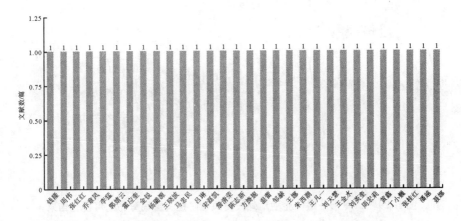

图1-27 2015—2018年"一带一路"企业对外投资风险防控研究作者分布

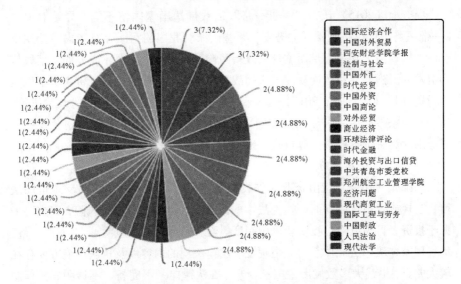

图1-28 2015—2018年"一带一路"企业对外投资风险防控期刊分布

1.3.3 研究热点

自2013年"一带一路"倡议提出以来,我国对"一带一路"背景下企业对外投资风险防控展开研究,将63篇论文中出现的关键词次数进行统计,发现风险防控的主要关注点集中在政治风险、法律风险、经济风险三个维度,如图1-29所示。

图 1-29　"一带一路"企业对外投资风险防控关键词分布的可视化结果

1.3.3.1　政治风险

周五七（2015）认为"一带一路"沿线周边国家国情不同，导致对中国"一带一路"倡议呈现不同的态度，某些国家对我国的意图存有疑虑或持观望态度，出现由于互信不足而增加的政治风险①。另外在政治环境方面，宗教信仰引发的激烈冲突和政局动荡带来的战乱风险都为企业对外投资带来了不稳定的投资环境（张述存，2017）②。杨丽君（2018）针对中亚五国的政治风险，从民族与宗教冲突、国际风险和国内政局普遍不稳三个角度提出划分投资区域，因地制宜进行投资，尊重投资地民族习俗和宗教信仰等防范策略③。

1.3.3.2　法律风险

韩师光（2014）指出企业对外投资法律风险是投资企业因违反东道国法律、法规或者规章制度而面临受法律惩罚或者法律制裁的相关风险，其主要来源于投资者行为风险、投资者母国制度风险和东道国制度风险④。"一带一路"沿线国家在法律法规体系的健全程度、法律法规的内容以及执法环境方面存在较大差异，沿线大多数发展中国家普遍存在法律体系不完备、不透明、法律制度变动频繁的情况，而且这些国家在法律上与国际接轨的程度较低，我国企业开展直接投资将面临较为陌生的法律制度环境（张述存，2017）⑤。张敏和朱

---

① 周五七."一带一路"沿线直接投资分布与挑战应对［J］.改革，2015（8）：39-47.

② 张述存."一带一路"战略下优化中国对外直接投资布局的思路与对策［J］.管理世界，2017（4）：1-9.

③ 杨丽君."一带一路"背景下中国对中亚五国直接投资及政治风险防范策略［J］.学术探索，2018（1）：20-24.

④ 韩师光.中国企业境外直接投资风险问题研究［D］.长春：吉林大学，2014.

⑤ 张述存."一带一路"战略下优化中国对外直接投资布局的思路与对策［J］.管理世界，2017（4）：1-9.

雪燕（2017）分别阐述了"一带一路"背景下企业对外投资三个阶段所面临的投资法律风险，依次是对外投资准入阶段、运营阶段和退出阶段①。张富强和刘中原（2018）剖析了中国企业境外所得税收抵免制度，指出所得来源地确定标准模糊、境外成本费用认定不合理、税收饶让适用范围狭窄、抵免选择方式不合理是造成"一带一路"背景下国际双重征税法律风险的主要原因②。

1.3.3.3　经济风险

经济风险主要表现在汇率风险、金融衍生品交易风险和信用风险（聂娜，2016)③。由于"一带一路"沿线多为发展中国家，汇率的差距和波动都较大，容易引发双重汇率风险；此外，"一带一路"沿线国家的期货市场发展水平也存在着较大差异；同时，一些新兴市场国家长期以来高度依赖于外部资金，且自身抵御资金外流的能力较弱，容易面临债务违约风险。刘恒（2018）分析了经济风险的成因，认为"一带一路"背景下经济合作的地缘政治化、沿途区域的高风险之困、参与国自身经济发展水平较低、企业不遵循市场经济规律是造成企业各类经济风险的主要原因④。

1.3.4　研究结论与研究展望

通过对现有文献的分析，可以看到关于"一带一路"背景下企业对外投资风险防控的研究起步较晚，整体数量较少，且研究领域还不够广泛，相关研究基金支持尚不够充分。对关键词、研究机构分布情况、被引频次进行可视化计量分析，研究热点主要集中在政治风险、法律风险与经济风险三个层面，大多关注宏观风险防控，研究方法侧重于定性研究和静态研究，亟须构建科学系统、切实可行的风险防控体系。

---

①　张敏，朱雪燕."一带一路"背景下我国企业对外投资法律风险的防范［J］.西安财经学院学报，2017，30（1）：117-123.
②　张富强，刘中原."一带一路"倡议下国际双重征税法律风险的防范：以企业境外所得税收抵免制度的完善为视角［J］.法治论坛，2018（2）：273-281.
③　聂娜.中国参与共建"一带一路"的对外投资风险来源及防范机制［J］.当代经济管理，2016，38（9）：84-90.
④　刘恒."一带一路"建设中我国经济安全风险及对策分析［J］.现代管理科学，2018（8）：27-29.

1.4　本章小结

本章运用文献计量法，对"一带一路"背景下企业对外投资风险及其防控研究，展开了多领域、分层次、广视角的文献梳理，以期在现有文献的基础上对"一带一路"背景下企业对外投资的风险识别维度、风险评价方法、风险防控对策有所拓展和深化。

2 "一带一路"背景下中国企业对外投资风险防控研究：理论诠释

理论分析是研究的奠基石，本章阐释"一带一路"的时代背景与内涵，考察我国企业对外投资风险的演变趋势，探究"一带一路"倡议对我国企业对外投资风险演变的影响，剖析企业对外投资及其风险防控的理论基础，在此基础上构建"一带一路"背景下我国企业对外投资风险防控的分析框架，为本书的深入研究奠定理论基石。

2.1 "一带一路"倡议的时代背景与内涵

"一带一路"倡议是中国政府统筹国际国内两个大局，根据国际和地区形势的深刻变化，以及中国发展所面临的新形势、新任务，致力于维护全球自由贸易体系和开放型经济体系，促进沿线各国加强合作、共谋发展所提出的倡议，具有深刻的时代背景与丰富的内涵。

2.1.1 "一带一路"倡议的时代背景与历史使命

"丝绸之路经济带"① 和"21 世纪海上丝绸之路"② 合称为"一带一路"。共建"一带一路"的提出与完善经历了从宏大战略构想到具体战略布局的发展过程。

2.1.1.1 国际层面

共建"一带一路"契合和平、发展、合作、共赢的时代主题，符合沿线

---

① 习近平. 弘扬人民友谊，共创美好未来[EB/OL]. [2013-09-08]. https://www.yidaiyilu.
cn/xwzx/xgcdt/74402. htm.

② 习近平. 携手建设中国：东盟命运共同体[EB/OL]. [2013-10-03]. https://www.yidaiyilu.
gov.cn/xwzx/xgcdt/62334. htm.

各国互联互通、交融发展的共同利益。

从历史维度来看，陆上、海上丝绸之路是我国同中亚、西亚、南亚、东南亚、东非、欧洲之间经贸和文化交流的大通道。互联互通是促进亚欧非经济联动发展的重要前提与有力抓手，也是众多沿线国家迫切的利益诉求。共建"一带一路"旨在促进经济要素自由有序流动、资源高效配置和市场深度融合，推动沿线各国实现经济政策协调，开展更大范围、更高水平、更深层次的区域合作，共同打造开放、包容、均衡、普惠的区域经济合作架构；共建"一带一路"符合国际社会的根本利益，能够体现人类社会共同理想和美好追求，是对国际合作以及全球治理新模式的积极探索，能够为世界的和平发展增添新的正能量。因而，共建"一带一路"，不仅将积极推动中国发展，也会助力全球经济重获信心。

从现实维度而言，当今世界正在发生着深刻而复杂的变化，以"金砖国家"为代表的新兴经济体实力不断增强，在稳步且蓬勃的发展中逐渐提高自身国际地位，增强国际影响力。各国经济力量对比关系的变化引起世界经济权力分配改变，与此同时，2008年国际金融危机带来的深层次影响继续显现，世界经济、金融格局正在进行深刻调整，经济复苏仍充满不确定性、不稳定性。在世界经济复苏低速、低需求、低增长、低通胀同高泡沫、高债务、高失业等风险交织下，主要经济体走势和政策取向继续分化，经济环境的不确定性、不稳定性依然突出，各国面临的发展问题依然严峻①。可见，时代潮流以世界多极化、经济全球化、文化多样化、社会信息化持续推进为主要趋势，秉持开放的区域合作精神，共建"一带一路"，致力于维护开放型世界经济和全球自由贸易体系，符合沿线各国的共同利益，是各国经济发展的必然选择。

2.1.1.2 国家层面

共建"一带一路"是中国改革开放深入推进的客观要求，亦是我国积极承担国际责任的必然担当。

从历史维度来看，改革开放40多年来，上海、浙江、广东等省（市）作为对外开放的前期重点，最先从开放中受益，而广大的中、西部地区则扮演着"追随者"的角色。而"一带一路"起始于西部，也主要由西部通向西亚和欧洲，这带来我国对外开放的地理格局的重大调整，能够更好地贯彻落实全方位对外开放这一要求。在世界经济复苏缓慢、贸易保护主义抬头的背景下，中国

---

① 习近平. 迈向命运共同体，开创亚洲新未来[EB/OL].[2015-03-28].http://cpc.people. cn/xuexi/gb/387488/index7.html/n/2015/0328/c64094-26764811.html.

坚定不移坚持对外开放，坚持走开放融通、合作共赢之路，坚定维护开放型世界经济和多边贸易体制，反对保护主义、单边主义，大力推进"一带一路"国际合作，无疑会为世界经济的回暖注入强劲动力，为全球化的发展进程贡献自己的力量。共建"一带一路"既是我国基于基本国情选择持续对外开放的必然选择，也是造福沿线国家，带领他们共同发展，共同获利的慷慨之举。

从现实维度而言，共建"一带一路"是中国承担国际责任的集中体现。我国在对外开放初期，由于长期的封闭落后，当时的对外开放主要是引进欧、美、日等发达经济体的投资。而现在，我国具备了对外出口的实力，同时世界上也有许多处于发展中的国家需要其他国家对其给予投资支持，因此，通过"一带一路"建设帮助这些国家进行基础设施建设，在顺应中国产业技术升级需要的同时更能够帮助众多发展中国家迈出发展的第一步，帮助他们提高经济水平，发现自身长足发展的方式。实践表明，共建"一带一路"不仅是经济合作，更是完善全球发展模式和全球治理、推进经济全球化健康发展的重要途径①。中国作为最大的发展中国家，通过"一带一路"国际合作，共商、共建、共享，惠及沿线国家、造福世界人民，体现了为国际社会做出新的更大贡献的历史担当。

2.1.2 "一带一路"倡议的内涵与发展动态

"一带一路"倡议是以经济合作为重点的跨领域倡议，共建"一带一路"本质上是一种经济行为，其核心内涵归结起来为"五通"，即政策沟通、设施联通、贸易畅通、资金融通和民心相通。2013 年以来，"一带一路"倡议以"五通"为主要内容扎实推进，截至 2019 年年底，已经取得明显成效，一批具有标志性意义的成果开始逐渐显现，增强了沿线各国对共建"一带一路"的认同感和参与度。

2.1.2.1 政策沟通

政策沟通是共建"一带一路"的重要保证，因为不同国家之间的政策制度存在差别，而要实现多国联动与协调发展，就必须要加强沟通，达成有关项目的政策共识。2013 年以来政策沟通进展稳健，"一带一路"倡议已被多个国际组织写入重要文件，如 2015 年 7 月，上海合作组织发表了《上海合作组织成员国元首乌法宣言》，支持关于建设"丝绸之路经济带"的倡议；2016 年 9

---

① 习近平. 努力推动共建"一带一路"走深走实[EB/OL].[2018-08-27]. http://www.xin-huanet.com/politics/2018-08/27/c_1123336562.htm.

月，《二十国集团领导人杭州峰会公报》通过关于建立"全球基础设施互联互通联盟"倡议；2016 年 11 月，联合国 193 个会员国协商一致通过决议，欢迎共建"一带一路"等经济合作倡议，呼吁国际社会为"一带一路"建设提供安全保障环境；2017 年 3 月，联合国安理会一致通过了第 2344 号决议，呼吁国际社会通过"一带一路"建设加强区域经济合作，并首次载入"人类命运共同体"理念①；2018 年，中拉论坛第二届部长级会议、中国—阿拉伯国家合作论坛第八届部长级会议、中非合作论坛峰会先后召开，分别形成了中拉《关于"一带一路"倡议的特别声明》《中国和阿拉伯国家合作共建"一带一路"行动宣言》和《关于构建更加紧密的中非命运共同体的北京宣言》等重要成果文件。除此之外，签署共建"一带一路"政府间合作文件的国家和国际组织数量逐年增加，截至 2019 年 10 月底，中国已与 137 个国家和 30 个国际组织签署了 197 份合作文件，共建"一带一路"地区已由亚欧延伸至非洲、拉美、南太等区域②。

2.1.2.2 设施联通

设施联通是共建"一带一路"的优先范畴，由于"一带一路"沿线国家在交通设施范畴普遍落后，并且高山、沙漠、河流经常阻隔交通，给货物和人员交流带来不便，交通、油气管道、输电网等基础设施设备的建设对各国充分发挥资源禀赋，更好融入全球供应链、产业链、价值链，实现联动发展具有重要意义。2013 年以来，在尊重相关国家主权和安全关切的基础上，由各国共同努力，以铁路、公路、航运、航空、管道、空间综合信息网络等为核心的全方位、多层次、复合型基础设施网络正在加快形成，区域间商品、资金、信息、技术等交易成本大大降低，有效促进了跨区域资源要素的有序流动和优化配置，实现了互利合作、共赢发展。例如，"六廊六路多国多港"③的互联互通架构基本形成：新亚欧大陆桥经济走廊区域合作日益深入，对外发布了《中国—中东欧国家合作布达佩斯纲要》和《中国—中东欧国家合作索菲亚纲要》，中欧互联互通平台和欧洲投资计划框架下的务实合作有序推进；匈塞铁路塞尔维亚境内贝旧段开工；中国西部—西欧国际公路（中国西部—哈萨克斯坦—俄罗斯—西欧）基本建成；为打造中蒙俄经济走廊，中国、蒙古国、

---

① 新华社. 习近平：构建人类命运共同体，实现共赢共享 [EB/OL]. [2017-01-19]. https://www.yidaiyilu.gov.cn/xwzx/xgcdt/5231.htm.

② 推进"一带一路"建设工作领导小组办公室. 共建"一带一路"倡议：进展、贡献与展望 [N]. 人民日报, 2019-04-23.

③ "六廊六路多国多港"是共建"一带一路"的主体框架。

俄罗斯积极推动形成以铁路、公路和边境口岸为主体的跨境基础设施联通网络，中俄同江—下列宁斯科耶界河铁路桥中方侧工程已于 2018 年 10 月完工；中俄企业联合体基本完成莫喀高铁项目初步设计；中国、蒙古国、俄罗斯签署并核准的《关于沿亚洲公路网国际道路运输政府间协定》正式生效，中蒙俄（二连浩特）跨境陆缆系统已建成；中国—中亚—西亚经济走廊在能源合作、设施互联互通、经贸与产能合作等领域合作不断加深；中国与哈萨克斯坦、乌兹别克斯坦、土耳其等国的双边国际道路运输协定，以及中巴哈吉、中哈俄、中吉乌等多边国际道路运输协议或协定相继签署，中亚、西亚地区基础设施建设不断完善；中国—中南半岛经济走廊在基础设施互联互通、跨境经济合作区建设等方面取得积极进展；昆（明）曼（谷）公路全线贯通，中老经济走廊合作建设开始启动，泰国"东部经济走廊"与"一带一路"倡议加快对接，中国—东盟（10+1）合作机制、澜湄合作机制、大湄公河次区域经济合作（GMS）发挥的积极作用越来越明显；中巴经济走廊以能源、交通基础设施、产业园区合作、瓜达尔港为重点的合作布局确定实施；瓜达尔港疏港公路、白沙瓦至卡拉奇高速公路（苏库尔至木尔坦段）、喀喇昆仑公路升级改造二期（哈维连—塔科特段）、拉合尔轨道交通橙线、卡西姆港 1320 兆瓦电站等重点项目开工建设，部分项目已发挥效益；孟中印缅经济走廊，孟中印缅四方在联合工作组框架下共同推进走廊建设，中缅两国共同成立了中缅经济走廊联合委员会，签署了关于共建中缅经济走廊的谅解备忘录、木姐—曼德勒铁路项目可行性研究文件和皎漂经济特区深水港项目建设框架协议①。

2.1.2.3　贸易畅通

贸易畅通是共建"一带一路"的重点内容，中国与"一带一路"沿线国家的贸易虽然正稳步发展，但仍旧存在贸易壁垒，因此缩小贸易壁垒对跨国贸易的影响是"一带一路"倡议的核心也是重点。2017 年 5 月首届"一带一路"国际合作高峰论坛以来，中国与沿线国家签署 100 多项合作文件，实现了 50 多种农产品食品检疫准入；中国和哈萨克斯坦、吉尔吉斯斯坦、塔吉克斯坦农产品快速通关"绿色通道"建设积极推进，农产品通关时间缩短 90%，贸易与投资自由化便利化水平不断提升。2013—2018 年，中国与沿线国家货物贸易进出口总额超过 6 万亿美元，年均增长率高于同期中国对外贸易增速，占中国货物贸易总额的比重达 27.4%。中国与沿线国家服务贸易由小到大、稳步发

---

① 中国一带一路网. 图解："一带一路"倡议六年成绩单［EB/OL］.［2019-09-09］.https://www.yidaiyilu.gov.cn/xwzx/gnxw/102792.htm.

展。2018 年中国与"一带一路"沿线国家货物贸易进出口总额达到 1.3 万亿美元，同比增长 16.3%，高于同期中国外贸增速 3.7 个百分点，占外贸总值的 27.4%。其中，中国对沿线国家出口 7 047.3 亿美元，同比增长 10.9%；自沿线国家进口 5 630.7 亿美元，同比增长 23.9%①。

2.1.2.4　资金融通

资金融通是共建"一带一路"的重要支撑，"一带一路"的建立需要数额庞大的资金支持，任何一国都无法独立负担，因此增进各国融资、加强民间资本的引入参与共建，能够为"一带一路"倡议的实施提供资金保障。2013 年以来，国际多边金融机构及各类商业银行不断探索创新投融资模式，各国主权基金和投资基金发挥越来越重要的作用。丝路基金与欧洲投资基金共同投资的中欧共同投资基金于 2018 年 7 月开始实质性运作，投资规模 5 亿欧元，有力促进了共建"一带一路"倡议与欧洲投资计划相对接。此外，中国财政部与阿根廷、俄罗斯、印度尼西亚、英国、新加坡等 27 国财政部核准了《"一带一路"融资指导原则》，基于这一指导原则，各国重点加大对基础设施互联互通、贸易投资、产能合作等领域的融资支持，多边金融合作支撑作用逐渐显现。我国先后与 21 个沿线国家建立双边本币互换安排，与 7 个沿线国家建立了人民币清算安排，与 35 个沿线国家的金融监管当局签署了合作文件。人民币国际支付、投资、交易、储备功能稳步提高，人民币跨境支付系统（CIPS）业务范围已覆盖 60 多个沿线国家和地区。据统计，截至 2019 年 6 月底，中国出口信用保险公司在沿线国家累计实现保额约 7 704 亿美元，丝路基金实际出资额近 100 亿美元；截至 2019 年 8 月已有来自 54 个国家和地区的 217 家银行在华设立了 995 家营业性机构以及 155 家代表处，在华外资银行的总资产超过 3.3 万亿元，相比较 2001 年加入世界贸易组织之初增长了 9 倍多，金融互联互通正不断深化②。

2.1.2.5　民心相通

民心相通是共建"一带一路"的人文基础，各国通过人文交流、媒体合作、旅游协作等增进彼此了解，共同推进"一带一路"建设。2013 年以来中国与沿线国家的文化交流形式丰富多样，艺术节、电影节、音乐节、文物展、图书展等蓬勃开展，丝绸之路国际剧院、博物馆、艺术节、图书馆、美术馆联

---

① 中国一带一路网. 图解："一带一路"倡议六年成绩单[EB/OL]. [2019-09-09]. https://www.yidaiyilu.gov.cn/xwzx/gnxw/102792.htm.

② 中国一带一路网. 图解："一带一路"倡议六年成绩单[EB/OL]. [2019-09-09]. https://www.yidaiyilu.gov.cn/xwzx/gnxw/102792.htm.

盟相继成立，中国与多个沿线国家及地区共同举办文化年活动，形成"丝路之旅""中非文化聚焦"等 10 余个文化交流品牌。此外，中国设立"丝绸之路"中国政府奖学金项目，仅 2018 年，沿线 64 个国家的 26.06 万人接受了中国政府奖学金来华留学，教育培训成果丰富。随着"一带一路"沿线人民生活水平不断提高，国家间旅游合作也逐步扩大，中国与 57 个沿线国家缔结了涵盖不同护照种类的互免签证协定，与 15 个国家达成 19 份简化签证手续的协定，2018 年中国出境旅游人数达 1.5 亿人次，到中国旅游的外国游客人数达 3 054 万人次，俄罗斯、缅甸、越南、蒙古、马来西亚、菲律宾等国成为中国主要客源市场[①]。

综上，共建"一带一路"旨在聚焦互联互通，深化务实合作，携手应对人类社会面临的各种风险挑战。自"一带一路"倡议提出，中国与沿线国家共同努力，在政治、经济、文化等多领域积极共建，一系列重大举措已经取得丰硕成果；从亚欧大陆到非洲、美洲、大洋洲，共建"一带一路"为世界经济增长开辟空间，为完善全球经济治理拓展实践，为增进各国民生福祉做出新贡献，在为世界各国的发展提供新机遇的同时，也为中国开放发展开启了新航程。

2.2 "一带一路"背景下中国企业对外投资的发展动态与风险演变趋势

"一带一路"倡议顺应世界多极化、经济全球化、文化多样化、社会信息化的时代潮流，是对外开放思想和"走出去"战略的继承和发展。改革开放40 多年来，中国企业在对外投资的道路上经历了探索起步、稳步调整、迅速发展阶段，在投资规模和投资质量上取得显著成绩，但进入后危机时代，面对全球经济发展动力不足、保护主义与反全球化加剧等挑战，"一带一路"背景下中国企业对外投资发展呈现出新特征。

2.2.1 "一带一路"背景下中国企业对外投资现状透视

对外投资作为国际投资的主要形式，是全球化趋势下各国经济深度相融的

---

① 中国一带一路网. 图解："一带一路"倡议六年成绩单［EB/OL］.［2019-09-09］. https://www.yidaiyilu.gov.cn/xwzx/gnxw/102792.htm.

重要途径。在"一带一路"背景下，我国企业不断创新对外投资方式、优化对外投资结构，有利于增进国际产能合作，形成陆海内外联动、东西双向互济的对外开放新格局。

2.2.1.1 "一带一路"背景下企业对外投资范畴释义

企业对外投资是相对于企业对内投资而言的，广义企业对外投资，是指企业在其本身经营的主要业务以外，以现金、实物、无形资产等方式，或者以购买股票、债券等有价证券方式向境内外的其他单位进行投资，以期在未来获得投资收益的经济行为，包括企业对外直接投资和企业对外间接投资①。从投资目的上看，对外直接投资的目的是将其经营的实质性部分跨越国境，并实际经营和分配，而对外间接投资是以获取利息和股息为目的，不参与经营和支配企业。

根据我国商务部历年发布的《中国对外投资报告》《中国对外直接投资统计公报》，中国企业对外投资主要界定为企业对外直接投资，即我国企业在国外及港澳台地区以现金、实物、无形资产等方式投资，并以控制国（境）外企业的经营管理权为核心的经济活动；对外直接投资的内涵主要体现在企业通过投资于另一企业而实现其持久利益的目标②。由于本书研究对象是中国企业，同时，结合"一带一路"背景下我国企业对外投资以对外直接投资为主的实际情况，本书采用与商务部同一口径，主要研究"一带一路"背景下中国企业对外直接投资（非金融类）③。

2.2.1.2 "一带一路"背景下中国企业对外投资的整体态势

2013年以来，中国企业对外投资增长迅速，在全球对外投资中的影响力不断增强。2018年中国对外投资额为1 430.4亿美元，成为全球第二大对外投资国；对外投资存量为1.98万亿美元，存量规模由全球第25位升至全球第3位，仅次于美国（6.5万亿美元）和荷兰（2.4万亿美元）④。同时中国企业对外投资呈现出企业对外投资并购活跃，境外融资比例高，并购领域、行业分布广泛，境外经贸合作区建设取得积极进展等特点。可见，中国企业稳健"走出去"、不断增强对外投资对于中国经济融入世界经济具有重要意义，特别是

---

① 刘志伟. 国际投资学［M］. 北京：对外经济贸易大学出版社，2017.

② 商务部，国家统计局，国家外汇管理局. 中国对外直接投资统计公报2017［EB/OL］.［2018-09-02］. http://www.mofcom.gov.cn/article/tongjiziliao/dgzz/201809/20180902791492. shtml.

③ 与商务部发布数据口径一致，以及"一带一路"背景下我国企业对外投资实际，本书的企业对外投资指非金融类的企业对外直接投资，后同。

④ 商务部，国家统计局，国家外汇管理局. 中国对外直接投资统计公报2018［EB/OL］.［2019-10-02］. http://fec.mofcom.gov.cn/article/tjsj/tjgb/201910/20191002907954. shtml.

在"一带一路"背景下，中国对沿线国家投资规模增长迅速，对外投资双赢效果明显。

（1）中国对外直接投资总体规模

截至 2019 年 10 月底，"一带一路"沿线国家和地区有 66 个（见表 2-1）；中国已经同 137 个国家和 30 个国际组织签署 197 份共建"一带一路"合作协议（见表 2-2）。"一带一路"沿线国家分布于亚洲、非洲、欧洲、大洋洲、北美洲、南美洲 6 大洲。中国对"一带一路"沿线国家对外投资存量从 2013 年 1 124.72 亿美元增长到 2018 年 2 434.3 亿美元，增长了 2.16 倍，平均增长率为 23.29%。对外投资流量稳中有升，从 2013 年 187.03 亿美元增长到 2018 年 269.53 亿美元，平均增长率为 8.8%（见图 2-1）。在"一带一路"倡议提出后的两年，投资存量增长率都超过了 20%。2015 年、2016 年受国际市场依然低迷、英国脱欧等不确定因素影响，投资存量增长率分别下降到 10.03%、11.87%（见图 2-2），对沿线国家对外投资流量占对外投资流量总额的比例也低于历史平均水平（见图 2-3）。2017 年随着"一带一路"倡议的深入推进，增长率有所好转，接近平均水平，但 2018 年受中美贸易战的影响，中国对"一带一路"沿线国家投资同比下降 4.34%，投资存量增速也降至 10.63%。从图 2-4 可以看出，2018 年中国对"一带一路"沿线国家投资占"一带一路"沿线国家吸收投资流量的比例不到 7%，吸收投资存量的比例不到 4%，双方深度合作投资的潜力还很大。总体来说，虽然中国对"一带一路"沿线国家投资在中国对外投资的比重较低，且容易受到国际投资环境等因素影响，但随着"一带一路"倡议的进一步推进，与中国签订相关协议的国家越来越多，中国对"一带一路"沿线国家投资仍将处于上升趋势。

表 2-1 "一带一路"沿线国家和地区分布

区域	沿线国家和地区
东亚	中国、蒙古国、新加坡、马来西亚、印度尼西亚、缅甸、泰国、老挝、柬埔寨、越南、文莱、菲律宾
西亚	伊朗、伊拉克、土耳其、叙利亚、约旦、黎巴嫩、以色列、巴勒斯坦、沙特阿拉伯、也门、阿曼、阿联酋、卡塔尔、科威特、巴林、希腊、塞浦路斯、埃及的西奈半岛、格鲁吉亚、阿塞拜疆、亚美尼亚
南亚	印度、巴基斯坦、孟加拉国、阿富汗、斯里兰卡、马尔代夫、尼泊尔、不丹
中亚	哈萨克斯坦、乌兹别克斯坦、土库曼斯坦、塔吉克斯坦、吉尔吉斯斯坦

表2-1(续)

区域	沿线国家和地区
中东欧	俄罗斯、乌克兰、白俄罗斯、波兰、立陶宛、爱沙尼亚、拉脱维亚、捷克、斯洛伐克、匈牙利、斯洛文尼亚、克罗地亚、波黑、黑山、塞尔维亚、阿尔巴尼亚、罗马尼亚、保加利亚、北马其顿、摩尔多瓦

表 2-2　与我国签订"一带一路"合作协议的国家

区域	国家（共137个）
亚洲（35个国家）	阿富汗、阿拉伯联合酋长国、阿曼、巴基斯坦、巴林、东帝汶、菲律宾、哈萨克斯坦、韩国、吉尔吉斯斯坦、柬埔寨、卡塔尔、科威特、老挝、黎巴嫩、马尔代夫、马来西亚、蒙古、孟加拉国、缅甸、尼泊尔、塞浦路斯、沙特阿拉伯、斯里兰卡、塔吉克斯坦、泰国、土耳其、文莱、乌兹别克斯坦、新加坡、也门、伊拉克、伊朗、印度尼西亚、越南
非洲（44个国家）	阿尔及利亚、埃及、埃塞俄比亚、安哥拉、贝宁、布隆迪、赤道几内亚、多哥、佛得角、冈比亚、刚果（布）、吉布提、几内亚、加纳、加蓬、津巴布韦、喀麦隆、科摩罗、科特迪瓦、肯尼亚、莱索托、利比里亚、利比亚、卢旺达、马达加斯加、马里、毛里塔尼亚、摩洛哥、莫桑比克、纳米比亚、南非、南苏丹、尼日尔、尼日利亚、塞拉利昂、索马里、塞内加尔、塞舌尔、苏丹、坦桑尼亚、突尼斯、乌干达、赞比亚、乍得
欧洲（29个国家）	阿尔巴尼亚、阿塞拜疆、爱沙尼亚、奥地利、白俄罗斯、保加利亚、北马其顿、波黑、波兰、俄罗斯、黑山、捷克、克罗地亚、拉脱维亚、立陶宛、卢森堡、罗马尼亚、马耳他、摩尔多瓦、葡萄牙、塞尔维亚、斯洛伐克、斯洛文尼亚、乌克兰、希腊、匈牙利、意大利、格鲁吉亚、亚美尼亚[①]
大洋洲（10个国家）	巴布亚新几内亚、斐济、库克群岛、密克罗尼西亚联邦、纽埃、萨摩亚、汤加、瓦努阿图、新西兰、所罗门群岛
北美洲（11个国家）	安提瓜和巴布达、巴巴多斯、巴拿马、多米尼克、多米尼加、哥斯达黎加、格林纳达、古巴、萨尔瓦多、特立尼达和多巴哥、牙买加
南美洲（8个国家）	玻利维亚、厄瓜多尔、圭亚那、秘鲁、苏里南、委内瑞拉、乌拉圭、智利

数据来源：根据2018年《中国对外直接投资统计公报》资料整理得出。

---

① 格鲁吉亚和亚美尼亚在地理位置上属于亚洲国家，但宗教、文化、历史等方面和欧洲的联系更加紧密，因此，两国都认定自己属于欧洲国家，因而《2018年度中国对外直接投资统计公报》将格鲁吉亚和亚美尼亚划分为欧洲国家。本书数据主要来源于《中国对外直接投资统计公报》，因而以《中国对外直接投资统计公报》分类为划分基准。

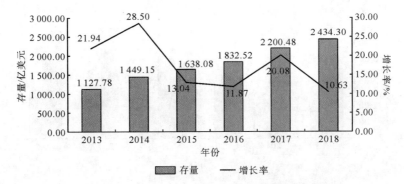

图 2-1　2013—2018 年中国对"一带一路"沿线国家对外投资存量及增长率

（数据来源：根据历年《中国对外直接投资统计公报》资料整理计算得出）

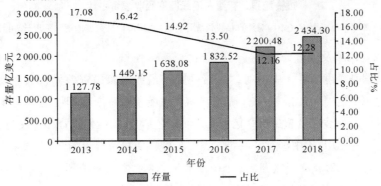

图 2-2　2013—2018 年中国对"一带一路"沿线国家

对外投资存量及占中国对外投资存量比重

（数据来源：根据历年《中国对外直接投资统计公报》资料整理计算得出）

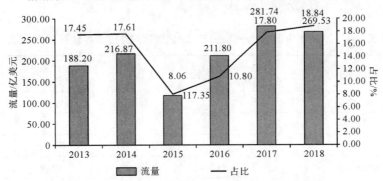

图 2-3　2013—2018 年中国对"一带一路"沿线国家

投资流量及占中国对外投资流量比重

（数据来源：根据历年《中国对外直接投资统计公报》资料整理计算得出）

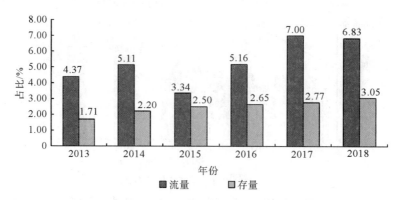

图 2-4 2013—2018 年中国对"一带一路"沿线国家

投资流量、存量占沿线国家吸收投资占比

（数据来源：根据历年《中国对外直接投资统计公报》、UNCTAD 数据库资料整理计算得出）

（2）国家及地域分布

从国别角度来看，中国对"一带一路"沿线国家投资差异较大，投资存量超过 100 亿美元的国家仅有新加坡、卢森堡、俄罗斯和印度尼西亚 4 个国家，其中新加坡存量超过 500 亿美元，而排名第 20 的伊朗投资存量仅为 32.34 亿美元。在 2018 年中国对"一带一路"沿线国家投资存量前 20 个国家中，15 个位于亚洲，2 个位于欧洲，2 个位于非洲，1 个位于南美洲。投资存量增长速率最快的 20 个国家中，5 个位于亚洲，8 个位于欧洲，2 个位于非洲，4 个位于北美洲，1 个位于南美洲。总体来看，中国企业对外投资主要集中在亚洲，但在"一带一路"倡议引导下，中国对外投资呈现从集中于亚洲走向全球拓展趋势（见表 2-3、表 2-4）。

表 2-3 2018 年中国对"一带一路"沿线国家对外投资存量前 20 的国家

国家	存量/亿美元	排名	国家	存量/亿美元	排名
新加坡	500.94	1	柬埔寨	59.74	11
卢森堡	153.89	2	泰国	59.47	12
俄罗斯	142.08	3	越南	56.05	13
印度尼西亚	128.11	4	缅甸	46.8	14
马来西亚	83.87	5	巴基斯坦	42.47	15
老挝	83.1	6	乌兹别克斯坦	36.9	16
哈萨克斯坦	73.41	7	赞比亚	35.23	17

表2-3(续)

国家	存量/亿美元	排名	国家	存量/亿美元	排名
韩国	67.1	8	委内瑞拉	35.01	18
南非	65.32	9	蒙古国	33.65	19
阿拉伯联合酋长国	64.36	10	伊朗	32.34	20

数据来源：根据2018年《中国对外直接投资统计公报》资料整理计算得出。

表2-4　2013—2018年中国对"一带一路"沿线国家投资存量增长速率最快的国家

国家	2013年存量/亿美元	2018年存量/亿美元	增长倍数	排名	国家	2013年存量/亿美元	2018年存量/亿美元	增长倍数	排名
黑山	0.04	0.63	196.44	1	北马其顿	0.19	0.36	17.37	11
特立尼达和多巴哥	0	6.37	165.05	2	爱沙尼亚	0.35	0.57	16.24	12
马耳他	0.01	2.3	66.04	3	牙买加	0.03	11.87	14.9	13
巴林	0.03	0.72	49.29	4	塞尔维亚	0.26	2.71	14.64	14
马尔代夫	0.02	0.75	45.32	5	哥斯达黎加	0.31	0.43	13.09	15
巴巴多斯	0.05	2.01	40.39	6	科特迪瓦	0.05	4.42	12.62	16
拉脱维亚	0.09	0.12	21.67	7	科威特	4.22	10.92	12.21	17
冈比亚	0.8	0.25	20.83	8	乌拉圭	1.98	2.71	10.46	18
乌兹别克斯坦	0.77	36.9	18.65	9	克罗地亚	1.16	0.69	8.31	19
东帝汶	0.89	1.67	18.42	10	斯洛文尼亚	0.08	0.4	8.02	20

数据来源：根据历年《中国对外直接投资统计公报》资料整理计算得出。

　　从区域分布来看，2018年中国对"一带一路"沿线国家的投资超过一半集中在亚洲，存量占达到62.33%，且投资流量在"一带一路"沿线中的比重呈上升趋势；欧洲、非洲存量占比比较均衡；南美洲、北美洲、大洋洲存量比重低，其中北美洲占比仅1.13%，是6个洲中最低的（见图2-5、图2-6）。总体来看，2013—2018年6个洲的流量占比较稳定。2015年欧洲和亚洲的投资流量出现峰值，一方面是由于中国企业在卢森堡投资撤销并转至荷兰，欧洲的"一带一路"沿线国家投资流量减少，流量负增长；另一方面是由于初期签署"一带一路"协议的亚洲国家较多，并且亚洲基础设施投资银行在2015年正式成立，对当年亚洲沿线国家基础设施的投资建设具有引导作用。2018年中国对非洲投资流量占比小幅上升，主要是因为在加入"一带一路"的非洲国家中，超过77%的国家在2018年与中国签署了"一带一路"合作文件。

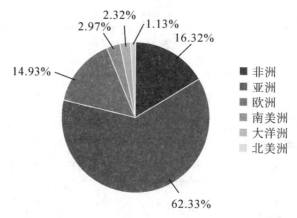

图 2-5 2018 年中国对"一带一路"沿线国家对外投资存量各区域分布情况

（资料来源：商务部、国家统计局、国家外汇管理局，《中国对外直接投资统计公报 2018》）

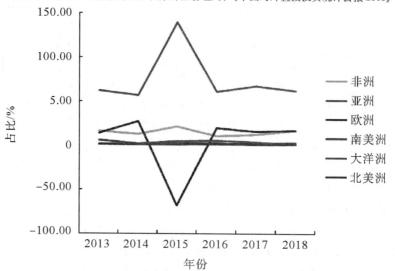

图 2-6 2013—2018 年中国对各地区对外投资流量占"一带一路"沿线流量比例

（数据来源：根据历年《中国对外直接投资统计公报》整理得出）

（3）行业分布

总体来看，中国对"一带一路"的投资主要集中在制造业、采矿业、建筑房地产业和交通运输业四个行业，这与沿线国家富含油气、矿石等资源，且大多是发展中国家人力成本低、基础设施落后有关。2013—2018 年，在租赁和商务服务业、文化、技术、金融、旅游、医疗健康等领域投资有所增加；投资范围进一步扩大，租赁和商务服务业、制造业、金融业等行业在对外投资中的地位得到提升，科学研究和技术服务、信息传输、软件和信息服务业等高科技产业也在对外投资中崭露头角，对外投资的行业分布进一步多元化。

基于各地区地理环境、政治人文条件、比较优势等差异，投资行业分布呈现出不同特点。在亚洲地区，中国与东南亚国家自古就保持着经贸往来，不仅在地缘关系上联系密切，在文化习惯上也拥有较多的相似性。因此，东南亚地区特别是东盟地区是"一带一路"建设的重点地区，在"一带一路"沿线国家的吸收投资占比超过一半，且双方投资贸易有不断加快的趋势。在 20 个通过确认考核的境外经贸合作区中，有 7 个位于东南亚地区，双方在经贸、投资等方面的合作日益深化，在行业分布、企业数量、投资规模上相较于其他区域都有绝对优势。2018 年年末，中国共在东盟设立对外投资企业超过 5 200 家，雇用外方员工 43 万人[①]。中国对东南亚国家的投资主要集中在东盟，投资存量的七成涉及租赁和商务服务业、制造业、批发和零售业、采矿业、电力/热力/燃气及水的生产和供应业。2018 年投资行业集中在制造业、批发和零售业、租赁和商务服务业、电力/热力/燃气及水的生产供应业。制造业投资主要流向马来西亚、印度尼西亚、越南、新加坡和泰国；批发和零售业投资主要流向新加坡；租赁和商务服务业投资主要流向新加坡、老挝、越南、印度尼西亚等；电力/热力/燃气及水的生产供应业投资主要流向印度尼西亚、越南、老挝和马来西亚；交通运输业/仓储和邮政业投资主要流向新加坡、老挝和柬埔寨等；金融业投资主要流向新加坡、泰国、印度尼西亚、菲律宾等；农/林/牧/渔业投资主要流向老挝、新加坡、印度尼西亚等；建筑业投资主要流向柬埔寨、泰国、新加坡、越南等；房地产业投资主要流向新加坡、老挝等。

总体来看，自 2013 年以来中国对"一带一路"沿线国家投资发展动态呈现出以下特点：第一，投资规模持续增长，但在中国对外投资总额中的占比较低；第二，不同国家和地区投资规模差距较大，投资集中在与中国关系较好、地理距离较近、自然资源丰富、基础设施较差的国家和地区；第三，投资行业分布逐渐多元化，除制造业、采矿、交通运输、农林牧渔业等传统投资行业外，租赁和商务服务业、房地产、金融业、科学研究和技术服务、信息传输、软件和信息服务等行业投资规模持续增加。

2.2.2　中国企业对外投资风险的演进：1979 年至今[②]

改革开放 40 多年来我国企业对外投资发展迅速，进入 21 世纪，尤其是

---

① 商务部，国家统计局，国家外汇管理局. 中国对外直接投资统计公报 2018. [EB/OL]. [2019-10-02]. http://fec.mofcom.gov.cn/article/tjsj/tjgb/201910/20191002907954.shtml.

② 改革开放以前，我国企业对外投资规模小，相关统计资料缺乏，改革开放以后，我国企业对外投资开始增加，但直到 1990 年才有官方的统计数据（主要来自联合国贸易和发展会议的数据）。2002 年，我国正式建立对外直接投资统计制度，每年发布《中国对外直接投资统计公报》。

"一带一路"倡议实施以来，企业对外投资在投资规模和投资质量上取得长足进步，我国已成为世界上最主要的对外投资输出国之一。但与此同时，世界格局多极化、多样化和多元化趋势不断推进，企业对外投资风险不可小觑，显性风险与隐性风险相互交织，每一阶段的对外投资风险具有不同的风险表征和风险性态。

2.2.2.1 企业对外投资初试阶段（1979—2001年）

1979年以来，中国企业逐渐走上对外投资的舞台，这一阶段我国企业刚刚开始涉足对外投资领域，在投资战略制定、投资项目实践中，无论是国家政策还是企业经验都不足，往往模仿发达国家企业，因而投资效益较低，存在普遍性的亏损。

第一，国家相关政策不足。一方面，在对外投资初期，我国的相关投资政策的制定并没有及时跟上企业实践的步伐，导致企业无法可依，缺乏来自国家层面的宏观指导，对外投资无章可循，只能模仿发达国家的案例，但往往并不适合我国企业。另一方面，国家每年外汇收支计划金额十分有限，资金来源缺乏必要的保障，国内资金管理较为严厉影响企业对外投资。因此，在这一阶段我国忙于国内的经济发展，加之我国企业普遍不具有国际贸易经验，无论从经验、技术或是规模上均在东道国落后于发达国家企业，规模风险和排挤风险极高；同时，严格的外汇管制也给企业对外投资带来资金风险。第二，企业相关经验不足。

由于经验不足，企业投资前往往忽视对东道国投资资讯的调查，投资中也常常无力监管跨国企业的运作，造成投资结果大多亏损。首先，最为突出的风险是因缺乏国际经验而受到来自发达国家跨国企业的竞争风险；其次，不仅企业缺乏相应的经验，同时也缺乏国际化人才，驻外人员业务素质不高，甚至导致企业资产和正当权益受到侵害，经营风险较高；最后，我国企业刚刚步入对外投资国际舞台，对东道国的相关法律政策缺乏深入了解，造成法律风险颇高，企业往往无法保护自身的合法权益。

可见，投资初试阶段我国企业由于投资经验缺乏、投资保障机制缺失，造成企业对外投资各类型风险都居高，尤其是法律风险、运营风险较为突出。因此，这一阶段的风险控制点在于帮助企业制定符合自身实际情况的对外投资战略。

2.2.2.2 初步发展阶段（2002—2008年）

2000年，"走出去"战略被首次提出，并于2002年正式写入党的十六大报告。2002年，我国商务部正式开始发布对外投资统计数据，开展对外投资动态监管，外汇也取消境外投资汇回利润保证金制度。同时，大量的国际资本进入国内市场，外汇储备也大大增加，也直接反应在中国企业对外投资数量增长上。这一阶段，在对外投资企业中，国企占比有所下降，截至 2008 年 12 月，国企占比从 90% 以上降至 81.3%①，民营企业在对外投资中崭露头角。由于宏观环境的改变给对外投资以新的机会，企业也初步积累了对外投资经验，一定程度上缓解了投资初试阶段的法律风险和资金风险。但同时也伴随着新的挑战：实施"走出去"战略，国家帮助企业初步制定投资战略，但投资战略仍旧存在不够长远等问题，同时，由于投资前期调研经验的匮乏，我国企业对于投资区位、投资行业以及投资结构的选择都不够完备。

首先，颇高的管理风险。在初步发展阶段，我国对外投资企业普遍投资战略目标不明确，管理体制难以适应国际市场的需求，由于企业缺乏系统的战略规划，投资结构常常不适宜，投资项目盲目上马。

其次，我国对外投资产业结构不合理，随之形成较高的技术风险和竞争风险。其主要集中于商业服务业和批发零售业，而制造业仅占 10%②，虽然同期对高技术含量企业的投资也有所增加，但从总体上看对技术密集型行业的投资还是偏弱。此外，我国企业对外投资行业高度集中，造成中资企业过度竞争。

最后，汇率风险突出。2006 年 5 月人民币兑美元汇率比为 8∶1，汇率提升虽然鼓励我国企业对外投资，但也增加了我国对外投资企业面临的货币错配风险。

这一阶段的风险控制点已经逐步从投资战略制定转移到了投资前期调研环节，我国企业此时已经具备了初步的战略制定水平，但由于投资战略的科学性、系统性整合不够，形成投资布局不合理的局面。

2.2.2.3　高速发展阶段（2009—2016 年）

尽管中国经济在 2008 年金融危机爆发后仍保持较高速增长，吸引大量资本陆续流入，人民币汇率持续上扬，但金融危机还是使中国企业受到来自世界经济发展缓慢、发达国家金融市场流动性危机和未来不确定性的影响，使企业对外投资短暂回落。此后，政府不仅在政策上进一步指导企业对外投资，并且在 2013 年和 2015 年先后提出"一带一路"倡议和国际产能合作战略。"一带一路"倡议的提出给企业对外投资注入了新的活力，我国政府不仅制定法律法规帮助企业理性规划投资，结合国情布局我国企业对外投资重点，而且还将

---

① 数据来源：http://www.stats.gov.cn。

② 数据来源：http://www.stats.gov.cn。

包括"一带一路"在内的沿线国家投资背景等按国别单独披露、发布,给予企业更具体的投资指导。

"一带一路"的提出既是机遇也伴随着挑战,它在增进企业扩大对外投资的同时也促使对外投资风险重点转移,尤其由于地缘政治风险、地缘经济风险相互角力,我国企业在投资落地后的正式运营环节受到来自多层面的风险压力。

首先,广义的政治风险激增。在"一带一路"倡议的支持下,企业较多选择沿线国家作为投资区位。这一方面刺激了我国企业的对外投资流量增长,另一方面也使我国企业对外投资行为面临的法律风险激增。"一带一路"国家多为发展中国家,且沿线途经许多大国博弈的重点地区,因此,企业面临着较高的地缘政治风险、东道国政权变动风险、安全风险、法律风险等以政治风险为核心的风险。

其次,"一带一路"经济长廊跨度巨大,沿线国家存在复杂的文化背景,企业在投资过程中往往会因为不熟悉东道国文化而发生文化冲突,文化冲突不能得到有效沟通解决时,甚至会造成整个投资项目的失利。

最后,较高的经济风险。这也是由沿线国家的经济发展水平决定的,沿线国家大多数处于发展中国家阶段,经济形势并不乐观,需要我国企业投入大量经济和资源,同时并不稳定的金融环境又阻碍相关资金和资产的退出,因此,造成我国企业面临较高的经济风险。

2.2.2.4 有效治理阶段(2017年—至今)

为了有效促进我国企业对外投资的数量和质量,2016年年底我国加强了企业对外投资合规性和真实性的审查,以帮助企业更充分地做好对外投资的事前决策。2017年8月,国务院办公厅转发国家发展改革委、商务部、人民银行、外交部《关于进一步引导和规范境外投资方向的指导意见》,明确了鼓励、限制、禁止的投资种类。各部也陆续出台了新的针对对外投资的政策以更全面地完善对外投资的法律框架,使企业在对外投资时更加有法可依、有章可循。

2017年以来,我国和"一带一路"沿线国家的合作关系平稳推进:对外投资行业优化明显,对外投资中并购活动活跃,对外经贸合作区建设顺利。但不容小觑的是,我国企业在对外投资过程中屡遭阻力,仅2018年,针对中国企业或可能影响中国企业的贸易救济就达 101 起①，究其原因大多源于我国企业对外投资过程中面临的各类风险。从国际层面来看，近年来全球地缘政治矛盾均有不同程度的加剧，世界经济疲软，美国退出 TPP、英国脱欧等黑天鹅事件频发。从国内来看，受经济结构调整的影响，对外投资后劲不足，贸易平衡压力增大，美元贬值使人民币进入升值空间等。此外，"一带一路"沿线国家普遍信用等级不高，穆迪报告显示："一带一路"沿线国家和地区中，75%的国家评级低于投资级别（Ba 及以下）或不在穆迪评级范围内，各地区均有不同程度的风险，如图 2-7 所示②。因此，随着"一带一路"倡议的深入推进，我国企业对外投资的风险防控显得尤为重要。

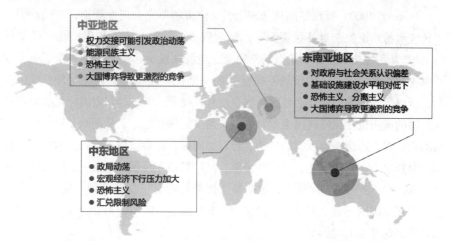

图 2-7　2017 年中国企业在"一带一路"沿线地区的投资风险

2.3 "一带一路"背景下企业对外投资及其风险防控的理论基础

本部分从企业对外投资理论和企业对外投资风险防控理论两个维度诠释理论基础，其中：企业对外投资理论主要研究企业对外投资的动因、影响因素与

---

① 商务部，国家统计局，国家外汇管理局. 中国对外直接投资统计公报 2018［EB/OL］.［2019-10-02］. http://fec.mofcom.gov.cn/article/tjsj/tjgb/201910/20191002907954. shtml.

② 商务部. 2017 年度中国对外投资合作发展报告［EB/OL］.［2017-12-02］. http://coi. mofcom.gov.cn/article/y/gnxw/201712/20171202691409. shtml.

影响效应等；企业对外投资风险防控理论则主要研究企业对外投资风险防控的机理、路径与方式等。

2.3.1　企业对外投资的理论基础

企业对外投资是各国参与国际竞争的重要抓手，长期以来，不管是发达国家还是发展中国家，都致力于企业对外投资理论的研究，形成了较为丰硕的研究成果，其中具有代表性的对外投资理论主要包括：垄断优势理论、内部化理论、产品生命周期理论、技术地方化理论等。

2.3.1.1　垄断优势理论

Hymer（1960）提出垄断优势理论，又称市场不完全理性理论，该理论否定了传统贸易理论关于对外投资源于国际间资本流动的观点，指出市场不完全性（产品市场不完全、生产要素市场不完全、经济规模引起的市场不完全、由于政府财税政策等原因造成的市场不完全）的垄断优势使跨国企业在对外投资中获利，所以市场的不完全性会导致跨国企业对外投资。同时，制定国际化战略以降低风险的倾向也是促使跨国企业对外投资的决定因素之一；从消除东道国市场障碍的角度看，跨国企业可能的补偿优势，如商标、营销技巧、专利技术和专有技术、融资渠道、管理技能、规模经济等，足以抵消东道国当地企业的优势①。本书认为，"一带一路"背景下，这些补偿优势能否真正发挥作用不能一概而论，会受到东道国法律健全程度、宗教信仰、文化禁忌、跨国公司管理层国际化程度和管理经验等方面的影响。

2.3.1.2　内部化理论

Buckley 和 Casson（1976）提出内部化理论②，该理论是对外投资理论研究的一个关键转折点，不同与大多研究聚焦于跨国企业对外投资的动因和条件，内部化理论则研究各国企业参与国际分工与生产的组织形式和企业间的产品交换方式，并且指出跨国企业是企业参与国际分工最优的组织形式。内部化理论以跨国企业内外部市场为划分基础，认为正是因为东道国市场的不完全性，投资主体通过对外投资的形式建立内部市场，将交易费用内部化，以期实现对利润最大化的诉求。但这一理论的局限在于过分夸大了内部化的重要程度，毕竟企业对外投资仍然是一种市场化行为，该理论无法解释企业对外投资

---

① HYMER SH. The international operations of national firms：a study of direct foreign investment [D]. Cambridge：Massachusetts Institute of Technology，1960.

② BUEKLEY P J，CASSON M. The future of the multinational enterprise [M]. London：MacMillan，1976.

的区位选择、进入方式选择等问题。在"一带一路"背景下，市场能否内部化需考虑产业特定因素、区位特定因素、国家特定因素和公司特定因素等，而这些因素受到文化、产业、政治、企业战略制定等方面的影响，例如，在产业特定因素层面，存在人工与原材料价格波动、投资保护主义等影响；在区位特定因素层面，存在投资过程区位和进入模式选择、宗教信仰、文化禁忌等影响；在国家特定因素层面，存在政治稳定性、国家安全程度、税收等影响；在公司特定因素层面，存在管理层国际化经验不足、投资损失等影响。

2.3.1.3　产品生命周期理论

Vernon（1965）引入营销理论的因素提出产品生命周期理论①，指出任何技术和产品都会经历新生、成长、成熟、衰退的周期过程，而这个周期在不同技术水平的国家里，发生的时间和过程是不一样的，当产品到达成熟期时，由于技术已经成熟稳定并通常伴随着国内市场的饱和等原因，企业更倾向于向成本更加低廉的发展中国家转移，以维持产品初期时在国内享有的垄断优势，即产品生命周期的发展规律是企业为了占领国外市场而进行对外投资的根本原因。基于该理论，可以判断"一带一路"背景下对外投资企业的技术水平和产品处于产品生命周期的何种阶段，并推测未来的发展趋势，根据不同阶段的特征，采取相应的生产方式和风险防控机制，以提高企业的国际竞争力和投资收益。

2.3.1.4　技术地方化理论

Lall（1983）提出了技术地方化理论②，指出虽然发展中国家跨国企业技术的主要特征是小规模、使用劳动密集型和标准化技术，但是在技术的形成过程中包含了发展中国家跨国企业的创新活动，正是这种创新培育了这些企业的特别优势。发展中国家根据自身的实际情况（往往与要素价格与质量联系）对进口产品和技术本土化，使其更好满足东道国需求，并且在小规模生产条件下这种创新所产生的技术能带来更高的经济效益。可见，技术地方化理论强调发展中国家跨国企业的创新活动能形成竞争优势，而这种创新受到东道国要素价格条件和产品需求的直接影响，这有助于促使"一带一路"背景下企业充分考虑东道国要素价格、宗教信仰、文化禁忌、企业创新等因素，使得该技术或者产品在东道国拥有更加显著的竞争优势，基于技术地方化视角做出最适宜

---

① VERNON R. International investment and international trade in the product cycle [J]. Quarterly Journal of Economics, 1966 (5): 190-207.

② LALL. Determinants of R&D in an LDC: the Indian engineering industry [J]. Economics letters, 1983 (13): 379-383.

的企业对外投资决策。

2.3.2　企业对外投资风险防控的理论基础

企业对外投资风险是指能够引起企业在东道国对外投资收益与预期结果发生偏差的可能性，这种偏差包括企业投资运营变化或企业投资收益的减少[①]。风险伴随着企业对外投资的各个阶段，19 世纪 60 年代至今，各国企业展开了全方位、多层次、宽领域的对外投资活动，与此同时，对外投资风险及其防控的理论研究亦日益深入，其中具有代表性的理论包括：风险社会理论、风险治理理论、内部控制理论等。

2.3.2.1　风险社会理论

Beck（1986）提出风险社会理论[②]，指出风险社会是现代性的一种新的形式，是一系列具有风险特征的社会、经济、政治和文化因素的结合体。风险社会有两大特征：从风险范围看，随着传统工业社会步入如今的"混合社会"，风险不再被局限在其产生的地理位置，而是一瞬可能扩展开去，成为全球性的风险；从风险的种类看，某一领域风险的产生往往会衍生到别的领域，例如政治风险可以变成法律风险、文化风险和政治风险又可能导致生态风险等。同时，该理论将风险划分为外部风险和人造风险，指出在当今风险社会，人造风险占主导地位，主要源于社会科技进步的副作用和责任划分的日渐不清晰而导致的"有组织地不负责任"。科技进步诱导人们做出错误的选择，导致社会信任的丧失；而"迷宫式的公共机构"使责任无法在国家、政府、市场和个人之间明确划分，从而造成风险一旦形成就会无限扩大。因而，在"一带一路"背景下，面对纷繁复杂的对外投资风险，正确厘清风险归责、科学划分风险类型，避免风险边界模糊问题，是有效防控风险的前提和基础。

2.3.2.2　风险治理理论

20 世纪 50 年代以来，为了有效治理风险，各领域学者提出了风险治理的各种理论观点和理论框架，其中，Kasperson 等（1988）提出的"风险的社会放大框架"[③]、IRGC（2001）提出的"风险治理框架"[④]、Renn 等（2011）提

---

① OECD. Detailed benchmark definition of foreign direct investment: the third edtion ［R］. Paris: OECD, 1996.

② BECK U. Risk society: towards a new modernity ［M］. Thousand Oaks, C A: Sage Publications, 1986.

③ KASPERSON R E, RENN O, SLOVIC P. The social amplification of risk: a conceptual frame ［J］. RiskAnalysis, 1988, 8 (2): 177-187.

④ IRGC. Risk governance: towards an integrative approach ［R］. Geneva: IRGC, 2005.

出的"修订的风险治理框架模型"① 共同形成了现代风险治理理论体系。风险治理理论认为企业对外投资时会扩大委托代理问题，将原本单一的委托代理问题扩大成为多层次的委托代理问题，探讨社会心理、制度、文化、信息传播等因素在投资风险形成过程中的影响，力求揭示风险的形成机制，并将不同范式的要素综合于同一系统中构建风险治理框架，包括风险预估、跨学科评估、风险描述、风险评价和风险管理等相互继起的过程模块，并强调这些过程彼此之间的相互影响，为对外投资风险防控提供了理论指引。"一带一路"背景下，企业各风险控制责任方都应明确自身的风险治理责任，合理规划并严格执行本层级的风险治理流程，以确保更加全面地覆盖所有风险，帮助企业各责任主体有效防控对外投资风险。

2.3.2.3 内部控制理论

内部控制理论与实践起源于 5 000 多年前的美索不达米亚文化时期，历经内部牵制、内部控制制度、内部控制结构、内部控制整体架构、风险管理框架5 个发展阶段。内部控制的核心在于控制企业风险以提高企业经营绩效（Taylor，1911）②。现代内部控制理论与框架以 COSO 发布的《内部控制整合框架》（1992）③、《企业风险管理框架》（2004）④ 得到最广泛的认可和应用，该理论框架系统阐释了内部控制的目标和模式，提出了内部控制体系的五大要素（控制环境、风险评估、控制活动、信息与沟通、监督），强调风险控制在内部控制中的重要性，指出企业风险管理是一个过程，受企业董事会、管理层和其他员工的影响，包括内部控制及其在战略和整个企业的应用，旨在为实现企业经营效率和效果、财务报告的可靠性以及现行法规的遵循提供合理保证⑤。"一带一路"背景下，企业面临的风险日益复杂，外部环境难以预测，因此，企业对外投资需识别和分析风险的种类、强度、来源、影响等，从控制环境、风险评估、控制活动、信息与沟通、监督五个维度，将企业所有对外投资活动置于一个整合控制框架下，以实现全方位的风险防控。

---

① RENN O O, KLINKE A. Coping with complexity, uncertainty and ambiguity in risk governance: a synthesis [J]. AMBIO, 2011 (40): 231-246.

② TAYLOR F W. The principles of scientific management [M]. New York: Harper & Row, 1911.

③ COSO. Internal Control-Integrated Framework [S]. 1992.

④ COSO. Enterprise Risk Management-Integrated Framework [S]. 2004.

⑤ 财政部，证监会，审计署，银监会，保监会. 企业内部控制基本规范 [S]. 2008.

2.4 "一带一路"背景下企业对外投资风险防控的分析框架

企业对外投资的过程始终伴随着对外投资风险（Miller，1992）①。在"一带一路"背景下，企业将各种生产要素置于境外不确定、不熟悉的投资环境下，对外投资风险激增，以事后管理为主、单一性、碎片化的传统风险防控已难以驾驭日趋复杂的风险问题，亟待企业准确识别风险、合理评价风险、科学控制风险。有鉴于此，本书探寻企业对外投资风险的产生根源和演化规律，基于风险态势特征，从风险识别、风险分析与评价、风险控制三个构面建立"一带一路"背景下企业对外投资风险防控的分析框架（见图2-8）。

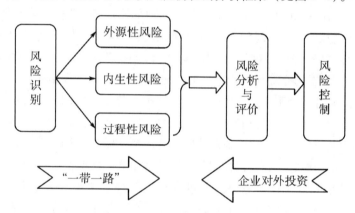

图2-8　"一带一路"背景下企业对外投资风险防控的分析框架

2.4.1 "一带一路"背景下企业对外投资风险的识别

企业对外投资风险识别是对企业对外投资面临的各种风险进行甄别与确认的一个动态化与连续性的过程。基于风险社会理论，清晰的风险归责是风险防控的重要前提，而风险类型的清晰识别则是风险归责的基础，因此，在识别"一带一路"背景下企业对外投资风险时，必须清晰界定风险识别的维度，以此为基准正确划分对外投资风险的类型。

---

① MILLER K D. A framework for integrated risk management in international business ［J］. Journal of International Business Studies，1992，23（2）：311-331.

2.4.1.1　企业对外投资风险识别的维度

（1）企业对外投资风险维度应该具有持续性

考虑到企业对外投资风险具有快速扩散的特征，并且"一带一路"沿线国家政治、经济背景复杂，投资环境波动性较大，极易形成新的风险，风险维度的划分应该具有可持续性，即可以动态地容纳随时可能出现的新风险且同时保持一贯的连续性，以增强纵向风险评价的可比性。传统的风险类型划分方式按风险产生的领域将其划分为政治风险、法律风险、文化风险、社会风险等，但在这种划分方式下，各领域风险的包容性较弱，新出现的风险很可能不能完全包含在已有的风险种类中，而新风险的产生会打破原有风险的构成结构，造成企业对风险的评价丧失纵向可比性。本书提出按风险成因将风险维度划分为：外源性风险、内生性风险和过程性风险三个层面，确保未来可能出现的新风险按其成因至少能被其中某一风险维度所吸收。

（2）企业对外投资风险维度应该边界明晰

针对企业对外投资风险的维度，现有研究尚未达成一致[1]，即使对内涵相同的同一风险的划分也往往存在分歧，比如政治风险和法律风险，有观点认为政府干预风险是法律风险（聂名华，2008）[2]，也有观点认为是政治风险（张琦，2010）[3]，甚至一些观点认为法律风险理应包含在政治风险下（白天辉，2005）[4]。观点不一、标准不一，导致风险评价的结果往往不可比。本书认为直接将政治风险、法律风险、文化风险、经济风险等作为风险维度的第一层级并不合理，会形成风险维度的边界不清晰；但同时，本书也认为风险维度的划分不能完全舍弃这一传统的划分维度。基于此，本书提出在更高层级上（第一层级）按外源性、内生性和过程性风险划分的方式，使得各维度的界定明晰，不会出现交叉或者混淆的情况，使风险评价具有更加科学统一的标准。

（3）企业对外投资风险维度应该利于风险归责

按外源性风险、内生性风险和过程性风险的方式划分对外投资风险，更有助于风险责任的划归：外源性风险受宏观层面因素影响，企业难以左右宏观因素，应当由政府引导企业防控这一维度的风险；内生性风险受企业内部结构、运营、战略等因素影响，应当由企业主动规避防控；过程性风险，既受国家投

①　黄娟. 基于文献计量的中国"一带一路"研究综述［J］. 南宁职业技术学院学报，2019（1）：21-28.

②　聂名华. 论中国企业对外直接投资的风险防范［J］. 国际贸易，2008（10）：4-8.

③　张琦. 中国企业对外直接投资风险识别与防范［J］. 国际经济合作，2010（4）：53-56.

④　白天辉. 中国企业对外直接投资风险防范对策研究［D］. 大连：东北财经大学，2005.

资战略影响又受企业的投资体系影响，应当由国家和企业协同合作，政府由上至下地规划对外投资风险防控体系，同时企业由里及外地配合并依据自身情况构建投资流程体系与风险防控体系。

（4）企业对外投资风险维度应该具有全面性

企业对外投资风险的维度应该尽量包含所有的风险类型，而原来的风险划分方式由于各指标涵盖领域窄而单一，很难确定所有风险类型的集合是否能包含所有的风险。因此，本书认为需要设计更高层级的风险维度，以实现风险覆盖的全面性，因此本书在传统划分方法的基础上，提出第一层级按外源性风险、内生性风险和过程性风险的划分方式，这一划分方式具有边界清晰、可容纳性强且覆盖所有风险层面的特点满足了风险防控的全面性。

2.4.1.2　企业对外投资风险的类型

综上，基于持续性、边界明晰、风险归责、全面性等考量，本书将"一带一路"背景下企业对外投资风险类型划分为外源性风险、内生性风险和过程性风险，以期更加系统、全面地分析、评价与防控企业对外投资风险。

（1）外源性风险

把对外投资作为一种国际贸易行为，会同时受到来自国家层面和行业层面的宏观环境影响，本书将因宏观层面因素产生的风险划分为外源性风险。

（2）内生性风险

企业作为对外投资行为的主体，其内部的战略规划、治理结构、运营模式等都会影响其投资效益，本书将因企业层面因素产生的风险划分为内生性风险。

（3）过程性风险

对外投资是长期性、综合性的投资行为，本书将因投资体系与投资过程中的因素产生的风险划分为过程性风险。

2.4.2　"一带一路"背景下企业对外投资风险的分析与评价

企业对外投资风险分析与评价是指在风险识别的基础上，运用定性与定量相结合的方法，按照风险发生的可能性及其影响程度等，对识别的风险进行细分和量化，以确定关注重点和优先控制的风险。

本书以外源性风险、内生性风险和过程性风险作为一级评价指标，而一级评价指标又受到以下二级指标的影响。

2.4.2.1　外源性风险

中国企业对外投资面临的外源性风险包括国家层面和行业层面的两个层

面。国家层面的外源性风险，主要包括法律风险、政治风险、经济风险和文化风险；而行业层面的外源性风险，主要包括市场风险、竞争风险、技术风险和制度风险。

（1）法律风险

法律风险源于我国企业在对外投资时由于不够了解东道国的法律环境所面临的法律惩罚、制裁的风险。

"一带一路"沿线地理辐射广阔，各国法律体系繁多，甚至有些国家的法律制度还受到当地宗教组织的影响。除了法系的影响，一些国家出于各种原因对中国对外投资企业的安全审核程度有所上升。企业对外投资面临的法律风险主要表现在不了解东道国法律、东道国法律不健全、我国法律与东道国法律冲突三个方面。

首先，东道国的法律环境影响我国企业对外投资的整个过程，包括进入、建设、经营，甚至退出的各个环节。我国企业对外投资的领域多涉及东道国的基础设施等重要领域，合作方往往可能是东道国政府，这就造成东道国政府同时身兼合作参与者和规则制定者两重身份，为了更妥善地处理这种关系，拥有更多话语权，我国企业更应全面认知东道国的法律环境。

其次，"一带一路"秉持合作共赢的原则，积极与沿线国家合作。然而，沿线部分东道国对外投资经验不足、相关法律不健全，造成我国企业对外投资时无法可依、无法可循；此外，我国企业在东道国投资遇到冲突时，东道国政府为了维护本国的利益，往往选择损害我国企业的利益。

最后，沿线国家的法律制度可能与我国法律差距较大，如中国对临时工工作时间的上限是6个月，而加蓬的法律规定的上限是一周，超过一周自动转为长期职工，长期职工不得随意解聘，并且解聘时还需要支付相当数量的补助。因此我国的工程企业在加蓬开展项目时就遭遇过想解除超过一周的"临时工"的聘任关系，遭到工人的集体上诉，最终企业支付大量补偿的情况。

综上，我国企业在对外投资时切不可忽视法律风险，一旦违反东道国法律，任何项目都可能被要求赔偿甚至叫停，从而对我国企业对外投资造成巨大损失。

（2）政治风险

政治风险来源于东道国政治或政府相关环境变动对企业对外投资产生不利影响而形成的风险。政治风险最不可预测，影响也最为广泛，企业在做出对外投资决策前必须识别政治风险。政治风险具体涉及东道国政权的稳定性、意识形态风险、政府腐败风险、东道国的主权信用评级、我国与东道国的双边和多边关系风险等。

首先,东道国政权的稳定性风险。政权的动荡会带来全方位的影响,尤其当新政权与旧政权冲突,来自他国的投资极可能成为激烈冲突的最终牺牲品。例如在 2009—2015 年希腊主权债务危机期间,政府经历两次更替,投资政策极度不一致,连续的政权变动影响到中希的多项合作,如 2015 年 1 月 26 日,就在新总理就任当天就立刻叫停了向中远集团等竞购者出售比雷埃夫斯港67% 股份计划,此次叫停行为不仅导致中远集团损失严重,甚至还影响到我国"一带一路"倡议在欧洲的实施①。政权的稳定性风险除了政权更迭还包括在更迭环境下的各种战争或者内乱风险。据《2019"一带一路"能源资源投资风险评估报告》,也门、叙利亚、巴勒斯坦、阿富汗 4 个国家都有高战争或者内乱风险的特征②。

其次,东道国的意识形态风险。政治意识形态风险是指东道国对他国企业在当地投资持有区别性甚至是歧视性的态度,给他国企业带来的特殊风险。近年来,随着中国经济的崛起,一些国家将中国视为威胁,"一带一路"倡议的提出更是引发了以美国为首的"中国威胁论"的攻击,一些国家对中国企业在当地的投资监管日趋严苛,甚至辅以区别于其他国家投资的歧视性规定。例如美国对中国企业的严格限制——干预中国喜色国际对尤金公司的并购、阻碍鞍钢与美钢的合作、华为对美国 3Com 公司的收购等。

再次,东道国的政府腐败风险。东道国政府的腐败程度也很大程度上影响企业对外投资。清廉的政府不仅营造高效的投资环境,还能为投资企业节约更多交易费用。东道国政府腐败,一方面增加对外投资企业的投资成本;另一方面,还严重危害投资的公平性。

此外,东道国的主权信用风险也是重要影响因素。现阶段我国企业响应"一带一路"的倡议,与沿线国家的合作多是资本输出,东道国的主权信用状况直接影响企业资本的收回质量,沿线许多国家局势不稳、资本外流、经济发展不明朗,易受主权债务危机影响。

最后,我国与东道国的双边和多边关系风险。双边或多边关系彰显我国和东道国关系的亲密度、价值观的契合度、合作的深度,是我国与东道国约定俗成的默契。良好的双边多边关系对企业对外投资有着普遍的促进作用,因此,

① 刘作奎. 警惕"一带一路"的投资风险:希腊政局变化对"一带一路"在欧洲布局的影响 [J]. 当代世界, 2015 (4): 21-24.

② 中国人民大学国家发展与战略研究院. 2019"一带一路"能源资源投资风险评估报告 [R]. 北京:中国人民大学, 2019.

我国企业在对外投资决策时应该充分考察两国的双边或多边关系。

（3）经济风险

经济风险源于企业对外投资时面临的东道国经济指标、经济状况变动带来的不利影响。一般来说，东道国的经济状况越好，企业对该国的投资效益也相应较优。经济风险可以从宏观经济风险、外汇管制风险、汇率风险、税收风险和金融市场风险等层面来分析。

宏观经济风险，表现为东道国的国民生产总值、通胀或紧缩、就业率、经济复苏程度、经济外向程度等。宏观经济状况可以从总体上衡量东道国的可投资潜力，相对于其他风险因素来说，宏观经济风险可以衡量，我国企业在对外投资前期可以通过各种渠道了解东道国的宏观经济状况，给企业对外投资以重大参考。

外汇管制风险，表现为东道国限制外资企业将资本转回国内或者第三国。一般来说，"一带一路"沿线的发展中国家和欠发达国家普遍都有高外汇管制风险的特点，在东道国高度管制外汇时，对外投资企业的利润、分红和资本的风险都相应增加。

汇率风险，是由东道国汇率制度和汇率波动带来的风险。汇率贯穿于对外投资企业整个经营过程，汇率的任何变动都会带来极大的不确定性。在交易方面，在交易和价格结算期内汇率的变动可能会给企业带来直接损失；在市场收益方面，汇率的变动影响企业的收支能力和竞争能力，进而影响投资者的投资方向等；在财务绩效方面，汇率影响企业的财务指标，进而直接影响企业的财务表现。

税收风险，首先，"一带一路"地理跨度较大，沿线国家经济发展不平衡导致税收制度和税种不同于国内，相互之间也差异较大；其次，企业在一些需要相互饶让规定的国家投资时需要特别注意重复征税的问题；最后，企业应深入了解东道国的税收制度，便于企业及时享受相应的优惠、规避可能的危机。

金融市场风险，表现为东道国金融市场自由度不高而产生的风险。金融市场的自由程度越高，代表东道国金融体系越健全，金融市场的自由度体现在以下几个方面：第一，利率和汇率的形成是市场自然形成还是人为监管；第二，本币兑换的限制程度；第三，利率是否因行业的不同而存在显著差异；第四，政府能否履行其所负债务；第五，企业的金融表现是否受政府管制；第六，企业转移资本到国外的自由程度；第七，企业是否能够自主决定换汇和存汇的方式等。

（4）文化风险

文化风险源于各国因风俗习惯、宗教信仰、商业惯例、文化禁忌、生活方式等不同而对对外投资可能带来的损失。各国独特的传统文化、社会制度使企业在对外投资时往往容易产生文化冲突，文化差异越大，信息不对称的问题也会愈严重，从而增加企业的交易成本。其中宗教信仰、语言障碍、风俗习惯对对外投资的影响最为突出，宗教信仰冲突会引发认同障碍；语言障碍会造成信息传递错误、扭曲，严重时甚至形成对立；风俗习惯则决定了东道国人民的消费偏好、劳动习惯等。

（5）产品市场风险

产品市场风险是指企业对外投资对应的行业市场成熟度、市场的容量、市场的预期成长性以及市场价格波动等所带来的风险。某行业的市场成熟度表现为市场的利率风险、市场平均盈利能力和未来市场发展的空间；市场容量则取决于市场的供需结构和市场现有的饱和度。市场波动会对企业对外投资收益产生直接影响，极端情况下，甚至可能导致企业破产不得不退出东道国市场。目前，我国企业对外投资经验还不够丰富，面对东道国市场不完全性，可能面临较大的市场风险。

（6）行业竞争风险

行业竞争风险可以划分为我国企业间的竞争风险、与东道国本土企业竞争风险以及与第三国企业竞争风险三方面。行业竞争风险的主要影响因素包括：现有竞争者的竞争威胁、替代品的替代威胁、市场新参与者的威胁、上下游的议价能力、东道国消费者偏好差异程度等因素。

我国企业间的过度竞争已经成为竞争风险中最主要的风险来源，因为我国企业间更加熟悉彼此的操作运营方式，并且我国企业对外投资的区位选择相对集中，可能相互模仿、彼此追逐，形成对外竞争关系，甚至有时会为了能够率先抢占东道国市场而过度竞争，导致两败俱伤。

我国企业与东道国本土企业的竞争。东道国本土企业往往比我国企业更了解当地的制度、消费者偏好等，并且东道国本土企业往往会受到母国的保护，因此更易在与我国企业的竞争中占据优势。

我国企业与第三国企业竞争。尤其是来自发达国家的企业，他们拥有更加完善的对外投资保障制度、更先进的企业管理制度、更尖端的前沿技术等，对我国企业的竞争更具竞争优势。

（7）行业技术风险

随着科技发展，行业技术风险愈发受到对外投资企业的关注，主要包括技术开发风险、技术引入风险和技术保护风险。

技术开发风险，我国企业研发能力和经验相对发达国家存在不足，在对外投资中，还需要根据东道国市场特征等进行技术开发研究，需要大量的人员和财力投入，尤其是对中小型的对外投资企业来说，前期大量的研发成本投入可能埋下巨大的财务隐患。

技术引入风险，一方面，若企业前期调研不足很可能导致企业耗费巨大成本研发的技术与东道国标准不符；另一方面，东道国可能存在技术霸权主义而拒绝引入中资企业的技术。

技术保护风险，一则中资企业的知识产权意识较弱，可能缺乏严密的技术保障体系，容易发生技术泄露；同时，"一带一路"沿线的发展中国家大多知识产权保护渠道也不够完善。

（8）行业制度风险

在"一带一路"沿线国家对外投资涉及的如基础设施领域、能源领域、资源领域等都是东道国的敏感行业，东道国政府出于保护目的，可能会在政策、资源上对本国企业倾斜，甚至同时对中资企业加以限制。

制度干预风险可以分为两类：一类是无差别制度干预，另一类是针对性制度干预。无差别制度干预包括设定税收转移条件，要求聘任一定数量的当地人员，要求使用一定比例的当地原材料等，这类制度干预虽然广泛适用于所有对外投资，但也会影响我国企业对外投资的收益；而针对性制度干预的影响更为严重，包括要求中资企业只能以合资形式进行对外投资，或者限制所持股权的比例，要求支付额外的费用，制定某些歧视性的规定等，因而，针对性制度干预严重影响了对外投资的公平性，严重影响我国企业对外投资效益。

2.4.2.2　内生性风险

内生性风险包括人力资源风险、融资风险和运营风险。

（1）人力资源风险

人力资源是对外投资企业的重要资源，人力资源风险主要包括人力资源状况、组织合作风险、核心人员流失风险。其中：①人力资源状况，是指对外投资企业人力资源的组成情况，如是否缺乏国际性人才，是否具有跨国投资经验，是否熟悉东道国语言等都是判断人才的重要指标。②组织合作风险，跨国企业往往会聘任东道国员工，不同背景的员工若不能建立良好的合作关系，会给企业的运营造成致命打击。企业内各方员工存在差异化的价值观、对企业投资方式、经营理念等，常常导致决策无法达成一致，由此会形成较高的组织合作风险。③核心人员流失风险，国际化人才的稀缺导致核心人员的流失对跨国企业往往是致命的，他们不仅会带走已构建成熟的协作模式，甚至会带走对决策有用的关键性信息和客户资源，这都是对外投资企业应重点关注的风险。

（2）融资风险

随着"一带一路"倡议的顺利推进，越来越多的企业提出融资需求。融资风险关注企业是否能有效筹集资金、是否能合理运用资金、是否按时归还资金。通用的渠道融资，一般是通过银行贷款、发行股票或者债券等各种融资渠道来实现。由于融资渠道各有优势和不足，企业需要考虑和自身相符合的风险承受度、融资后资本结构是否合理、后续资金链是否健康等风险。

（3）运营风险

无论是哪种形式的对外投资，都要经历一个复杂的过程，需要企业管理理念、品牌口碑、企业文化、组织架构等适应东道国的要求，从整体战略的角度整合资源，发挥企业的优势。首先，在"一带一路"背景下许多国有企业进行对外投资，国有企业在国内大都享有一定程度上的垄断优势，而在对外投资中，垄断优势的丧失使得各种问题一一浮出水面，容易造成国有资产的流失；其次，企业在东道国进行投资，势必会面临企业原有的组织架构不适配东道国当地市场的冲突，这也需要企业及时变革。

2.4.2.3 过程性风险

过程性风险包括项目决策风险、项目质量风险、计划延误风险和成本费用超支风险等。

（1）项目决策风险

项目决策风险是企业对外投资前以及对外投资中因项目决策而形成的风险，该风险主要来源于：第一，投资前信息收集不完全或收集信息与投资目标不匹配，即投资风险识别风险和投资风险分析风险；第二，未能在后续投资过程中系统、动态、持续性地控制风险；第三，是事前对预计发生的高风险事件应对措施准备不足；第四，对投资项目的预算和进度判断结果有误；第五，是对项目利益相关方可能带来的风险的识别和评估不足。

（2）项目质量风险

项目质量风险一方面是指投资项目的项目质量未达预期，这可能来源于投资初期的冒险投机行为或是对东道国人力资源质量和合作方水平期待过高，导致投资质量不达要求；另一方面是指企业对东道国施工及管理要求不熟悉，虽然达到企业预期却未能达到东道国的质量要求标准。

（3）计划延误风险

"一带一路"背景下的企业对外投资前期往往需要大量的资金投入，一旦计划延误可能导致无法按时收回投资，极端情况下，可能会致使资金链断裂。因此，企业应该理性评估投资执行的复杂性、投资参与方数目、投资东道国所在地的环境恶劣程度等。

（4）成本费用超支风险

截至 2018 年年底，有近 30% 的企业对外投资未能实现盈利，亏损主要集中在中小型企业①。可见，对中小型企业来说，为了实现盈利，更需严格控制投资的成本费用，谨防成本费用超支风险。除了普遍意义上的投资成本外，企业还应防控因投资设计标准不一致带来的改变致使成本增加风险，东道国要求的生态环境清理费用带来的超支风险，东道国劳动力成本畸高的风险等。

综上，本书构建了中国企业对外投资风险评价指标体系，如表 2-5 所示。

表 2-5　中国企业对外投资风险评价指标体系

总目标层	一级指标（准则层）	二级指标（指标层）	
中国企业对外投资风险	外源性风险	法律风险	国家层面
		政治风险	
		经济风险	
		文化风险	
		产品市场风险	行业层面
		行业竞争风险	
		行业技术风险	
		行业制度风险	
	内生性风险	人力资源风险	企业层面
		融资风险	
		运营风险	
	过程性风险	项目决策风险	
		项目质量风险	
		计划延误风险	
		成本费用超支风险	

2.4.3　"一带一路"背景下企业对外投资风险的控制

"一带一路"背景下，企业对外投资风险控制是在对外投资风险识别的基础上，根据对外投资风险分析与评价的结果，结合企业风险承受度，权衡风险与收益，确定风险应对策略的机制、方法与措施，风险应对策略具体包括风险规避、风险降低、风险分担与风险承受等，企业应综合运用各种风险控制策

---

① 商务部，国家统计局，国家外汇管理局. 中国对外直接投资统计公报 2018 [EB/OL].
[2019-10-02]. http://fec.mofcom.gov.cn/article/tjsj/tjgb/201910/20191002907954.shtml.

略，实现对风险的有效控制。

2.4.3.1　企业对外投资风险控制策略的影响因素

企业对外投资风险控制策略的制定与选择受到企业风险特征、风险承受度、成本与收益等因素的影响。

（1）风险特性

根据风险治理理论，制定风险控制策略不能一概而论，应以风险的特性为依据，对不同特性的风险制定相应的应对措施。针对外源性风险、内生性风险和过程性风险中的各类具体风险，企业应动态评判风险发生概率和风险影响程度等。一般来说，对发生概率高、后果损失较小的风险，可采用风险降低策略；对发生概率高、后果损失大的风险，可采用风险规避策略；对发生概率低、后果损失大的风险，可采用风险分担策略；对发生概率低、后果损失较小的风险，可采用风险承受策略。

（2）风险承受度

企业抗风险的能力决定了企业能够承受风险的大小，也决定了企业风险应对策略的选择。企业抗风险的能力取决于企业（产品、技术）生命周期、企业的经营与财务状况、企业的风险偏好等因素。根据产品生命周期理论，企业在对外投资导入期，对东道国的制度环境尚不熟悉，技术、产品、市场并未定型，风险承受度低，往往可采用风险规避、风险降低、风险分担等策略；进入成长期，企业国际化管理水平不断提高，经营实力逐渐增强，产品研发和投资扩张需求增加，风险承受度逐步提高，可采用风险降低、风险分担、风险承受等策略；进入成熟期，企业市场份额充足，管理趋于规范化、制度化，风险承受度维持在一个较高水平，但开始逐渐降低，可采用风险降低、风险分担等策略；进入衰退期，企业市场竞争力下降，消费者逐渐转移，风险承受度低，可采用风险降低、风险分担、风险规避等策略。

（3）成效权衡

企业对外投资本身是一种逐利行为，需要匹配成本与效益。企业对外投资的每一种风险控制策略在设计和实施过程中都会产生一定的成本，包括风险控制策略的初始成本（直接成本和间接成本），如人员、过程、技术等；风险控制策略的维持成本（直接成本和间接成本）等。这些成本要与其实现的效益相权衡，只有风险控制策略的成本小于其形成的效益（直接效益和间接效益），这种风险控制策略才是可行的。

2.4.3.2　企业对外投资风险控制策略的综合应用

"一带一路"背景下，企业对外投资风险控制策略并非一成不变、一蹴而就的，而是因时、因地、因企不断调整的。根据风险社会理论、产品生命周期理论和企业内部控制理论，对外投资企业应根据不同发展阶段和业务拓展情况，持续收集与风险变化相关的信息，动态进行风险识别、风险分析与评价，及时调整风险控制的应对策略。基于此，本书提出"一带一路"背景下企业对外投资风险控制的具体实施流程，如表2-6所示。

表2-6 "一带一路"背景下企业对外投资风险控制的实施流程

序号	实施环节	实施要点
1	风险控制策略生成	·企业内部相关的历史记录 ·行业相关投资风险案例 ·形成尽可能多的控制策略 ·适当的专业人员参与
2	风险控制策略评估	·风险控制策略成本和效益评估 ·风险控制策略技术和资源可行性评估 ·风险控制组合策略技术、成本、效益评估 ·剩余风险评估
3	风险控制策略确定	·确定最优风险控制策略 ·确定最优风险控制策略组合

由表2-6可知，企业对外投资风险控制的实施是一个科学、系统的动态过程，通过风险控制策略生成与评估，最终确定最优风险控制策略或最优风险控制策略组合。一般来说，风险规避策略在采用其他任何风险控制措施都不能将风险降低到企业风险承受度以内的情况下适用；风险降低和风险分担策略是通过相关措施，使企业的剩余风险与企业的风险承受度相一致；风险承受策略则表明风险在企业可承受的范围之内。风险控制策略与企业对外投资的具体业务或事项紧密联系，不同的业务或事项采取不同的风险控制策略，同一业务或者事项在不同的时期可采取不同的风险控制策略，同一业务或者事项在同一时期也可以综合运用多种风险控制策略。

2.5　本章小结

中国企业置身于"一带一路"倡议的时代背景下，机遇与风险共存。本章梳理了我国企业对外投资不同时期面对的主要风险演变过程，以垄断优势理论、内部化理论、产品生命周期理论、技术地方化理论、风险社会理论、风险治理理论、内部控制理论等为指导，基于持续性、边界明晰、风险归责、全面性等考量，将企业对外投资的风险维度划分为外源性风险、内生性风险和过程性风险，在此基础上构建涵盖"风险识别、风险分析与评价、风险控制"三个构面的"一带一路"背景下我国企业对外投资风险防控的分析框架，为实证分析、国际比较和对策设计提供理论指南。

3 "一带一路"背景下中国企业对外投资风险防控研究:实证检验

实证分析是研究的检测器,本章基于外源性、内生性、过程性三个维度,运用拓展的投资引力模型(gravity model),实证检验"一带一路"背景下中国企业对外投资的影响因素;采用问卷调查法,运用结构方程模型(SEM),实证考察"一带一路"背景下中国企业对外投资风险防控对投资绩效的作用路径和影响程度;基于实地调研与问卷调查,以华为技术有限公司(以下简称"华为")为案例对象,运用综合集成算法(DHGF),量化评价"一带一路"背景下华为对外投资风险及其防控的运行态势,为本书的深入研究提供经验证据。

3.1 "一带一路"背景下中国企业对外投资影响因素的实证分析

自 2013 年习近平总书记提出"一带一路"倡议以来,我国对外投资区域进一步向西扩展,覆盖范围更加广泛,对外投资取得长足进展。然而,"一带一路"沿线国家存在着经济发展不均衡、政府治理能力差异大、文化差异大、经济自由度不高等现实问题,这些问题的叠加效应加大了我国企业对外投资风险。在经济发展全球化、世界格局不断调整的背景下,探究我国企业对外投资的影响因素及其作用机理,从而降低企业对外投资面临的不确定性,改善对外投资现状显得迫切且必要。企业对外投资既要考虑投资数量(如规模等),也要考察投资质量(如绩效等),本部分从外源性、内生性、过程性三个维度选取可能产生影响的重要因素,基于公开数据可获得性,对"一带一路"背景下企业对外投资规模的影响因素进行实证检验和深度分析。

3.1.1 理论分析与研究假设

3.1.1.1 外源性影响因素

（1）政治风险

如前述可知，政治风险是源于东道国政治或政府相关环境变动而形成的对外投资风险，也是影响我国企业对外投资最广泛和最复杂的风险。首先，东道国国家政权不稳定不仅阻碍我国企业在该国的投资布局，还会导致已经投资的项目以失败告终。其次，随着我国经济的快速发展，一些国家将竞争失利转嫁至我国企业，从而对在当地投资的中国企业予以区别对待，并施加干预，阻碍投资项目的顺利进行。最后，东道国政府腐败程度越高、主权信用评级越低，我国企业的投资成本越高、资本收回的质量也越低。此外，如果我国与东道国建立良好的双边关系，那么东道国政府会给予在该国投资的中国企业优惠待遇，并且保证投资项目顺利进行（潘镇，金中坤，2015）[①]。已有研究显示，政治风险对我国企业对外投资产生负面影响，不利于企业投资项目的顺利进行和投资收益的取得（张元钊，2017）[②]。可以看出，政治风险高的国家，我国企业对外投资面临的投资环境复杂，投资项目不易进行，成本增加，收益降低。因此，提出假设 H1。

H1：东道国政治风险负向影响我国对外投资规模。

（2）汇率变动

汇率变动贯穿企业对外投资的整个过程。企业进行对外投资，首先，在交易过程中，结算期内汇率的变动会带来直接影响；其次，汇率的变动也会影响企业的竞争力，企业的财务状况也会受到最终影响。Blonigen（1997）认为日元升值后，日企会增加对美国高技术行业的并购投资[③]。周晔（2005）基于我国的交易数据，发现汇率显著负向影响我国的 OFDI[④]。李晓和杨戈（2018）的研究表明当东道国货币升值时，中国企业购买资产和原材料、支付薪酬等各

---

① 潘镇，金忠坤. 双边政治关系、东道国制度风险与中国对外直接投资 [J]. 财贸经济，2015（6）：85-97.

② 张元钊. 东道国人类发展水平、政治风险与中国企业对外投资 [J]. 投资研究，2017（4）：103-117.

③ BLONIGEN B A. Firm-specific assets and the link between exchange rates and direct investment [J]. American Economic Review, 1997（87）：447-465.

④ 周晔. 我国对外直接投资的宏观影响因素研究 [J]. 企业经济，2005（6）：7-9.

项开支都会提高，因此，东道国汇率越稳定，我国企业投资规模越高①。基于以上分析，提出假设 H2。

H2：东道国汇率变动负向影响我国对外投资规模。

（3）文化差异

不同国家在发展过程中形成了适合自己的传统文化和社会制度，文化存在差异性。我国企业在进行对外投资时，往往因文化差异而面临文化冲突，文化冲突的存在又产生交易成本。有研究显示，企业对外投资会偏好交易成本较低的国家，之后才扩张到高交易成本国家。我国与东道国文化差异越大，信息不对称程度越高，企业的交易成本也越高。而语言是沟通的桥梁，在各项文化差异中，语言障碍是影响对外投资较为显著的因素。从企业内部方面来讲，语言障碍会造成员工之间信息传递错误、扭曲，严重时甚至形成对立，影响员工团队协作和工作效率，间接增加经营成本，增强经营风险。从企业外部来讲，语言障碍造成消费者对产品的理解容易出现偏误，交易成本增加。当东道国与我国使用共同语言时，投资双方的交易成本下降，对外投资得以顺利进行（李晓，杨戈，2018）②。因此，提出假设 H3。

H3：我国与东道国文化差异负向影响我国对外投资规模。

（4）利率风险

企业进行对外投资资金规模需求量大，仅仅依靠母国政府的金融优惠政策和公司内部资金，往往不足以支撑对外投资的资金需求，因此，在东道国筹集资金亦是企业的选择之一。我国企业在"一带一路"沿线国家投资项目多集中在水电、矿产等需要大量资金的大型项目中，因此企业在东道国筹集并运用资金时易受利率波动影响，当利率上涨时，企业筹资成本增加，企业资金运用效率降低，企业收益不确定性增加。东道国利率波动越大，利率风险越高，企业的资金成本不确定性越高，基于此，提出假设 H4。

H4：东道国利率风险负向影响我国对外投资规模。

（5）东道国技术水平

技术是企业的核心竞争力，也是企业得以发展壮大的重要因素。当我国企业进行对外投资决策时，东道国的技术水平也是企业考虑的因素之一。东道国技术水平对企业对外投资的影响主要体现在以下方面：

---

① 李晓，杨戈. 中国"一带一路"沿线投资的影响因素研究：基于投资引力模型的实证检验 [J]. 东北师大学报，2018（12）：26-37.

② 李晓，杨戈. 中国"一带一路"沿线投资的影响因素研究：基于投资引力模型的实证检验 [J]. 东北师大学报，2018（12）：26-37.

第一，我国企业进行对外投资时，东道国技术水平低、创新能力弱，而我国技术水平高、创新能力强时，会存在技术溢出效应。技术溢出非企业本意，企业无法通过技术溢出获益，因此，对于技术领先的我国企业来说，技术溢出风险是企业所排斥的。一方面，因为东道国与我国存在技术差距，企业对外投资可以给东道国带去技术等生产要素，东道国消化、吸收这些生产要素，进行模仿和学习，从而获得技术溢出的收益。然而，对于拥有这些技术的企业来说，一旦关键技术发生扩散，在东道国的竞争优势将会受到挑战，企业利益受到侵害（Findlay，1978）①。

第二，我国企业进行对外投资时，如果东道国企业创新能力强，那么发生技术溢出的可能性降低，企业遭受的技术风险也会降低。另外当东道国企业创新能力较强时，我国企业进入东道国投资，可以在一定程度上通过技术效应的反向溢出获得学习效应，从而降低我国企业针对东道国研发创新的成本。基于此，提出假设 H5。

H5：东道国技术水平正向影响我国对外投资规模。

（6）营商环境

企业在东道国进行投资的顺利程度依赖于东道国的营商环境的自由度。企业对外投资需要经历注册登记、雇佣员工、信贷获取、税款缴纳、合同履行、顺利退出等一系列流程，这些流程在不同东道国具有不同的制度规制。一般而言，东道国为了保护本国企业的利益，会进行无差别制度干预和针对性制度干预，例如设定要求聘用一定数量的当地人员，使用一定比例的当地原材料，或者对我国企业的投资领域和区位选择以及进入方式进行严格的限制等，这些制度使得东道国的营商环境自由度降低，不仅挫伤我国企业进入东道国进行投资的积极性，也严重影响我国企业对外投资收益。基于此，提出假设 H6。

H6：东道国营商环境自由度正向影响我国对外投资规模。

3.1.1.2　内生性影响因素②

人力资源是企业对外投资的重要资源，为了实现投资收益，企业会尽可能控制成本费用，以防成本费用超支。在内生性影响因素中，人力成本对企业来说一直是关注的重要因素，在进行对外投资时，企业会关注东道国的人力成本，无论是高端技术群体还是廉价劳动力群体，当东道国的人力供给增加大于

---

① FINDLAY R. Relative backwardness, direct foreign investment and transfer of technology ［J］. Quarterly Journal of Economics，1978（16）：921-937.

② 根据第 2 章的理论分析，内生性因素涉及人力资源、融资和运营等方面，本部分主要基于公开披露数据，因此选取可获取公开数据的人力成本作为内生性影响因素。

需求时，其人力成本会低于母国，此时企业聘请比例较高的东道国劳动力，可以获得较高的利润。而当东道国人力供给小于需求时，其人力成本会高于母国，此时，企业聘请当地员工的成本增加，利润减少。因此，东道国人力成本低可以促进企业的对外投资规模，反之，则会打击企业对外投资积极性。基于此，提出假设 H7。

H7：东道国人力成本负向影响我国对外投资规模。

3.1.1.3 过程性影响因素①

对外投资项目的顺利展开，需要加强项目沟通，并贯穿于对外投资项目的始终。企业作为对外投资行为的主体，其内部的各项决策和行为都会影响其投资效益。基于东道国聘用一定比例当地员工数量的要求以及企业缩减成本的需要，对外投资项目中会聘用不同国家的员工。在进行项目讨论时，不同国家的员工之间的沟通不畅和理解不到位，不仅影响项目的顺利开展，也增加企业项目的沟通培训成本。研究表明，基于地缘优势和临近原则，东道国与母国之间距离越近，理解力和认同度越高，沟通较为顺利，沟通成本低（李晓，杨戈，2018）②。因此，项目沟通成本越高，我国企业对外投资规模越低。基于此，提出假设 H8。

H8：企业内部项目沟通成本负向影响我国企业对外投资规模。

3.1.2 研究设计

3.1.2.1 数据来源

本书以 2013—2017 年我国"一带一路"沿线国家数据为研究样本③。由于 2013 年"一带一路"倡议提出，我国"一带一路"建设开始，因此以 2013 年作为样本期的始端。数据来源方面，中国企业对外投资数据来自历年商务部公布的《中国对外直接投资统计公报》④；政治风险、汇率变动、利率风险、营商环境、人力成本、项目沟通成本等数据均来自世界银行网站⑤；东道国技

---

① 根据第 2 章的理论分析，过程性因素涉及项目决策、项目质量、计划延误等方面，本部分主要基于公开披露数据，因此折中选取可获取公开数据的项目沟通成本作为过程性影响因素。

② 李晓，杨戈. 中国"一带一路"沿线投资的影响因素研究：基于投资引力模型的实证检验 [J]. 东北师大学报，2018（12）：26-37.

③ 本部分"一带一路"沿线国家样本是中国"一带一路"网中截至 2019 年 9 月 1 日列举的已经与中国签订共建"一带一路"合作文件的 131 个国家（https://www.yidaiyilu.cn/info/iList. jsp? cat_id=10037）。

④ 商务部：《中国对外直接投资统计公报》，http://www.mofcom.gov.cn/index.shtml。

⑤ 世界银行网站：https://data.worldbank.org.cn/。

术水平方面数据来自中国科学技术发展战略研究院网站①。另外，本书在初始样本基础上剔除了变量缺失的样本，最终得到 68 个国家的 252 份样本数据。最后，为了剔除极端值对结果的影响，对连续变量进行了缩尾处理。

3.1.2.2 变量定义

（1）企业对外投资（非金融类）（LnOFDI）②

现有文献对企业对外投资规模的衡量包括了中国企业对外投资流量和存量两种模式。其中流量是指当年中国企业对外投资发生额；存量是指中国企业对外投资累计发生额。OFDI 流量更能反映出我国企业对外投资的发展和变化，因此，本书采用企业 OFDI 流量数据衡量企业 OFDI。由于我国对一些东道国国家的对外投资额为 0 或者负数，为了避免数据的缺失，参考王馗和高天慧（2019）的研究③，最终将被解释变量通过下面的公式进行计算：

$$LnOFDI = Ln\ (OFDI + \sqrt{OFDI^2 + 1}) \tag{3-1}$$

（2）政治风险

东道国政府治理水平越高，国家越稳定，其发生各种政治风险的可能性越低。为了研究政治风险对我国企业对外投资的影响，本书以世界治理指数为基础计算东道国政府治理指数来衡量东道国的政治风险（LnPr）。世界治理指数测度了政府治理是否是有效的，包含了腐败控制、政府效率、政治稳定和社会暴力、规管质量、法治完善度、话语权和问责 6 个核心维度。本书通过主成分分析提取第一个主成分来衡量东道国政府治理情况，相对应的 6 个核心维度载荷系数分别为：0.942 7、0.948 4、0.826 7、0.931 1、0.972 6、0.792 4，可以看出，各个核心维度的载荷系数表明本书计算的治理指数和东道国治理水平是正相关的，因此，利用政府治理指数衡量东道国治理水平是可行的。政府治理指数是政治风险的反向指标，政治治理指数越高，政治风险越低。

（3）汇率变动

汇率变动（LnErate）即汇率的变化，采用东道国兑人民币的年 PPP 平价汇率来表示。由于无法直接获取人民币兑东道国货币的直接汇率，本书采用东道国货币兑美元的汇率和人民币兑美元的汇率计算出人民币兑东道国货币的汇率。

---

① 中国科学技术发展战略研究院网站：http://www.casted.org.cn/channel/index/wid/65。

② 承接第 2 章理论分析，根据商务部的企业对外投资统计口径和我国企业在"一带一路"的投资实际，本书的企业对外投资指非金融类的企业对外直接投资。

③ 王馗，高天慧. 政治风险、双边关系与中国对外直接投资 [J]. 合肥工业大学学报，2019（2）：24-33.

（4）文化差异

文化差异（Culture）采用东道国是否与中国使用共同语言来衡量。参考李晓和杨戈（2018）的研究①，两国使用相同语言的人口超过 9%，表明两国对相互之间的语言、文化、习俗等存在较为广泛的认知和理解，认同为使用共同语言，设为 1，否则为 0。近年来，英语在中国的普及度已经很高，因此将英语作为共同语言之一。

（5）利率风险

利率风险（LnInt）采用剔除通货膨胀后的东道国实际利率的对数来衡量。

（6）东道国技术水平

参考徐莉（2012）的研究②，本书采用中国科学技术发展战略研究院发布的国家创新指数的对数来衡量东道国技术水平（LnTec）。

（7）营商环境便利度

营商环境便利度（LnTrade）采用世界银行发布的《全球营商环境报告》③中根据开办企业、施工许可证办理、财产登记、电力获取、信贷获取、对少数投资者进行保护、纳税、跨境贸易、执行合同和破产处理等 11 个领域计算的营商环境便利指数的对数来衡量。

（8）人力成本

人力成本（LnWage）采用"一带一路"沿线国家的人均 GDP 的对数来衡量。

（9）项目沟通成本

东道国与中国的地理距离越近，相应的理解力、认同度也越高，彼此之间对项目的沟通也更顺畅，因此，本书采用东道国与中国地理距离的对数来衡量项目沟通成本（LnCost）。

各变量的具体定义见表 3-1。

表 3-1　变量定义

	变量名称	中文名称	定义
	LnOFDI	企业对外投资	见公式（3-1）

①　李晓，杨戈. 中国"一带一路"沿线投资的影响因素研究：基于投资引力模型的实证检验［J］. 东北师大学报，2018（12）：26-37.

②　徐莉. 中国企业对外直接投资风险影响因素及控制策略研究［D］. 济南：山东大学，2012.

③　资料来源：https://chinese.doingbusiness.org/zh/doingbusiness。

表3-1(续)

	变量名称	中文名称	定义
外源性影响因素	Lnpr	政治风险	政府治理指数的对数
	Lnerate	汇率变动	东道国兑人民币的年 PPP 平价汇率的对数
	Culture	文化差异	中国与东道国具有共同语言，取 1，否则为 0
	Lnint	利率风险	剔除通货膨胀风险的东道国实际贷款利率的对数
	Lntec	东道国技术水平	中国科学技术发展战略研究院发布的东道国国家创新指数的对数
	Lntrade	营商环境便利度	世界银行发布的营商环境指数的对数
内生性影响因素	Lnwage	人力成本	东道国人均 GDP 的对数
过程性影响因素	Lncost	项目沟通成本	中国与东道国之间的地理距离的对数

3.1.2.3 模型设立

为了更好地分析"一带一路"背景下中国企业对外投资风险的影响因素，参考李晓和杨戈（2018）以及王馗和高天慧（2019）的研究，本书在现有的引力模型基础上进行扩展，并设定模型为如下模式：

$$\text{LnOFDI}_{i,j} = \alpha_0 + \beta_1\text{Lnpr}_{i,j} + \beta_2\text{Lnerate}_{i,j} + \beta_3\text{Culture}_{i,j} + \beta_4\text{Lnint}_{i,j} + \beta_5\text{Lntec}_{i,j} + \beta_6\text{Lntrade}_{i,j} + \beta_7\text{Lnwage}_{i,j} + \beta_8\text{Lncost}_{i,j} + \varepsilon$$

其中，LnOFDI 为被解释变量，i 代表国家，j 代表年份，其余为待验证的影响因素变量，β_1 至 β_8 是本部分的关注变量。

3.1.3 实证结果与分析

3.1.3.1 描述性统计

表 3-2 显示了本部分主要变量的描述性统计结果。从表中数据可以看出，我国企业对外投资规模对数的最小值为 0，最大值为 22.57，均值为 16.55，标准差为 6.22，表明我国企业对"一带一路"沿线国家的投资差异较大，也侧面表明了东道国的一些因素会影响我国企业的投资选择，这些因素需要后面部分进一步的验证。Culture 文化差异的均值为 0.14，表明总样本中有 14% 的国

家样本与我国具有共同语言，文化差异较小，更多比例的沿线国家与我国存在较大的文化差异。在解释变量方面，变量 Lnpr 的均值为 0.07，标准差为 0.91，标准差为均值的 13 倍，表明"一带一路"沿线国家中，各国家的政府治理水平存在较大差异，有些国家治理水平较高，而有些国家可能会出现政权更替等高政治风险的情况。变量 Lnerate 的均值为 1.93，中位数为 1.97；变量 Lntec 的均值为 3.49，中位数为 3.47；变量 Lntrade 的均值为 4.11，中位数为 4.12；变量 Lnwage 的均值为 8.43，中位数为 8.41，这些变量的中位数与均值差异很小，说明变量经过对数化后大致呈现对称分布，具有较好的统计性质；变量 Lncost 的均值为 8.91，中位数为 8.93。变量 Lninterest 的均值为 7.56，标准差为 8.42，一定程度上表明各个国家的利率变动存在较大差异。

表 3-2　描述性统计

变量	样本量	均值	标准差	最小值	最大值	中位数
Lnofdi	252	16.55	6.220	0	22.57	18.58
Lnpr	252	0.070	0.910	-1.500	2.780	-0.050
Lnerate	252	1.930	2.770	-3.070	8.160	1.970
Culture	252	0.140	0.350	0	1.000	0
Lninterest	252	7.690	8.610	-16.54	47.76	5.800
Lntec	252	3.490	0.240	2.910	4.080	3.470
Lntrade	252	4.110	0.180	3.670	4.460	4.120
Lnwage	252	8.430	1.250	5.720	11.05	8.410
Lncost	252	8.910	0.570	6.860	9.860	8.930

3.1.3.2　解释变量相关性分析

本部分主要是为了探讨"一带一路"背景下中国企业对外投资的影响因素，因此模型中具有较多的解释变量，可能存在一定的多重共线性，从而使实证分析的结果不稳定，并且存在偏误。因此，在正式进行实证分析之前，有必要对各个解释变量之间的相关关系进行探讨。表 3-3 列示了各解释变量之间的相关性。从表中数据可以看出，大部分解释变量之间的相关关系系数都不显著，仅变量 Lnpr 和变量 Lntec 之间的相关系数为 0.783，且在 10% 的水平上显著，变量 Lntrade 和变量 Culture 之间以及变量 Lncost 和变量 Lntec 之间的相关关系也是如此。因此，可以看出，各个解释变量之间并不存在严重的多重共线性，有助于我们进行下一步的分析和检验。

表 3-3　解释变量相关性分析

	Lnpr	Lnerate	Culture	Lninterest	Lntec	Lntrade	Lnwage	Lncost
Lnpr	1.000							
Lnerate	−0.304	1.000						
Culture	0.348	−0.196	1.000					
Lninterest	−0.171	0.087	−0.182	1.000				
Lntec	0.791*	−0.290	0.287	−0.211	1.000			
Lntrade	0.734	−0.332	0.205*	−0.212	0.800	1.000		
Lnwage	0.658	−0.368	0.185	−0.156	0.679	0.577	1.000	
Lncost	0.006	−0.100	0.157	−0.038	−0.268*	−0.252	−0.080	1.000

注:*表示在10%水平统计显著。

3.1.3.3　回归结果与分析

（1）实证结果分析

表 3-4 显示了"一带一路"背景下中国企业对外投资影响因素的基本实证回归结果。由于模型中存在不随时间变化的因素：衡量沟通成本的东道国与中国之间的距离对数变量 Lncost 和文化差异 Culture，如果使用固定效应模型将无法识别这些变量的情况，本书将使用随机效应模型进行数据的分析。

表 3-4 中第（1）列为随机效应模型的 OLS 回归结果，从外生性因素的结果来看，政府治理指数变量 Lnpr 的系数在5%的水平上显著为正，表明政府治理指数越高，治理水平越好，政治风险越小，企业对外投资规模越大，与预期相符，假设 H1 成立。汇率变动变量 Lnerate 的系数在10%的水平上显著为正，表明当东道国货币贬值时，企业在东道国投资的各项成本有所降低，有利于增加企业的投资收益，企业的投资规模增加，与预期相符，假设 H2 成立。文化差异变量 Culture 的系数在1%的水平上显著为正，表明当东道国与我国具有相同语言时，企业的投资规模增加，具有相同语言将会降低企业员工之间的信息传递错误和扭曲的可能性，提高团队协作能力和工作效率，增加消费者对企业产品的理解，从而降低企业成本，增加企业收益，假设 H3 成立。东道国国家的技术创新水平变量 Lntec 的系数为 7.272，系数的绝对值是最大的，并且在5%的水平上显著为正，表明随着经济的发展，东道国国家的技术创新水平已经成为影响企业对外投资的最主要的因素，东道国的高创新技术水平可以让企业形成学习和模仿效应，增强企业的创新能力，另一方面也可以提高企业员工的人力资源水平，与预期相符，假设 H5 成立。营商环境便利度变量 Lntrade 的系数为 3.71，并且在1%的水平上显著为正，可以看出，较为自由和便利的营

商环境能够给企业带来极大的便利，有利于企业在东道国顺利开展投资项目，结果与预期相符，假设 H6 成立。然而衡量金融风险的变量 Lninterest 的系数并不显著，可能的原因是近年来，随着"一带一路"倡议的提出，我国对于在"一带一路"沿线国家进行投资的企业给予广泛的优惠政策，如融资更便利等，因此企业在东道国国家筹资的可能性降低。另一方面，我国企业在东道国的投资项目多为水利、道路、桥梁等项目，与利率的相关性也不太高，从而利率的变动对企业对外投资规模的影响很小，假设 H4 不成立。

从内生性因素来看，衡量人力成本的变量 Lnwage 的系数在 10% 的水平上显著为负，可以看出企业会极力避免具有较高人力成本的国家进行投资，假设 H7 成立。从过程性因素的结果来看，衡量沟通成本的变量 Lncost 的系数在 1% 的水平上显著为负，表明东道国与我国的地理距离越远，则风俗习惯的差异等各项因素都会加重企业员工间的沟通困扰，带来高昂的沟通成本，企业的投资规模也会随之下降，假设 H8 成立。由于截面的自相关可能导致的估计结果有偏和不一致，本书采用 OLS 重新进行回归，并且对 z 值进行国家聚类调整，结果见表 3-4 的列（2），可以看出，经过聚类调整后，各解释变量的 z 值有所下降，有些变量的显著性也有所变化，但是总体上依然保持显著，从而再次对各个假设进行了验证。

表 3-4　基本回归结果

	LnOFDI	
	（1）	（2）
Lnpr	1. 624 **	1. 624 *
	（2. 00）	（1. 89）
Lnerate	0. 016 *	0. 016 *
	（1. 91）	（1. 77）
Culture	3. 435 ***	3. 435 **
	（2. 80）	（2. 64）
Lninterest	0. 001	0. 001
	（0. 02）	（0. 01）
Lntec	7. 272 **	7. 272 **
	（2. 14）	（2. 03）
Lntrade	3. 710 ***	3. 710 ***

表3-4(续)

	LnOFDI	
	（1）	（2）
	（2.96）	（-0.2.81）
Lnwage	-0.231*	-0.231*
	（-1.92）	（-1.75）
Lncost	-2.887***	-2.887***
	（-3.71）	（-3.56）
Country Effect	Yes	Yes
Year Effect	Yes	Yes
N	252	252
Adj. R^2	0.268	0.261

注：***、**和*分别表示在1%、5%和10%水平统计显著，括号中为z统计量。

（2）分组检验

"一带一路"沿线国家既有发展中国家也有发达国家，各沿线国家的经济发展水平不同，其政治环境、经济市场、行业规范等也存在较大差异，这些差异导致影响我国企业对外投资规模的因素在不同国家的表现也有所不同。因此，本书以能够代表东道国国家发展水平的人均国民总收入为基础进行分组，将人均国民总收入大于年度人均国民总收入中位数的为高收入国家，否则设定为低收入国家，分别进行检验。表3-5为以人均国民总收入分组的回归结果。

从结果可以看出，在高收入和低收入的国家中，各个影响因素的结果存在明显的差异。相比于低收入国家，高收入国家经济发展水平较高。一般而言，经济发展水平较高的国家，其经济市场、政治环境等都显著优于低收入国家。分析发现，高收入组中Lnpr、Lnerate、Lntrade、Lnwage、Lncost的系数相比于基础回归中更大，也较为显著。表明在高收入国家中，东道国的政治风险较低，与我国的各种政治摩擦小，经济自由度更大，对我国企业对外投资规模的影响作用更强。然而不随时间变化的变量无论是在高收入国家中还是在低收入国家中，都对我国企业对外投资规模有着类似的影响。

表 3-5 分组回归结果

	LnOFDI	
	高收入	低收入
Lnpr	1.900**	0.609
	(2.12)	(0.95)
Lnerate	0.066*	0.026
	(1.83)	(1.52)
Culture	3.680***	2.168***
	(2.75)	(2.68)
Lninterest	−0.070	0.017
	(−0.93)	(0.29)
Lntec	8.065***	3.77*
	(3.53)	(2.03)
Lntrade	8.041***	1.694*
	(3.67)	(1.84)
Lnwage	−0.112**	−0.416
	(−2.10)	(−0.72)
Lncost	−1.947**	−2.398**
	(−2.49)	(−2.11)
Country Effect	Yes	Yes
Year Effect	Yes	Yes
N	117	135
Adj. R^2	0.235	0.246

注: ***、**和*分别表示在1%、5%和10%水平统计显著, 括号中为 z 统计量。

3.1.4 稳健性检验

3.1.4.1 内生性问题

"一带一路"背景下中国企业对外投资规模的影响因素有很多, 在模型中无法完全覆盖。因此, 除了已经包含在模型中的不随时间变化的因素之外, 我们还可能会遗漏一些其他的国家层面不随时间变化的因素, 从而导致遗漏变量问题。因此，首先将原模型中的不随时间变化的变量 Culture 和 Lncost 去掉，随后采用固定效应模型来处理可能存在的遗漏变量问题。

本书采用固定效应模型进行回归的结果如表 3-6 的第（1）列所示，可以看出，经过内生性处理后，变量 Lnpr 、Lnerate、Lntec、Lntrade、Lnwage 的系数和原回归的结果仍然保持一致。

3.1.4.2 调整企业对外投资规模变量

参考宁新荣（2018），本书对中国企业的对外投资规模进行重新定义。企业对外投资存量是截止到某一关键时点的累积对外投资额，因此，本书采用企业对外投资存量来衡量企业的 OFDI，同样，为了避免数据缺失，利用公式（1）进行计算得到最终的被解释变量。表 3-6 的第（2）列展示了以企业对外投资存量作为被解释变量的回归结果，可以看出，各影响因素变量的系数和显著性与原结果依然保持一致，回归结果稳定。

表 3-6　稳健性检验

	（1）	（2）
	内生性	OFDI 存量
Lnpr	2.232**	0.302*
	(2.06)	(1.82)
Lnerate	0.764*	0.058**
	(1.81)	(2.03)
Culture	—	1.496***
	—	(3.34)
Lninterest	0.068	0.001
	(1.59)	(0.01)
Lntec	0.893*	2.482**
	(1.92)	(2.00)
Lntrade	11.110**	4.543**
	(2.06)	(2.39)
Lnwage	−0.137**	−0.177*
	(−2.05)	(−1.88)
Lncost	—	−1.420***

表3-5(续)

	（1）	（2）
	内生性	OFDI 存量
		（-5.01）
Country Effect	Yes	Yes
Year Effect	Yes	Yes
N	252	252
Adj. R^2	0.337	0.231

注：***、**和*分别表示在1%、5%和10%水平统计显著，括号中为z统计量。

3.1.5 研究结论

本部分基于2013—2017年的68个国家的252个样本数据，实证检验了"一带一路"背景下中国企业对外投资影响因素，研究发现"一带一路"背景下影响中国企业对外投资的因素既有外源性因素，又有过程性因素，还有内生性因素。在外源性因素方面，东道国国家的政府治理水平越高，政治风险越低，企业的对外投资规模越大；东道国国家的货币越贬值，企业在当地的投资成本越低，收益越高，从而提高了对外投资规模；东道国国家与我国具有相同语言时，基于相同的语言习惯，信息的传递的失误率和消费者误读产品信息的概率会更小，企业有动力进行投资；东道国国家的技术创新水平越高，我国企业在东道国产生的技术溢出效应更小，甚至还会出现反溢出效应，有利于我国企业保持竞争力和获得学习效应；东道国的营商环境便利度越高，越能保证我国企业的投资项目顺利进行，进而加大投资规模。在内生性因素方面，东道国人力成本越高，越负向影响我国企业的对外投资规模。在过程性因素方面，在投资项目进行中，沟通是必然的，因此项目沟通成本越低，越有利于企业的投资。此外，本书发现，利率的变动对我国企业对外投资规模的影响很小，这可能是因为：第一，我国给予企业对外投资的金融支持政策越来越广泛；第二，我国对外投资主要集中在制造业、采矿业、交通运输业等行业。

对"一带一路"背景下中国企业对外投资影响因素的研究具有重要的理论与现实意义。理论上来说，本书将影响因素分为外源性因素、内生性因素和过程性因素，较为全面地对我国企业对外投资的影响因素进行了归类和概括。现实方面，中国企业在"一带一路"沿线国家进行投资决策时，需要对东道国的各项因素进行评估，从而选择出适合自己的投资区域。研究结论不仅可以帮助企业在投资决策时识别应当关注的影响因素，还可以帮助企业在对外投资实践中对可能发生的一些风险进行有效预防并建立防控机制，从而保证对外投资项目的稳健运营。

3.2 "一带一路"背景下中国企业对外投资风险防控与对外投资绩效的实证分析——基于结构方程模型（SEM）

对外投资风险防控应当贯穿于企业对外投资的全过程，"一带一路"背景下，中国企业对外投资风险防控对企业对外投资绩效是否有影响？如何影响？影响有多大？本部分运用结构方程模型（SEM），对企业对外投资外源性风险防控、内生性风险防控、过程性风险防控对企业对外投资绩效的作用路径与影响程度进行实证分析和动态考察。

3.2.1 概念模型与研究假设

3.2.1.1 概念模型

（1）企业对外投资风险防控

企业对外投资风险防控是指企业在进行对外投资活动时，管理者采取多种方法，以规避或者减少投资活动中可能存在的风险，或者减少可能造成的损失。通常对风险的应对措施主要包括风险规避、风险承受、风险降低和风险分担四项。Chapman（1990）对投资项目的风险防控措施进行了细分，分为风险定义、风险集中、风险识别、风险结构、风险分解、风险后果预测、风险分析、风险规划和风险管理九个步骤[①]。Boehm（2006）则对以往风险防控的步骤进行简化和归纳，认为风险管理分为两个阶段，分别为风险评估阶段和风险控制阶段，其中风险评估是指对风险进行识别、分析和排序，风险控制是指对风险进行跟踪、纠正，实施风险控制措施等[②]。本书在现有文献的基础上，根据第2章对我国企业对外投资风险类型的界定，将"一带一路"背景下中国企业对外投资风险防控分为外源性风险防控、内生性风险防控和过程性风险防控三个维度。

---

① CHAPMAN C B. A risk engineering approach to project risk management [J]. International Journal of Project Management, 1990 (1): 5-16.

② BOEHM B. Software risk management [J]. IEEE software, 2006 (3): 1-19.

外源性风险防控是针对企业在东道国进行对外投资时所面临的各项外在风险因素实施的风险防控措施，内生性风险防控则是针对在对外投资过程中企业自身出现的各项风险因素实施的各项防控措施，过程性风险防控是针对企业在对外投资实施过程中出现的风险而实施的防控措施。各种类型的风险因其风险特性不同，所实施的风险防控措施也不尽相同。借鉴杨晔和胡澜（2017）[①]、杨壬飞和仝允桓（2005）[②] 等的研究，外源性风险防控可以通过是否建立企业对外投资考核体系、风险防控中介服务组织体系、企业对外投资法律法规制度、金融服务支持体系、东道国对该行业的管制强度大小等来体现。内生性风险防控可以通过管理层国际化水平、国际化人才储备程度、风险管理系统的构建、风险防控文化的形成、定量风险评估和预警体系的构建、具备突发事件响应机制、根据环境变化实施的风险调整应对方案等来体现。过程性风险防控可以通过是否运用多种风险识别方法、制定详细风险情况列表、购买充分的保险、熟悉掌握东道国法律法规制度等来体现。具体的测度量如表 3-7 所示。

表 3-7　企业对外投资风险防控测度量

维度	指标
外源性 风险防控	1. 我国是否建立了完善的企业对外投资考核体系
	2. 我国是否构建了完善的风险防控中介服务组织体系
	3. 我国是否构建了完善的企业对外投资法律法规制度
	4. 我国是否构建了全方位的金融服务支持体系
	5. 东道国对该行业的管制强度大小
内生性 风险防控	6. 企业管理层国际化水平高低
	7. 企业国际化人才储备是否丰富
	8. 企业是否构建了科学、合理的风险管理信息系统
	9. 企业是否形成较好的风险防控企业文化
	10. 企业是否构建了全面的定量风险评估和预警体系
	11. 企业是否具备完备的突发事件响应机制
	12. 企业是否能较为及时地根据环境变化来调整风险应对方案

---

① 杨晔，胡澜. 风险管理对企业新技术商业化项目绩效影响的实证研究 [J]. 河南财政税务高等专科学校学报，2017（10）：34-43.

② 杨任飞，仝允桓. 新技术商业化过程中的风险控制与管理对项目绩效影响的实证研究 [J/OL]. http://www.paper.edu.cn/releasepaper/content/200512-284.

表3-7(续)

维度	指标
过程性 风险防控	13. 企业是否运用了多种风险识别方法
	14. 企业是否制定了系统详尽的风险情况列表
	15. 企业是否对海外投资项目购买了充分的保险
	16. 企业是否熟悉东道国各项就业法律法规

（2）企业对外投资绩效

企业对外投资绩效是企业进行对外投资所带来的各种效益的总和。现有对企业对外投资绩效的研究大多考虑企业生产率这一单一因素，如 Chen 和 Tang（2014）认为企业对外投资带来了更高的全要素生产率[1]。肖慧敏和刘辉煌（2014）的研究也只关注了企业的技术效率[2]，杨平丽和曹子瑛（2017）则认为利润率来代表企业的绩效更合适[3]。这些研究仅从企业绩效的某个方面进行讨论，然而企业对外投资的绩效不仅仅表现在生产率或者利润率上，还有带来的市场绩效和社会绩效等。因此，为了避免在分析企业对外投资绩效时出现偏误，本书在已有研究的基础上并结合"一带一路"背景，将企业对外投资绩效分为财务绩效、市场绩效和社会绩效三个维度，以期更加全面、准确地考察企业对外投资风险防控对企业对外投资绩效的作用。

借鉴武立和杨大楷（2015）、杨晔和胡澜（2017）的研究成果，本书认为财务绩效可以通过净资产收益率、销售利润增长率两项指标来体现。市场绩效可以通过所占市场份额、客户保持率、新客户发展率三项指标来体现。社会绩效可以通过东道国当地就业率、企业社会形象、所在行业发展、东道国企业来华交流四项指标来体现。对外投资绩效具体的测度量如表 3-8 所示。

---

① CHEN W J, TANG H W. The dragon is flying west: Micro-level evidence of Chinese outward direct investment [J]. Asian Development Review, 2014, 31 (2): 109-140.

② 肖慧敏, 刘辉煌. 中国企业对外直接投资提升了企业效率吗 [J]. 财贸经济, 2014 (5): 70-81.

③ 杨平丽, 曹子瑛. 对外直接投资对企业利润率的影响: 来自中国工业企业的证据 [J]. 中南财经政法大学学报, 2017 (1): 132-139.

表 3-8　企业对外投资绩效测度量

维度	指标
财务绩效	1. 企业净资产收益率是否达到预期目标
	2. 企业销售利润增长率是否达到预期目标值
市场绩效	3. 企业所占市场份额是否达到预期目标值
	4. 企业在东道国客户是否保持率稳定
	5. 企业在东道国新客户发展率是否持续上升
社会绩效	6. 企业对外投资是否提高了东道国当地就业率
	7. 企业社会形象是否得到提升
	8. 企业对外投资是否带动了所在行业的发展
	9. 企业对外投资是否增进了东道国企业来华交流

根据对企业对外投资风险防控和对外投资绩效的量表设计和内容分析,本书对中国企业对外投资风险防控与对外投资绩效关系的概念模型构建如图 3-1 所示。

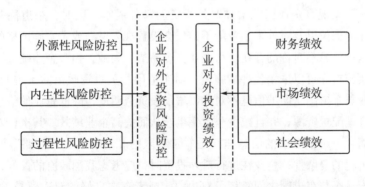

图 3-1　企业对外投资风险防控与企业对外投资绩效概念模型

3.2.1.2　研究假设

基于企业逐利的特性,绩效是企业进行各种经营和投资决策需要考虑的重要指标,需要从多维度对企业一定时期的经营、投资的效益和效率进行综合评价。企业绩效不仅取决于企业经营状况、产品竞争力、企业资金状况以及公司治理情况等微观因素,还取决于外部宏观经济环境等因素。风险防控从本质上讲就是要减少企业对外投资过程中的各种不确定性。企业的对外投资项目需要各种资源的整合和保障,无论是外在环境还是企业内部,做好风险防控的目的就是要了解企业对外投资所面临的风险程度，从而对风险进行定量与定性分析，使企业管理层能够理性看待和判断对外投资所处的风险水平，以有效应对风险，从而形成一个完整的风险防控体系。

"一带一路"倡议是我国在"走出去"战略实施的基础上提出的进一步推动中国乃至世界经济发展的重要举措，亦是振兴全球经济的探索（佟家栋，2017）[1]，其在改善中国的经济和贸易，为中国企业带来发展机遇的同时，也给企业的发展带来了挑战和不确定性。不同于企业经营所在的本土环境，"一带一路"沿线国家因其经济发展进度不一，各种风险种类繁多复杂，政治、文化、宗教、法律、经济、社会等外源性风险存在的同时，也并存着投资区位选择、经营、财务、人力资本等内生性风险和过程性风险，这些风险重叠交互极易形成恶劣的投资环境。因而，科学、完备的对外投资风险防控可以有效缓解企业与东道国之间的信息不对称程度，增加投资透明度，减少企业对外投资风险。我国企业长期在国内经营，虽然在国家大力倡导"引进来"和"走出去"战略之时，企业已积累一定的对外投资经验，但"一带一路"沿线大多数国家处于经济发展不发达阶段，属于新兴经济国家，营商环境较差，而企业所了解的"一带一路"沿线国家的投资咨讯无法与当地企业相比，存在"外来者负担"情况，企业因此增加对外投资的额外成本。同时，东道国基于对本国企业的保护以及对外来企业的不信任会设置准入壁垒或者实施严格的审查制度，这种信息不对称的存在使得企业更容易遭受失败，损害企业绩效。风险防控的实施首先可以采用各种措施增加对东道国相关投资政策的了解和分析，缓解企业与东道国之间的信息不对称，增加投资透明度，降低企业的信息获取成本，合理配置资源，并且减少非效率生产从而提高企业绩效。其次，对于单个企业而言，对东道国的信息捕获是非常有限的。基于"一带一路"沿线国家实际情况的复杂性，企业在进行对外投资时，应考虑我国政府的偏好，以及我国政府是否与东道国之间签订了双边协定或者存在良好的双边贸易关系等。对政府偏好加以考虑，可以降低企业对外投资的风险。Ramasamy 等（2012）[2]和刘敏等（2018）[3] 研究指出发展双边伙伴关系在一定程度上为企业的投资增

---

① 佟家栋. "一带一路"倡议的理论超越［J］. 经济研究，2017（12）：22-25.

② RAMASAMY B, YEUNG M, LAFORET S. China's outward foreign direct investment：Location choice and firm ownership［J］. Journal of World Business，2012，47（1）：95-101.

③ 刘敏，黄亮雄，王方方. 构建双边伙伴关系与中国企业对外直接投资［J］. 当代财经，2018（12）：102-111.

加了一层保护，不仅获取了东道国对企业的信任（黄亮雄，钱馨蓓，2016）①，而且降低企业的投资风险，增加企业获取较好投资绩效的能力。

对外投资风险防控有助于企业降低对外投资成本，提高企业对外投资效率，增加企业价值从而提升企业绩效。Shapiro（2003）② 和 Globerman 等（2006）研究发现企业在进行对外投资区位选择时，如果以东道国制度环境好、政府高效且腐败程度低、法律规范、治理水平高等作为选择标准，那么企业对外投资成本将得到很大程度的节约，企业具有较高的投资效率和较高的利润。刘志强和陶攀（2013）的研究结果显示，企业如果注重我国文化在东道国的渗透，并且努力提高东道国人民对我国文化的认同，因文化而导致的对外投资成本将减到最低，外在环境阻力也会减少，从而企业对外投资绩效得到提升③。还有观点认为如果母公司对子公司控制程度不高，则企业的风险防控措施之一——企业选择合作或者联营形式进行对外投资的经营成本比绿地投资低，绩效比绿地投资高（易靖韬，戴丽华，2017）④。

最后，良好的风险防控机制可以通过形成企业风险防控文化、风险管理信息系统、定量风险评估和预警体系、提高企业管理层国际化水平和国际化人才储备水平、增强企业的对外投资风险应对能力等途径来推动企业的对外投资，从而对企业的对外投资绩效产生激励作用，以增加企业投资绩效。

基于以上理论分析，以及本书对企业对外投资风险防控维度的划分，我们提出以下三个假设：

H1：外源性风险防控显著正向影响企业对外投资绩效。

H2：内生性风险防控显著正向影响企业对外投资绩效。

H3：过程性风险防控显著正向影响企业对外投资绩效。

此外，为了便于处理和分析数据，我们用 RPC 代表对外投资风险防控，ERPC 代表外源性风险防控，NRPC 代表内生性风险防控，PRPC 代表过程性风险防控，IP 代表企业对外投资绩效。因此，本书构建对外投资风险防控与对外投资绩效关系的结构方程模型如图 3-2 所示。

---

① 黄亮雄，钱馨蓓. 中国投资推动"一带一路"沿线国家发展：基于面板 VAR 模型的分析 [J]. 国际贸易探索，2016（8）：76-93.

② SHAPIRO D. Governance infrastructure and US foreign direct investment [J]. Journal of International Business Studies, 2003, 34（1）：19-39.

③ 刘志强，陶攀. 中国对外直接投资现状和政策建议 [J]. 国际经济合作，2013（10）：71-74.

④ 易靖韬，戴丽华. FDI 进入模式、控制程度与企业绩效 [J]. 管理评论，2017（6）：118-128.

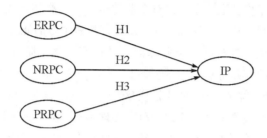

图 3-2   对外投资风险防控与对外投资绩效的结构方程模型

3.2.2   数据来源情况

"一带一路"背景下中国企业对外投资风险防控与企业对外投资绩效的信息多为公司内部信息，在公开数据库中无法获取，因此，本书采用问卷调查方式获取研究所需数据。问卷调查范围为在"一带一路"沿线国家进行对外投资的中国企业，以保证客观真实地揭示我国企业对外投资风险防控与对外投资绩效的影响机理。

本书采用结构式问卷调查。问卷设计过程中，为了确保问卷质量，在进行问卷设计时坚持以下几点原则：一是企业对外投资风险防控与对外投资绩效各维度题项的设计紧密围绕研究目的本身；二是题项的设计确保简单易懂，便于被试者填写；三是对于可能难以获得真实回答的问题，变换角度来反映所需；四是参考以往研究的问卷题项与格式。在问卷初稿设计完成后，首先，将问卷初稿分别发给 5 位专家进行审核和评价，并将问卷发放给 10 名合适的调查对象，以完成对问卷调查初稿的测试，其次，对问卷调查初稿不适宜之处进行修改和完善，最后，得到问卷调查最终版。本次问卷调查分为三部分：第一部分是有关企业对外投资风险防控信息；第二部分是企业对外投资绩效信息；第三部分是调查对象个人基础信息的填写，问卷调查表见附录 1。

考虑到本书涉及企业的对外投资风险防控和对外投资绩效信息，该研究具有一定的专业性，因此，在进行问卷调查过程中，为了保证问卷调查数据回收的客观性和科学性，我们做了以下几点措施来保障问卷的顺利发放和回收。

3.2.2.1   选择调查对象

本书是对"一带一路"背景下我国企业对外投资风险防控与对外投资绩效的研究。为了数据获取的便利性，我们积极与各级商会联系，希望通过商会渠道获取在"一带一路"沿线国家进行投资的企业信息，随后同这些企业进行联系和协商，并向这些企业的员工进行问卷的发放。问卷调查对象中既有企业管理者又有一般员工，以保证信息填写的全面和真实。问卷调查具有一定的针对性和专业性，因此，我们尽可能选择投资部、财务部和人力资源部的管理者和员工进行填写。

3.2.2.2 发放问卷调查的方式

问卷调查为企业问卷，因考虑到调查对象工作比较繁忙，本次调查采取了网上发放问卷的方式，以方便问卷填写和收集。所有问卷调查均是由课题组成员通过邮件或者微信小程序向问卷对象进行发放的，希望以此来保证问卷的真实性，从而提高问卷数据的信度和效度水平。

3.2.2.3 优化问卷发放和回收过程

采用网络形式发放调查问卷，因调查对象工作忙碌等情况可能产生忘记填写调查问卷的情况，课题组成员会在问卷发放至回收期间对调查对象进行微信或者电话联系进行一定次数的询问和催收，以确保问卷回收率。

本书的实证分析，采用 SPSS 24.0 和 Amos 21.0 对数据进行具体详细的实证检验。

3.2.3 描述性统计分析

我们于 2019 年 1 月 1 日至 2019 年 2 月 15 日进行了问卷调查的发放，问卷期限为 45 日，共发放问卷调查表 210 份，回收 203 份，其中有效问卷数量为 200 份，有效问卷比例为 98%。所搜集问卷样本数量达到了实证研究所要求的样本量标准。

从问卷数据中问卷参与者的个人信息来看（见表 3-9），首先，本次调查中被调查者的年龄区间主要集中在 31~50 岁，有 141 人，占比 70.5%，处于这个年龄段的被调查者一般具有一定的工作经验，能够对公司的对外投资活动有一定的了解和参与。被调查者中男性人数为 117 人，女性 83 人，性别差异不大。其次，大多数问卷参与者都具有本科及以上学历，具备较好的理解能力，能够确保对问卷题项回答的准确性。最后，被调查者的职位信息中既有管理者也有员工，其中管理者人数为 156，占比 78%。管理者一般参与企业项目的决策和运行，因此，对于企业的对外投资项目的前期决策和整体运作情况等都具有更加全面的了解，保证了本次问卷调查所获得数据的可靠性。从问卷参与者的个人信息可以看到，此次问卷调查所获取的数据足够对后续环节的研究和分析提供数据支撑。

表 3-9 描述性统计分析（个人）

指标	分类	人数/人	比重/%
年龄	21~30 岁	51	25.5
	31~40 岁	71	35.5
	41~50 岁	70	35
	51 岁及以上	8	4
性别	男	117	58.5
	女	83	41.5
学历	高中及以下	1	0.5
	大专	3	1.5
	本科	71	35.5
	硕士及以上	125	62.5
职级	基层员工	44	22
	基层管理者	58	29
	中层管理者	84	42
	高层管理者	14	7

从问卷数据中体现的被调查员工所在企业信息来看（见表 3-10），首先，本次问卷调查的企业主要集中在制造业、服务贸易类、信息传输和技术服务业以及批发和零售业等行业。可见，不同于以往我国对外投资行业主要集中在制造业、采矿业、建筑房地产业和交通运输业，我国企业对外投资的行业分布已经在进一步扩大，逐步实现多元化。其次，企业规模主要集中在 2 000 人及以上的区域中。企业对外投资是一项具有高风险、不确定性的投资活动，企业在做任何一项对外投资活动之前都应做好充足的投资前调查分析，在投资项目过程中做好各项应对措施，这些都需要企业具有较为雄厚的资金实力和人力资源以及公司治理水平。企业规模越大，意味着该企业的资金实力、公司治理、规避风险的能力都较一般企业高，因此，进行对外投资的企业一般是在行业中规模较大的企业。最后，从问卷数据所体现的企业投资"一带一路"沿线国家来看，投资区域主要集中在东亚、独联体等地区，其中泰国、马来西亚、新加坡、俄罗斯、老挝、越南、柬埔寨等国家是问卷涉及企业最为偏好的投资国家，这些国家与我国的地理距离较近，与我国文化、风俗习惯等也相似，从而

降低了企业对外投资的不确定性和风险，因此，这种"地缘偏好"促使企业对这些国家的对外投资更加偏好。

表 3-10 描述性统计信息（企业）

指标	分类	数量	比重/%
企业所在行业	制造业	58	29
	批发和零售业	19	9.5
	信息传输和技术服务业	28	14
	电力/热力/燃气/水生产和供应业	13	6.5
	建筑房地产业	15	7.5
	交通运输业	14	7
	服务贸易类	53	26.5
企业规模	100 人及以下	13	6.6
	101~500 人	22	11.2
	501~1 000 人	10	5.1
	1 001~2 000 人	15	7.7
	2 001 人及以上	136	69.4
企业投资区域	东亚	186	53.4
	西亚	45	12.9
	南亚	24	7.1
	中亚	8	2.3
	独联体	60	17.2
	中东欧	25	7.1

3.2.4 实证结果分析

3.2.4.1 信度分析

信度就是可靠性，即设计的问卷题项是否可靠，一般来说，对信度的检验主要有四种方法：重测发、复本法，折半法和 Cronbach's alpha 系数法，比较常用的是 Cronbach's alpha 系数法。通常 Cronbach's alpha 系数的取值范围在 0~1，如果 α 系数小于 0.6，认为问卷的内部一致性不足；如果 α 系数在 0.7~0.8，表明问卷具有一定程度的信度；如果 α 系数大于 0.8 则表示问卷量表的信度非常好。

运用 SPSS 24.0 对问卷进行信度分析，结果如表 3-11 所示。可以看到，对外投资风险防控量表的 α 系数为 0.917，对外投资绩效量表的 α 系数为 0.782，总体量表的 α 系数达到了 0.922，对外投资风险防控量表和总体量表的 α 系数均大于 0.9，对外投资绩效量表的 α 系数将近 0.8，该结果表明我们所设计的问卷量表具有较高的信度，量表的内部一致性较高。

表 3-11　对外投资风险防控与对外投资绩效变量的信度分析结果

量表	题项数	Cronbach's alpha 系数
对外投资风险防控	16	0.917
对外投资绩效	9	0.782
总体量表	25	0.922

3.2.4.2　效度分析

效度分析是针对量表是否有效进行的分析，主要指问卷量表能够准确测量所需要测量事项的程度，在本书中体现为问卷量表能够准确测量对外投资风险防控与对外投资绩效变量的程度。一般而言，效度分为内容效度、准则效度和结构效度三种，较为常用的是结构效度分析。结构效度分析通常采用因子分析，利用因子分析来对整个问卷的结构效度进行测量，主要包括探测性因子分析和验证性因子分析。其中探测性因子分析是对量表中的多元观测变量进行分析并找出其本质结构，继而进行降维处理的分析方法，一般用 SPSS 软件进行。验证性因子分析则是对一个因子和对应测试题项之间的关系进行分析以验证是否符合所设想的理论关系，往往通过结构方程模型建模来进行分析，一般用 Amos 等软件进行。

（1）探测性因子分析

表 3-12 是对外投资风险防控与对外投资绩效量表的探测性因子分析结果。从结果可以看出，对外投资风险防控量表的 KMO 检验值为 0.909，超过了 0.8，Bartlett 球形检验的卡方值为 1 651.369，显著性为 0.001，具有较好的效度。对外投资绩效量表的 KMO 检验结果为 0.793，将近 0.8，Bartlett 球形检验的卡方值为 480.533，显著性同样达到了 0.001 的水平，具有较好的效度。对外投资风险防控和对外投资绩效量表均具有良好的效度，问卷数据间的相关性良好，有助于后续的研究分析。

表 3-12　对外投资风险防控与对外投资绩效量表的效度分析结果

量表	KMO 检验	Bartlett 球形检验近似卡方	自由度	显著性
对外投资风险防控	0.909	1 651.369	120	0.000
对外投资绩效	0.793	480.533	36	0.000

（2）验证性因子分析

本次问卷所设计的题项基本为主观性较强的内容，因此被调查者在回答问卷时也更容易受到主观因素的影响，为了进一步确保问卷量表的有效性，我们又进行问卷量表的验证性因子分析。表 3-13 为对外投资风险防控与对外投资绩效量表的验证性因子分析结果。可以看到，对外投资风险防控变量的 GFI 为 0.904，NFI 为 0.893，TLI 为 0.941，CFI 为 0.946，CMIN/DF 为 1.899，小于 3，RMSEA 为 0.061，小于 0.08，这说明对外投资风险防控变量的指标拟合效果较好。对外投资绩效变量的 GFI、TLI、CFI 值均大于 0.9，NFI 值也接近 0.9，CMIN/DF 值为 2.222，小于 3，RMSEA 值为 0.057，小于 0.08，这说明对外投资绩效指标拟合效果较好，再次印证了问卷量表均具有良好的结构效度。同时，对外投资风险防控与对外投资绩效的各个题项的因子载荷也都大于 0.5，也说明了问卷各个题项的聚合效度良好。

表 3-13　对外投资风险防控与对外投资绩效量表的验证性因子分析的拟合指标结果

量表	CMIN/DF	GFI	NFI	TLI	CFI	RMSEA
对外投资风险防控	1.899	0.904	0.893	0.941	0.946	0.061
对外投资绩效	2.222	0.944	0.887	0.919	0.948	0.057
适配标准或临界值	<3	>0.8	>0.8	>0.9	>0.9	<0.08

3.2.4.3　实证结果分析

（1）结构方程模型拟合指数结果分析

Amos 21.0 软件的结构方程模型拟合结果如表 3-14 所示，结构方程模型 CMIN/DF 值为 1.736，小于 3；TLI、CFI 的值均大于 0.9；GFI 的值为 0.85、NFI 的值为 0.825，大于 0.8；RMSEA 的值为 0.061，小于 0.08。这表明该结构方程模型的拟合效果良好。

表 3-14　结构方程模型的拟合指标结果

量表	CMIN/DF	GFI	NFI	TLI	CFI	RMSEA
检验结果数据	1.736	0.85	0.825	0.903	0.916	0.061
适配标准或临界值	<3	>0.8	>0.8	>0.9	>0.9	<0.08

（2）结构方程模型实证结果分析

企业对外投资风险防控对企业对外投资绩效的结构方程模型实证结果如表 3-15 所示。外源性风险防控与对外投资绩效之间是显著正相关的（t=2.240，p=0.000），标准化相关系数为 0.541，即外源性风险防控水平越高，企业对外投资绩效越好。内生性风险防控与对外投资绩效之间是显著正相关的（t=4.307，p=0.000），标准化相关系数为 0.816，即内生性投资风险防控水平越高，企业对外投资绩效越好。过程性风险防控与对外投资绩效之间的关系是显著正相关的（t=5.943，p=0.000），标准化相关系数为 0.754，即过程性风险防控水平越高，企业对外投资绩效越好。

表 3-15　对外投资风险防控对企业对外投资绩效的结构方程实证结果

影响路径	Standardized Estimate	SE	CR	P 值
IP←ERPC	0.541	0.500	2.240	**
IP←NRPC	0.816	0.112	4.307	***
IP←PRPC	0.754	0.093	5.943	***

注：*** 和 * 分别表示在 1% 和 5% 水平统计显著。

图 3-3 为对外投资风险防控的三个维度外源性风险防控、内生性风险防控、过程性风险防控对企业对外投资绩效影响的最终结构方程模型，模型中也显示出了对外投资风险防控的三个维度对企业对外投资绩效影响的标准化系数。

3.2.5　研究结论

通过以上分析可知，本书提出的假设 H1、H2、H3 都得到了验证和支持，结果汇总如表 3-16 所示。结果表明："一带一路"背景下我国企业对外投资中，良好的对外投资风险防控体系的建立有效提高了企业对外投资绩效。外源性风险防控层面，如我国建立的对外投资法律法规体系等越全面，内生性风险防控中企业管理层的国际化水平越高、国际化人才储备越丰富、风险管理系统的构建越科学和合理、风险防控企业文化越好、对风险的估计和预警系统越完善等，过程性风险防控中企业对风险的识别越详细、识别方法越全面、对东道国法律法规越熟悉、购买的保险越全等，企业越能够充分应对对外投资中所遇到的风险，从而越能提高企业的对外投资绩效。

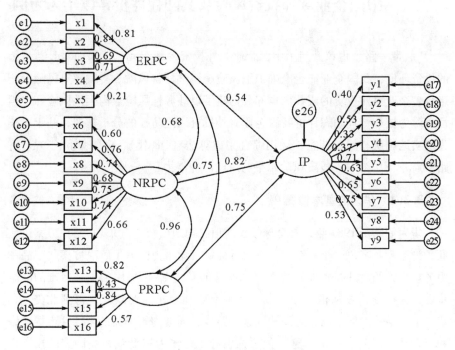

图 3-3　结构方程模型的标准化路径系数

表 3-16　研究假设的检验结果

假设	路径	假设是否得到支持
H1	外源性风险防控——企业对外投资绩效	支持
H2	内生性风险防控——企业对外投资绩效	支持
H3	过程性风险防控——企业对外投资绩效	支持

因此，"一带一路"背景下，企业对外投资有必要建立科学、完善的对外投资风险防控体系，同时国家亦应通过建立健全各项制度等对企业对外投资进行引导和支持，在多向合力之下，保障与提升企业对外投资绩效，促使企业得到快速、持续、健康的发展。

3.3 "一带一路"背景下基于 DHGF 综合集成算法的中国企业对外投资风险及其防控评价：以华为为例

"一带一路"倡议开启了中国企业对外投资的新纪元，然而面对日益复杂的投资环境，我国企业能否准确识别风险、科学评价风险、有效应对风险深刻影响着企业对外投资的成败。本部分构建了以外源性风险、内生性风险和过程性风险为核心，且动态评价我国企业对外投资风险防控的分析框架，基于对华为的实地调研和问卷调查，运用综合集成算法（DHGF），多维评价"一带一路"背景下华为对外投资风险水平与风险防控能力。

3.3.1 华为的基本情况①

华为创立于 1987 年，是全球领先的信息与通信技术（ICT）解决方案供应商，为运营商客户、企业客户、消费者提供有竞争力的 ICT 解决方案、产品和服务。华为的对外投资战略被称为"农村包围城市"，采用了先易后难的战略步骤，其投资路线从俄罗斯、非洲、东南亚到中东、到欧洲，再到北美、日本，是一条从发展中国家到发达国家的路线，逐渐构筑华为的全球性市场网络和研发平台。在"一带一路"倡议的引导下，华为在沿线相关国家的投资也逐步增加②。

华为从 1996 年开始实施对外投资战略。1997 年，华为与俄罗斯企业合作成立贝托—华为合资公司，由进入俄罗斯开启了华为的对外投资布局。1998年，华为积极参与展会，对亚太、中东、北非、拉美等重点区域进行投资；1999 年在印度班加罗尔设立首个海外研发中心，此后的 2000—2001 年，又分别在瑞典和北美先后设立了 5 个研发中心；并于 2001 年，与德国知名代理商合作；与 2003 年在美国与摩托罗拉成立合资公司；2004 年与德国品牌西门子合作；2012 年在芬兰设立研发中心，2012 年，在法国和德国成立本地董事会和咨询委员会；2013 年在伦敦成立全球风险控制中心，2013 年，华为欧洲物流在匈牙利投入运营，该物流中心的辐射范围涵盖欧洲、中亚、中东等区域；2014 年，收购英国 Neul Limited 公司 100% 股权；2015 年与欧洲运营商达成合

---

① 案例部分有关华为的背景资料和数据来源于历年《华为投资控股有限公司年度报告》。

② 资料来源：https://www.huawei.com/cn/about-huawei/corporate-information。

作，直至 2016 年，华为支持全球 170 多个国家和地区的 1 500 多张网络的稳定运行，服务全球三分之一以上的人口。华为的使命是：把数字世界带入每个人、每个家庭、每个组织，构建万物互联的智能世界①。伴随着华为构筑的智能世界的美好蓝图的展开，华为进一步拓展对外投资业务，如图 3-4 所示，华为对外投资的销售收入也稳步攀升。

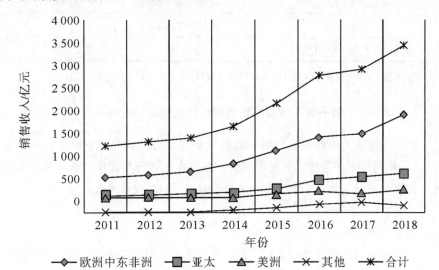

图 3-4　2011—2018 年华为对外投资主要区域销售收入变动情况

（数据来源：《华为投资控股有限公司 2011—2018 年年度报告》）

目前，华为员工约 18.8 万名、拥有超过 160 种国籍，海外员工本地化比例约为 70%。随着华为对外投资稳步展开，海外子公司也遍布全球，如表 3-17 所示。

表 3-17　截至 2018 年华为境外子公司分布情况　　　单位：%

子公司名称	注册地和经营地	所占权益比例
华为国际有限公司	新加坡	100
PT 华为技术投资有限公司	印度尼西亚	100
华为技术日本株式会社	日本	100
德国华为技术有限公司	德国	100
华为终端（香港）有限公司	中国香港	100

---

① 资料来源：https://www.huawei.com/cn/about-huawei/corporate-information。

表3-17(续)

子公司名称	注册地和经营地	所占权益比例
华为技术有限责任公司	荷兰	100
华为财务管理（英国）有限公司	英国	100
欧拉资本有限公司	英属维尔京群岛	100
格拉资本	英属维尔京群岛	100
华为技术（美国）有限公司	美国	100

数据来源：《华为投资控股有限公司2018年年度报告》。

3.3.2 "一带一路"背景下华为对外投资风险的识别

本书梳理华为对外投资历程，研读历年《华为投资控股有限公司年度报告》，分析近年来华为的对外投资案例，结合实地调研和深度访谈，基于外源性、内生性、过程性三个维度，华为面临着以下对外投资风险。

3.3.2.1 外源性风险

（1）法律风险

虽然华为对外投资经验丰富，也一直关注东道国法律法规，但一方面因华为全球布局战略范围巨大，各国的法律法规又不尽相同，同时，华为作为高科技企业，是对外投资较为敏感的行业，东道国往往对高技术含量的投资多加限制，因此仍面临着巨大的法律风险。以2011年华为遭遇的一起起诉为例，2011年7月，Inter Digital Corporation（IDC）向美国国际贸易委员会及特拉华联邦地区法院对华为提出诉讼称华为的3G无线设备产品侵犯了IDC公司的无线通信专利权，要求对其设备颁发禁售令；2011年12月，华为诉讼IDC公司违反专利的公平、非歧视原则；2012年1月，IDC公司又进一步诉讼华为侵犯其另外三项专利；这一闹剧一直持续到2013年12月，直到双方终于以达成和解落幕。2019年5月15日，美国总统特朗普宣布"国家科技紧急状态"，该行政命令要求美国企业不允许使用"威胁美国国家安全"的企业所生产的电信设备，该行政命令签署后，多家美国媒体指出该禁令直指中国华为。可见，华为仍需动态认知东道国的相关法律制度。

（2）政治风险

华为的全球化布局包含诸多国家，这些国家中既有发达国家，也有发展中国家，政治背景可谓千差万别：各国的政治状况不同，同一国家不同地区的政治稳定程度也不尽相同。华为在印度、俄罗斯等地的投资更是处于大国博弈的中心，国家之间的关系紧张，牵一发而动全身，这都制约华为在当地的业务展开，因此华为需要谨慎分析对外投资所在地的特定政治风险并提前准备防范措施。其中华为面临的来自发达国家源于意识形态差异产生的政治风险尤为严重，2007 年 9 月 28 日，华为与美国贝恩资本宣布双方将斥资 22 亿美元共同收购美国电信设备公司 3Com。要约规定，收购成功后华为将持有 3Com 公司16.5%的股份。然而美国外交事务委员会介入，认为此次收购将导致华为获得美国的敏感军事技术。虽然 3Com 于 2008 年 2 月底，华为和贝恩宣布撤回收购申请，提交可能的替代方案，但多种方案均未能与美国监管部门达成一致。直至 3 月 21 日，贝恩宣布，正式终止该收购协议，这一备受关注的并购案最终以失败告终。

（3）经济风险

华为全球化战略极易受到汇率风险等经济风险的影响。2015 年受非洲等地区货币贬值影响，华为仅是汇兑损失就高达 43.62 亿元，同比增加 22.27 亿元。华为汇兑净损失一直较高，2010—2018 年，均高于每年 10 亿元，如图 3-5 所示。

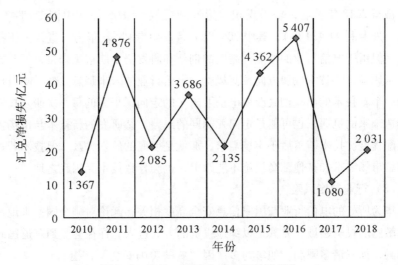

图 3-5　2010—2018 年华为汇兑净损失

（数据来源：《华为投资控股有限公司 2011—2018 年年度报告》）

（4）文化风险

华为的企业文化一向以狼性著称，强调集体而非个人的利益，这与华为部分投资东道国价值观不相符，尤其是在个人主义盛行的西方国家，容易造成当地雇员对企业文化的不认同，从而影响企业战略目标的达成，影响企业的效率。此外，一些西方国家文化更注重契约精神而非上下级管理，往往难以接受华为严格的军事化管理制度，公司内部不同文化间的冲突会影响华为对外投资效益。

（5）产品市场风险

华为所在的电信行业事关信息安全，是各国政府都重点关注的核心行业，因此华为在对外投资进入市场时常常会遇到颇高的市场进入壁垒。例如华为近年来多次对美国的投资都因"威胁美国安全"为由遭到拒绝而失败。

（6）行业竞争风险

电信行业处于高发展阶段，技术日新月异，新概念不断被提出。虽然华为现在以价格优势和专利技术优势暂时领先，但要在这新技术不断迭代的时代保持竞争优势需要华为不断从战略、管理、技术、产品等多方面一直不懈努力。目前，华为的竞争对手也非常多，美国的思科、欧洲的沃达丰、欧美合资的阿尔卡特朗讯以及国内企业如中兴等，思科甚至为与华为竞争还成立了专门的小组。可见华为的领先优势也不能使其轻视竞争风险。

（7）行业技术风险

截至 2018 年年底，华为累积获得专利授权 87 805 件（中国专利 43 371 件，国外专利 44 434 件），其中 90% 以上是发明专利①。华为一直致力于技术研发，但由于电信行业的特点，高度的创新和研发仍不能避免来自以下几方面的技术风险：①技术发展方向预测风险。电信行业的未来瞬息万变，随时可能因为一个新技术的出现彻底改变电信业未来的走向，华为的每一次研发投资就是创造未来的机遇，也可能是走向死胡同的绝路。②研发的新技术与市场需求的匹配程度。技术若落后于市场需求，那就是彻底的研发失败，但技术若过于超前，市场需求和其他配套设施不能跟上，也会导致技术无用武之地。

（8）行业制度风险

华为所处的电信行业与国家信息安全高度相关，无论对哪个国家来说都是较为敏感的投资领域，尤其是以绿地投资的方式进入，往往会受到东道国政府的抵触，加以诸多限制，如华为多次因"威胁美国安全"被拒。

3.3.2.2　内生性风险

（1）人力资源风险

华为十分注重对国际化人才的培养，开展了"未来种子"计划，旨在培养信息通信技术人才，截至 2018 年年底，"未来种子"计划已在全球 108 个国

---

① 资料来源：《华为投资控股有限公司 2018 年年度报告》。

家和地区实施，涉及全球 400 多所高校的 30 000 余名学生。在国际化人才管理中，常常因更强调集体利益、决策时强调集体决策、共担风险等，给企业跨文化管理带来一定困扰。

（2）融资风险

利率的不确定性很大程度影响企业的长期借款和长期应收款，华为的融资风险主要来源于利率风险，如华为的全资子公司欧拉资本在 2015 年 5 月 19 日发行了期限 10 年、本金 10 亿美元、票面利率 4.125% 的公司债券；后又在 2016 年 5 月 6 日再次发行了本金 20 亿美元的公司债券，华为为上述债券均提供了不可撤销的全额担保，这些债券都与相应国家的利率变动高度相关。

（3）运营风险

在运营风险方面，华为面临一定程度的业务连续性压力：社会高度分工背景下，华为包括制造、物流和服务在内的诸多业务都要依靠第三方介入，他们的业务质量和连续性直接影响华为的运营效益。

3.3.2.3 过程性风险

（1）项目决策风险

华为的决策风险来源于进入东道国市场时的战略选择，华为在进入东道国后往往都会保持其原有的战略风格，尤其是对美国等发达国家。思科、朗讯等公司因不认同华为强悍的战略风格甚至在美国的报纸上直接挑衅华为"价格是华为唯一不同"，以激起各方的不满。

（2）项目质量风险

从 2000 年开始，华为有了自己完整的产品体系，加速了全球化的历程。但在这种高速增长中，项目质量问题凸显，往往需要通过大量售后服务去弥补质量带来的问题。2007 年 4 月，华为召开了质量高级研讨会，以克劳士比"质量四项基本原则"（质量的定义、质量系统、工作标准、质量衡量）为蓝本确立了华为的质量原则。

（3）计划延误风险

对于华为等电信公司来说，对外投资的收回都是漫长的过程。如华为在莫斯科建立了合资公司贝托—华为以期通过本地化开拓市场，但当时卢布持续贬值，很多大型跨国公司都因为短期内看不到希望而先后从俄罗斯市场撤出，前景十分不明朗。虽然华为在这一过程中坚持了下来，但最终也经历了长达 8 年的蛰伏才在俄罗斯的电信行业脱颖而出。

（4）成本费用超支风险

正因为电信行业投资期漫长，又极度依赖基础设施，因此需要大量的前期投入，常常不能及时收回投资，因此华为更需要合理规划成本费用开支，保持一定的弹性预算，以应对成本费用超支或投资无法及时收回的风险。

3.3.3 "一带一路"背景下华为对外投资风险综合评价

3.3.3.1 构建华为对外投资风险评价层次结构

按层次分析法（AHP）的基本原理和本书对企业对外投资风险识别的一级维度将目标层（华为对外投资风险 A）分解成准则层（外源性风险、内生性风险和过程性风险），再分解为具体的指标，构建如图 3-6 所示的层次结构。

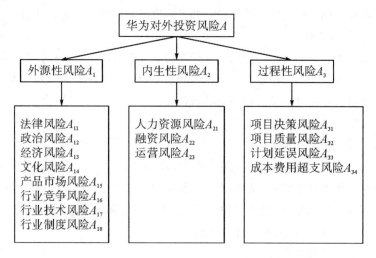

图 3-6 华为对外投资风险评价层次结构

本书将总目标层 A 分解为准则层 A_1 至 A_3，继而分解为指标层 A_{11} 至 A_{18}，A_{21} 至 A_{23}，A_{31} 至 A_{34}，如图 3-6 所示。总目标为华为对外投资风险评价，准则层则是二级指标，指标层是各具体指标。将华为对外投资风险评价层次结构转化为更为直观的评价指标体系，如表 3-18 所示。

表 3-18　华为对外投资风险评价指标体系

总目标层	准则层	指标层
华为对外投资风险 A	外源性风险 A_1	法律风险 A_{11}
		政治风险 A_{12}
		经济风险 A_{13}
		文化风险 A_{14}
		产品市场风险 A_{15}
		行业竞争风险 A_{16}
		行业技术风险 A_{17}
		行业制度风险 A_{18}
	内生性风险 A_2	人力资源风险 A_{21}
		融资风险 A_{22}
		运营风险 A_{23}
	过程性风险 A_3	项目决策风险 A_{31}
		项目质量风险 A_{32}
		计划延误风险 A_{33}
		成本费用超支风险 A_{34}

3.3.3.2　问卷设计思路与过程

问卷调查分为两个部分：第一部分是对风险要素的权重判断，按照上述构建的评价指标体系中各层级的指标，采用萨蒂 1~9 标度法（见表 3-19）两两对比评价。针对本书设计的风险评价指标体系将指标分为一级指标和二级指标，在各层级指标内部利用直观的矩阵形式设计两两对比评价结构，并在此基础上设置"一带一路"实施前后两种情形，以获取调查对象对"一带一路"实施前后各风险指标的对比评分结果。第二部分是针对华为的风险等级判定，同样是以"一带一路"实施前后为背景，分别评价华为各风险指标的评分。

表 3-19　萨蒂 1~9 标度法

重要性标度	定义
1	C1 与 C2 相比，C1 与 C2 同等重要
3	C1 与 C2 相比，C1 比 C2 略重要

表3-19(续)

重要性标度	定义
5	C1 与 C2 相比，C1 比 C2 明显重要
7	C1 与 C2 相比，C1 比 C2 非常重要
9	C1 与 C2 相比，C1 比 C2 绝对重要

注：2、4、6、8表示上述相邻判断的中间值；以上标度的倒数表示 C2 与 C1 相比的值，得到 C2 比 C1 的重要程度。

本书实施问卷调查的过程如下：

第一步，设计问卷调查表。本书参考萨蒂 1~9 标度法和层次分析法，以两两对比形式制做调查问卷，第一部分设计了矩阵形式的以风险指标间两两对比评价为核心的调查问卷，以获取被调查人员对风险间对比的准确打分；第二部分则是在简要介绍华为对外投资现状后，邀请被调查人员评价华为各风险指标并在 1~10 分评分。问卷调查表详见附录2。

第二步，发放、回收调查问卷。本书问卷调查的主要调查对象由两部分构成，一是华为内部员工，二是高校内长期研究企业对外投资的教师。一方面从实务中获取来自华为内部员工对于华为对外投资风险的评价，另一方面从理论上确保问卷的科学性、合理性、适用性，以减少认知偏差。

第三步，统计、处理有效问卷。收回问卷后，本书剔除明显不合理的问卷和没能理解问卷意图的无效问卷后，视同所有被调查人员的意见同等重要，对剩余的有效问卷采用算数平均方式处理、得到有效数据，并用综合集成算法（DHGF）进行后续案例计算。

经过两个多月的发放和回收，最后共回收问卷 97 份，其中因未理解问卷填写要求作废 2 份，剔除极端不一致问卷 3 份后，最终回收 92 份有效问卷，有效回收率达 94.85%。

3.3.3.3 确定评价指标的权重值

各项指标对评价目标的影响程度都不尽相同，需要赋予不同的权重。本书综合运用德尔菲法和层次分析法为各项指标确定权重。

（1）数据的收集和处理

利用德尔菲法，本次向华为内部员工以及"一带一路"背景下企业对外投资研究人员发放问卷调查表。

（2）构建指标判断矩阵

$$A_{ij} = (a_{ij})_{n \times n} = \begin{bmatrix} a_{11} & \cdots & a_{1n} \\ \vdots & \ddots & \vdots \\ a_{n1} & \cdots & a_{nn} \end{bmatrix}$$

其中 $a_{ij} = \dfrac{1}{a_{ji}}$，$a_i$ 和 a_j 为评价指标，a_{ij} 为 a_i 对 a_j 的相对重要程度，（i/j = 1，2，3，$\cdots$，n）。表 3-20 是某被调查人员对准则层的问卷结果。

表 3-20　来自某被调查人员的准则层打分（以"一带一路"实施前为例）

	外源性风险 A_1	内生性风险 A_2	过程性风险 A_3
外源性风险 A_1	1	5	2
内生性风险 A_2	1/5	1	1/5
过程性风险 A_3	1/2	5	1

则比较判断矩阵：

$$A = \begin{bmatrix} 1 & 5 & 2 \\ 1/5 & 1 & 1/5 \\ 1/2 & 5 & 1 \end{bmatrix}$$

本书基于收回的 92 份问卷打分情况，视所有被调查人员的意见同等重要，对打分情况算数平均处理，得到各层次的评价指标的比较判断矩阵。

（3）计算单排序权重向量和总排序权重向量

①单排序权重向量

单排序权重向量为单排序判断矩阵的特征向量，表示各层内部指标的权重值，计算步骤为：

首先，对判断矩阵的每一列进行归一化处理：

$$\bar{a}_{ij} = a_{ij} \bigg/ \sum_{k=1}^{n} a_{kj} \quad (i, j = 1, 2, \cdots, n)$$

然后，将归一化处理后的判断矩阵按行相加：

$$\overline{W}_i = \sum_{j=1}^{n} a_{ij} \quad (i, j = 1, 2, \cdots, n)$$

接着，对计算出的向量 $\overline{W}_i = [\overline{W}_1, \overline{W}_2, \overline{W}_n]$ 再次进行归一化处理：

$$W_i = \overline{W}_t \bigg/ \sum_{j=1}^{n} \overline{W}_j \quad (i, j = 1, 2, \cdots, n)$$

所得的 $W = (\overline{W}_1, \overline{W}_2, \overline{W}_n)^T$ 即所需的特征向量，即判断矩阵的层次单排

序结果（权重系数）。

最后，计算最大特征值 λ_{max}：

$$\lambda_{max} = \frac{1}{n} \sum_{j=1}^{n} \frac{(AW)_i}{W_i} \quad (i = 1, 2, \cdots, n)$$

以本书数据演示计算过程：以准则层指标外源性风险 A_1、内生性风险 A_2 和过程性风险 A_3 为例，计算准则层单排序权重向量。

首先，按第二步所示过程，对准则层算术平均处理后，得到该层指标 A_1—A_3 的判断矩阵，对判断矩阵归一化处理后按行相加，得

$$A = \begin{bmatrix} 1.000\ 0 & 3.800\ 4 & 3.813\ 7 \\ 0.263\ 1 & 1.000\ 0 & 1.992\ 9 \\ 0.262\ 2 & 0.531\ 1 & 1.000\ 0 \end{bmatrix}$$

$$= \begin{bmatrix} 0.655\ 6 & 1.712\ 8 & 0.569\ 5 \\ 0.172\ 5 & 0.187\ 6 & 0.281\ 2 \\ 0.171\ 9 & 0.099\ 6 & 0.149\ 3 \end{bmatrix}$$

$$= \begin{bmatrix} 1.937\ 9 \\ 0.641\ 2 \\ 0.420\ 8 \end{bmatrix}$$

再归一化处理得

$$W = \begin{bmatrix} 0.650\ 6 \\ 0.211\ 1 \\ 0.138\ 3 \end{bmatrix}$$

上述 W 即准则层指标 A_1—A_3 各自所对应的权重值。

最后，计算最大特征值 λ_{max}：

$$AW = \begin{bmatrix} 1.000\ 0 & 3.800\ 4 & 3.813\ 7 \\ 0.263\ 1 & 1.000\ 0 & 1.882\ 9 \\ 0.262\ 2 & 0.531\ 1 & 1.000\ 0 \end{bmatrix} \begin{bmatrix} 0.650\ 6 \\ 0.211\ 1 \\ 0.138\ 3 \end{bmatrix}$$

则 $\lambda_{max} = 3.044\ 2$。

即，通过以上步骤，得到对应的权重向量：

$$W = (0.650\ 6, 0.211\ 1, 0.138\ 3)^T, \lambda_{max} = 3.044\ 2$$

②总排序权重向量

将指标层各单排序权重向量按照对应的准则层单排序权重值加权相乘计算，即可得到指标层所有评价指标相对于准则层指标的权重值。

以指标层法律风险 A_{11} 为例：

按上述单排序权重向量计算指标层 A_{11}—A_{18} 对应的权重值为

$$W = \begin{bmatrix} 0.215\ 1 \\ 0.252\ 4 \\ 0.143\ 7 \\ 0.109\ 8 \\ 0.081\ 0 \\ 0.060\ 6 \\ 0.055\ 5 \end{bmatrix}$$

法律风险 A_{11} 单排序的权重值为 0.215 1，因此通过对准则层 A_1 的加权计算，法律风险 A_{11} 对总目标（华为对外投资风险 A）的权重值 = 0.215 1×0.650 6 = 0.139 9。对 A_{11}—A_{18} 的处理也相同，处理结果见表 3-22 至表 3-33。

（4）单排序检验一致性和总排序检验一致性

①单排序检验一致性，标准计算步骤

计算检验单排序下的判断矩阵的一致性，按下述公式检验一致性指标：

$$CR = \frac{\lambda_{max} - n}{n - 1}$$

CI 为判断矩阵一致性指标，RI 为矩阵随机平均一致性指标，CR 为 CI 与 RI 之比：

$$CR = CI/RI$$

其中 RI 为平均随机一致性指标，RI 的数值与矩阵阶数有关，对于 n 介于 1 到 9 之间，平均随机一致性指标 RI 取值如表 3-21 所示。

表 3-21　平均随机一致性指标

n	1	2	3	4	5	6	7	8	9
RI	0	0	0.58	0.9	1.12	1.24	1.32	1.41	1.45

资料来源：王莲芬，许树柏. 层次分析法引论［M］. 北京：中国人民大学出版社，1990.

CR 是一致性比例，当 CR<0.10 时，代表判断矩阵通过一致性检验，计算得出的特征向量各分量即对应指标的权重；否则，需要对判断矩阵调整使之满足一致性后再次计算。

以本书数据演示计算过程。以准则层指标外源性风险 A_1、内生性风险 A_2 和过程性风险 A_3 为例，检验上述步骤的判断矩阵能否通过一致性检验：

$$CR = \frac{\lambda_{max} - n}{n - 1} = \frac{3.044\ 2 - 3}{3 - 1} = 0.022\ 1$$

见表 3-21，当 $n=3$ 时，$RI=0.58$：

$$CR = \frac{CI}{RI} = \frac{0.022\ 1}{0.58} = 0.042\ 5 < 0.1$$

即判断矩阵通过一致性检验，各指标对应的特征向量就是该指标的权重。

②总排序检验一致性

对指标层指标相对于总目标层指标的总排序权向量进行一致性检验，总排序一致性比率计算公式为

$$CR = \frac{W_C I_1 + W_2 CI_2 + \cdots W_m CI_m}{W_R I_1 + W_2 RI_2 + \cdots W_m RI_m}$$

其中，W_m 表示最下层指标对最上层指标的总排序权向量值。

若 $CR<0.1$，代表总排序一致性检验，然后可按照总排序权重向量所示的结果进行决策，否则，需要重新调整模型或对单排序中 CR 值较大的判断矩阵重新调整，直至同时满足单排序和总排序的一致性检验。

（5）按上述步骤处理问卷数据结果列示

问卷处理结果按"一带一路"实施前后分别列示：

①"一带一路"实施前

单排序权重向量和单排序一致性检验结果如下。

表 3-22 "一带一路"实施前准则层指标 A_1—A_3 比较判断矩阵

华为对外投资风险 A	外源性风险	内生性风险	过程性风险	W_i
外源性风险	1.000 0	3.800 4	3.813 7	0.650 6
内生性风险	0.901 7	1.000 0	1.882 9	0.211 1
过程性风险	0.262 2	0.531 1	1.000 0	0.138 3

判断矩阵一致性比例 $CR=0.042\ 5$；对总目标"华为对外投资风险 A"的权重为 1.000 0；$\lambda max=3.044\ 2$。

表 3-23 "一带一路"实施前外源性风险下指标层指标 A_{11}—A_{18} 比较判断矩阵

外源性风险	法律风险	政治风险	经济风险	文化风险	产品市场风险	行业竞争风险	行业技术风险	行业制度风险	W_i
法律风险	1.000 0	1.014 7	1.709 8	2.636 4	2.162 2	2.885 0	2.884 3	3.211 3	0.215 1
政治风险	0.985 5	1.000 0	3.068 4	2.940 5	3.153 4	3.072 8	2.544 7	3.383 7	0.252 4

表3-23(续)

外源性风险	法律风险	政治风险	经济风险	文化风险	产品市场风险	行业竞争风险	行业技术风险	行业制度风险	W_i
经济风险	0.584 9	0.325 9	1.000 0	2.081 9	1.709 0	1.921 2	3.089 4	2.150 7	0.143 7
文化风险	0.379 3	0.340 1	0.480 3	1.000 0	2.016 1	1.515 3	1.912 1	2.765 1	0.109 8
产品市场风险	0.462 5	0.317 1	0.585 1	0.496 0	1.000 0	0.963 6	1.692 2	1.695 9	0.082 0
行业竞争风险	0.346 6	0.325 4	0.520 5	0.659 0	1.037 8	1.000 0	1.944 4	1.424 7	0.081 0
行业技术风险	0.346 7	0.393 0	0.323 7	0.523 0	0.590 9	0.514 3	1.000 0	1.265 8	0.060 6
行业制度风险	0.311 4	0.295 5	0.465 0	0.361 7	0.589 7	0.701 9	0.790 0	1.000 0	0.055 5

判断矩阵一致性比例 CR = 0.023 3；对总目标"华为对外投资风险 A"的权重为 0.650 6；λmax = 8.230 3。

表3-24　"一带一路"实施前内生性风险下指标层指标 $A_{21} - A_{23}$ 比较判断矩阵

内生性风险	人力资源风险	融资风险	营运风险	W_i
人力资源风险	1.000 0	0.929 3	1.309 8	0.347 8
融资风险	1.076 1	1.000 0	1.849 6	0.409 7
营运风险	0.763 5	0.540 7	1.000 0	0.242 5

判断矩阵一致性比例 CR = 0.007 9；对总目标"华为对外投资风险 A"的权重为 0.211 1；λmax = 3.008 2。

表3-25　"一带一路"实施前过程性风险下指标层指标 $A_{31} — A_{34}$ 比较判断矩阵

过程性风险	项目决策风险	项目质量风险	计划延误风险	成本费用超支风险	W_i
项目决策风险	1.000 0	2.749 1	2.740 7	2.384 3	0.456 0
项目质量风险	0.363 8	1.000 0	2.237 8	2.296 9	0.256 6
计划延误风险	0.364 9	0.446 9	1.000 0	2.060 2	0.166 6
成本费用超支风险	0.419 4	0.435 4	0.485 4	1.000 0	0.120 7

判断矩阵一致性比例 CR=0.067 3；对总目标"华为对外投资风险 A"的权重为 0.138 3；λmax=4.179 7。

结果显示上述指标均通过单排序一致性检验，需进一步计算总排序权向量和总排序一致性检验。总排序权向量和总排序一致性检验结果如表3-26所示。

表 3-26　"一带一路"实施前各指标权重值

目标层	准则层	权重	指标层	权重
华为对外投资风险 A	外源性风险 A_1	0.650 6	法律风险 A_{11}	0.139 9
			政治风险 A_{12}	0.164 2
			经济风险 A_{13}	0.093 5
			文化风险 A_{14}	0.071 4
			产品市场风险 A_{15}	0.053 3
			行业竞争风险 A_{16}	0.052 7
			行业技术风险 A_{17}	0.039 4
			行业制度风险 A_{18}	0.036 1
	内生性风险 A_2	0.211 1	人力资源风险 A_{21}	0.073 4
			融资风险 A_{22}	0.086 5
			运营风险 A_{23}	0.051 2
	过程性风险 A_3	0.138 3	项目决策风险 A_{31}	0.063 1
			项目质量风险 A_{32}	0.035 5
			计划延误风险 A_{33}	0.023 0
			成本费用超支风险 A_{34}	0.016 7

指标层中各指标对决策目标的排序权重见表3-27。

表 3-27　"一带一路"实施前指标层各指标对决策目标的排序权重

指标层指标	权重
政治风险	0.164 2
法律风险	0.139 9
经济风险	0.093 5
融资风险	0.086 5

表3-27（续）

指标层指标	权重
人力资源风险	0.073 4
文化风险	0.071 4
项目决策风险	0.063 1
产品市场风险	0.053 3
行业竞争风险	0.052 7
运营风险	0.051 2
行业技术风险	0.039 4
行业制度风险	0.036 1
项目质量风险	0.035 5
计划延误风险	0.023 0
成本费用超支风险	0.016 7

总排序一致性比率：

$$CR = \frac{0.650\ 6 \times 0.032\ 9 + 0.211\ 1 \times 0.004\ 6 + 0.138\ 3 \times 0.060\ 6}{0.650\ 6 \times 1.41 + 0.211\ 1 \times 0.58 + 0.138\ 3 \times 0.9} = 0.026\ 5 < 0.1$$

通过总排序一致性检验。

综上所述，同时通过单排序和总排序一致性检验，表明来自被调查人员对"一带一路"实施前各指标的打分结果是合理的，可按总排序权向量所示的结果决策。

② "一带一路"实施后

单排序权重向量和单排序一致性检验结果如下。

表 3-28　"一带一路"实施后准则层指标 A_1—A_3 比较判断矩阵

华为对外投资风险 A	外源性风险	内生性风险	过程性风险	W_i
外源性风险	1.000 0	3.028 9	3.140 6	0.604 0
内生性风险	0.330 2	1.000 0	1.539 0	0.227 5
过程性风险	0.318 4	0.649 8	1.000 0	0.168 6

判断矩阵一致性比例 CR=0.016 7；对总目标"华为对外投资风险 A"的权重为 1.000 0；λmax=3.017 4。

表 3-29　"一带一路"实施后外源性风险下指标层指标 A_{11}—A_{18} 比较判断矩阵

外源性风险	法律风险	政治风险	经济风险	文化风险	产品市场风险	行业竞争风险	行业技术风险	行业制度风险	W_i
法律风险	1.000 0	1.063 3	2.246 7	1.928 1	2.405 5	1.871 8	2.047 4	2.655 0	0.202 5
政治风险	0.940 5	1.000 0	2.028 5	2.494 4	3.017 1	2.026 6	2.473 9	2.793 8	0.215 9
经济风险	0.445 1	0.493 0	1.000 0	2.320 4	2.459 3	1.627 9	2.662 1	2.287 1	0.156 6
文化风险	0.518 6	0.400 9	0.431 0	1.000 0	2.529 8	1.672 3	2.273 6	2.360 8	0.124 3
产品市场风险	0.415 7	0.331 4	0.406 6	0.395 3	1.000 0	1.310 8	1.879 7	1.588 5	0.082 8
行业竞争风险	0.534 2	0.493 4	0.614 3	0.598 0	0.762 9	1.000 0	2.126 7	2.090 5	0.096 2
行业技术风险	0.488 4	0.404 2	0.375 6	0.439 8	0.532 0	0.470 2	1.000 0	1.522 1	0.064 9
行业制度风险	0.376 6	0.357 9	0.437 2	0.423 6	0.629 5	0.478 4	0.657 0	1.000 0	0.056 7

判断矩阵一致性比例 $CR = 0.033\ 1$；对总目标"华为对外投资风险 A"的权重为 0.604 0；$\lambda\max = 8.327\ 0$。

表 3-30　"一带一路"实施后内生性风险下指标层指标 A_{21}—A_{23} 比较判断矩阵

内生性风险	人力资源风险	融资风险	营运风险	W_i
人力资源风险	1.000 0	1.133 2	1.959 1	0.416 5
融资风险	0.882 5	1.000 0	1.841 8	0.375 4
营运风险	0.510 4	0.542 9	1.000 0	0.208 2

判断矩阵一致性比例 $CR = 0.000\ 4$；对总目标"华为对外投资风险 A"的权重为 0.227 5；$\lambda\max = 3.000\ 4$。

表 3-31　"一带一路"实施后过程性风险下指标层指标 A_{31}—A_{34} 比较判断矩阵

过程性风险	项目决策风险	项目质量风险	计划延误风险	成本费用超支风险	W_i
项目决策风险	1.000 0	2.039 7	2.650 1	3.016 6	0.433 5
项目质量风险	0.490 3	1.000 0	2.372 0	2.792 5	0.290 0

表3-31（续）

过程性风险	项目决策风险	项目质量风险	计划延误风险	成本费用超支风险	W_i
计划延误风险	0.377 3	0.421 6	1.000 0	2.698 3	0.176 8
成本费用超支风险	0.331 5	0.358 1	0.370 6	1.000 0	0.099 7

判断矩阵一致性比例 $CR=0.052\ 1$；对总目标"华为对外投资风险 A"的权重为 $0.168\ 6$；$\lambda max=4.139\ 2$。

结果显示上述指标均通过单排序一致性检验，需进一步计算总排序权向量和总排序一致性检验。总排序权向量和总排序一致性检验结果如表3-32所示。

表3-32 "一带一路"实施后各指标权重值

目标层	准则层	权重	指标层	权重
华为对外投资风险 A	外源性风险 A_1	0.604 0	法律风险 A_{11}	0.122 3
			政治风险 A_{12}	0.130 4
			经济风险 A_{13}	0.094 6
			文化风险 A_{14}	0.075 1
			产品市场风险 A_{15}	0.050 0
			行业竞争风险 A_{16}	0.058 1
			行业技术风险 A_{17}	0.039 2
			行业制度风险 A_{18}	0.034 2
	内生性风险 A_2	0.227 5	人力资源风险 A_{21}	0.094 7
			融资风险 A_{22}	0.085 4
			运营风险 A_{23}	0.047 3
	过程性风险 A_3	0.168 6	项目决策风险 A_{31}	0.073 1
			项目质量风险 A_{32}	0.048 9
			计划延误风险 A_{33}	0.029 8
			成本费用超支风险 A_{34}	0.016 8

指标层中各指标对决策目标的排序权重见表3-33。

表3-33 "一带一路"实施后指标层各指标对决策目标的排序权重

指标层指标	权重
政治风险	0.130 4
法律风险	0.122 3
人力资源风险	0.094 7

表3-33(续)

指标层指标	权重
经济风险	0.094 6
融资风险	0.085 4
文化风险	0.075 1
项目决策风险	0.073 1
行业竞争风险	0.058 1
产品市场风险	0.050 0
项目质量风险	0.048 9
运营风险	0.047 3
行业技术风险	0.039 2
行业制度风险	0.034 2
计划延误风险	0.029 8
成本费用超支风险	0.016 8

总排序一致性比率：

$$CR = \frac{0.604\ 0 \times 0.046\ 7 + 0.227\ 5 \times 0.000\ 2 + 0.168\ 6 \times 0.046\ 9}{0.604\ 0 \times 1.41 + 0.227\ 5 \times 0.58 + 0.168\ 6 \times 0.9} = 0.031\ 8 < 0.1$$

通过总排序一致性检验。

综上所述，同时通过单排序和总排序一致性检验，表明来自被调查人员对"一带一路"实施后各指标的打分结果是合理的，可按总排序权向量所示的结果决策。

3.3.3.4 进行灰关联分析，确定灰色评价权矩阵

（1）取得评价样本量矩阵

被调查人员在详细了解华为对外投资相关资料后，以 1~10 分为评分范围对各项评价指标分别在"一带一路"实施前后的风险等级进行打分，构成问卷调查表第二部分的内容（见附录 2），分别来自 92 位被调查人员在"一带一路"实施前、后背景下的有效评价样本量矩阵。

（2）确定评价等级

基于测度理论，依据相对阈值取值法，从样本矩阵中寻找最大、最小和中等值，分别作为上限、下限和中等值，同时将企业对外投资风险的各项指标分

为优、良、中、差四个等级（邓聚龙，1990)[1]。根据收回样本，样本矩阵中最大值、最小值分别为 10 和 1，作为阈值的上下限，以此确定评价等级集合为

$$V = [V1, \ V2, \ V3, \ V4] = [10, \ 7, \ 4, \ 1]$$

第一灰类（高），设定灰数为 $\otimes \in [10, \ +\infty)$，其白化权函数为

$$f_1(d_{ii}) = \begin{cases} \dfrac{d_{ii}}{10}, & d_{ii} \in [0, \ 10] \\ 1, & d_{ii} \in [10, \ +\infty] \\ 0, & d_{ii} \in (-\infty, \ 0) \end{cases}$$

第二灰类（较高），设定灰数为 $\otimes \in [0, \ 7, \ 14)$，其白化权函数为

$$f_2(d_{ii}) = \begin{cases} \dfrac{d_{ii}}{7}, & d_{ii} \in [0, \ 7] \\ 2 - \dfrac{d_{ii}}{7}, & d_{ii} \in [7, \ 14] \\ 0, & d_{ii} \notin (0, \ 14) \end{cases}$$

第三灰类（中），设定灰数为 $\otimes \in [0, \ 4, \ 8]$，其白化权函数为

$$f_3(d_{ii}) = \begin{cases} \dfrac{d_{ii}}{4}, & d_{ii} \in [0, \ 4] \\ 2 - \dfrac{d_{ii}}{4}, & d_{ii} \in [4, \ 8] \\ 0, & d_{ii} \notin (0, \ 8) \end{cases}$$

第四灰类（低），设定灰数为 $\otimes \in [0, \ 1, \ 2]$，其白化权函数为

$$f_4(d_{ii}) = \begin{cases} 1, & d_{ii} \in [0, \ 1] \\ 2 - d_{ii}, & d_{ii} \in [1, \ 2] \\ 0, & d_{ii} \notin (0, \ 2) \end{cases}$$

（3）计算灰色统计数（以"一带一路"实施前为例）

运用灰色统计方法，求出各指标的灰色统计数和总的灰色统计数。以指标 A_{11} 为例：

$$n_{11} = f_1(d_{11}) + f_1(d_{12}) + \cdots + f_1(d_{92}) = f_1(8) + f_1(8) + \cdots + f_1(9) = 62.2$$

同理可知：$n_{12} = 73.428 \ 6$，$n_{13} = 33.750 \ 0$，$n_{14} = 0.000 \ 0$

依次带入公式可以计算得出灰色统计数的矩阵：

---

① 邓聚龙. 灰色系统理论教程 [M]. 武汉：华中理工大学出版社，1990.

$$n_{ij} = \begin{bmatrix} 62.200\,0 & 73.428\,6 & 33.750\,0 & 0 \\ 63.400\,0 & 71.142\,9 & 29.500\,0 & 1 \\ 61.000\,0 & 80.000\,0 & 31.750\,0 & 0 \\ 51.200\,0 & 63.428\,6 & 46.500\,0 & 1 \\ 51.200\,0 & 68.571\,4 & 51.000\,0 & 0 \\ 54.400\,0 & 72.285\,7 & 43.500\,0 & 0 \\ 51.600\,0 & 65.714\,3 & 46.750\,0 & 0 \\ 49.600\,0 & 64.857\,1 & 44.000\,0 & 3 \\ 48.200\,0 & 65.714\,3 & 58.000\,0 & 0 \\ 58.000\,0 & 70.857\,1 & 39.500\,0 & 0 \\ 57.800\,0 & 75.142\,9 & 38.750\,0 & 0 \\ 60.400\,0 & 76.571\,4 & 34.750\,0 & 0 \\ 59.200\,0 & 73.714\,3 & 35.500\,0 & 0 \\ 54.000\,0 & 73.428\,6 & 48.000\,0 & 0 \\ 47.200\,0 & 64.857\,1 & 60.000\,0 & 0 \end{bmatrix}$$

由此可得：$n_1 1 + n_1 2 + n_1 3 + n_1 4 = 169.378\,6$

按行加总，可得总灰色统计数矩阵：

$$n_i = \begin{bmatrix} 169.378\,6 \\ 165.042\,9 \\ 172.750\,0 \\ 162.128\,6 \\ 170.771\,4 \\ 170.185\,7 \\ 164.064\,3 \\ 161.457\,1 \\ 171.914\,3 \\ 168.357\,1 \\ 171.692\,9 \\ 171.721\,4 \\ 168.414\,3 \\ 175.428\,6 \\ 172.057\,1 \end{bmatrix}$$

（4）确定灰色评价权值及权矩阵

根据 $r_{ij} = \dfrac{n_{ij}}{n_i}$ 可以得出第 i 种评价标准的灰色权值，以第 1 种评价值指标 A_{11}

为例：$r_{11} = \dfrac{n_{11}}{n_1} = 0.367\ 2$，按此计算，可以得出灰色评价的权重矩阵。

① "一带一路" 实施前

$$R_{前} = m_{ij} = \begin{bmatrix} 0.367\ 2 & 0.433\ 5 & 0.199\ 3 & 0.000\ 0 \\ 0.384\ 1 & 0.431\ 1 & 0.178\ 7 & 0.006\ 1 \\ 0.353\ 1 & 0.463\ 1 & 0.183\ 8 & 0.000\ 0 \\ 0.315\ 8 & 0.391\ 2 & 0.286\ 8 & 0.006\ 2 \\ 0.299\ 8 & 0.401\ 5 & 0.298\ 6 & 0.000\ 0 \\ 0.319\ 7 & 0.424\ 7 & 0.255\ 6 & 0.000\ 0 \\ 0.314\ 5 & 0.400\ 5 & 0.284\ 9 & 0.000\ 0 \\ 0.307\ 2 & 0.401\ 7 & 0.272\ 5 & 0.018\ 6 \\ 0.280\ 4 & 0.382\ 3 & 0.337\ 4 & 0.000\ 0 \\ 0.344\ 5 & 0.420\ 9 & 0.234\ 6 & 0.000\ 0 \\ 0.336\ 6 & 0.437\ 7 & 0.225\ 7 & 0.000\ 0 \\ 0.351\ 7 & 0.445\ 9 & 0.202\ 4 & 0.000\ 0 \\ 0.351\ 5 & 0.437\ 7 & 0.210\ 8 & 0.000\ 0 \\ 0.307\ 8 & 0.418\ 6 & 0.273\ 6 & 0.000\ 0 \\ 0.274\ 3 & 0.377\ 0 & 0.348\ 7 & 0.000\ 0 \end{bmatrix}$$

② "一带一路"实施后

$$R_{后} = n_{ij} = \begin{bmatrix} 0.315\,7 & 0.417\,8 & 0.266\,5 & 0.000\,0 \\ 0.342\,4 & 0.420\,5 & 0.237\,1 & 0.000\,0 \\ 0.339\,6 & 0.426\,1 & 0.234\,3 & 0.000\,0 \\ 0.327\,4 & 0.410\,7 & 0.237\,0 & 0.024\,9 \\ 0.329\,1 & 0.424\,0 & 0.246\,8 & 0.000\,0 \\ 0.320\,0 & 0.415\,8 & 0.264\,2 & 0.000\,0 \\ 0.311\,8 & 0.393\,1 & 0.295\,1 & 0.000\,0 \\ 0.302\,1 & 0.387\,1 & 0.292\,1 & 0.018\,6 \\ 0.272\,1 & 0.368\,3 & 0.359\,6 & 0.000\,0 \\ 0.263\,7 & 0.361\,0 & 0.363\,2 & 0.012\,2 \\ 0.332\,3 & 0.423\,0 & 0.238\,7 & 0.006\,0 \\ 0.335\,7 & 0.429\,9 & 0.234\,4 & 0.000\,0 \\ 0.354\,3 & 0.430\,3 & 0.215\,4 & 0.000\,0 \\ 0.306\,0 & 0.400\,9 & 0.293\,1 & 0.000\,0 \\ 0.263\,2 & 0.369\,2 & 0.367\,5 & 0.000\,0 \end{bmatrix}$$

3.3.3.5 进行模糊运算，得到风险评价结果

（1）计算综合评价结果

分别以"一带一路"实施前、后为背景，由指标总排序权重向量 W 和灰色评价权矩阵 R 可以得到白化后的综合评判矩阵：

① "一带一路"实施前

根据前文计算结果可知，"一带一路"实施前的总排序权重向量为

$W_{前} = [\,0.139\,9,\ 0.164\,2,\ 0.093\,5,\ 0.071\,4,\ 0.053\,3,\ 0.052\,7,\ 0.039\,4,$
$0.036\,1,\ 0.073\,4,\ 0.086\,5,\ 0.051\,2,\ 0.063\,1,\ 0.035\,5,\ 0.023\,0,\ 0.016\,7\,]$

由此可得：$B_{前} = W_{前} \times R_{前} = [\,0.340\,3,\ 0.423\,2,\ 0.234\,3,\ 0.002\,1\,]$

计算出评价结果：

$$U_{前} = B_{前} \times V^{T} = 7.304\,4$$

② "一带一路"实施后

根据前文计算结果可知，"一带一路"实施后的总排序权重向量为

$W_{后} = [\,0.122\,3,\ 0.130\,4,\ 0.094\,6,\ 0.075\,1,\ 0.050\,0,\ 0.058\,1,\ 0.039\,2,$
$0.034\,2,\ 0.094\,7,\ 0.085\,4,\ 0.047\,3,\ 0.073\,1,\ 0.048\,9,\ 0.029\,8,\ 0.016\,8\,]$

由此可得：$B_{前} = W_{前} \times R_{前} = [\,0.317\,0,\ 0.407\,4,\ 0.271\,7,\ 0.003\,8\,]$

计算出评价结果：

$$U_{前} = B_{前} \times V^T = 7.112\ 3$$

（2）计算单因素评价结果

分别以"一带一路"实施前后为背景，将灰色评价权矩阵 R 中每一行作为单独的评价权矩阵 R_i 分别与矩阵 V_T 相乘，计算得到单因素评价结果。

① "一带一路"实施前

以指标 A_{11} 为例，其对应的评价权矩阵：

$$R_i = [\ 0.367\ 2,\ 0.433\ 5,\ 0.199\ 3,\ 0.000\ 0\ ]$$

则该因素风险评价结果：

$$U_1 = R_1 \times V^T = 7.503\ 7$$

依次计算，可得各单因素评价结果如表3-34所示。

表3-34 "一带一路"实施前单因素评价结果（按风险评价结果，降序排列）

风险评价指标	风险评价结果
政治风险 A_{12}	7.579 6
经济风险 A_{13}	7.507 9
法律风险 A_{12}	7.503 7
项目决策风险 A_{31}	7.447 9
项目质量风险 A_{32}	7.422 1
运营风险 A_{23}	7.332 7
融资风险 A_{22}	7.329 7
行业竞争风险 A_{16}	7.192 3
计划延误风险 A_{33}	7.102 6
行业技术风险 A_{17}	7.088 1
文化风险 A_{14}	7.049 8
产品市场风险 A_{15}	7.002 9
行业制度风险 A_{18}	6.992 5
人力资源风险 A_{21}	6.829 7
成本费用超支风险 A_{34}	6.776 8

② "一带一路"实施后

同理可得，各单因素评价结果如表3-35所示。

表3-35　"一带一路"实施后单因素评价结果（按风险评价结果，降序排列）

风险评价指标	风险评价结果
项目质量风险 $A_3 2$	7.416 7
政治风险 $A_1 2$	7.315 9
经济风险 $A_1 3$	7.315 9
项目决策风险 $A_3 1$	7.303 9
产品市场风险 $A_1 5$	7.246 2
运营风险 $A_2 3$	7.244 8
行业竞争风险 $A_1 6$	7.167 4
法律风险 $A_1 1$	7.147 6
文化风险 $A_1 4$	7.121 8
行业技术风险 $A_1 7$	7.050 1
计划延误风险 $A_3 3$	7.038 7
行业制度风险 $A_1 8$	6.917 7
人力资源风险 $A_2 1$	6.737 5
成本费用超支风险 $A_3 4$	6.686 4
融资风险 $A_2 2$	6.629 0

3.3.3.6　风险防控评价结果

从综合评价的结果可以看到，无论是"一带一路"实施前还是实施后，华为对外投资风险的评价都在7至10这一高风险区间，但"一带一路"实施后，在国家相关制度政策的引导和支持下风险评级有所下降。就单项指标评价结果而言，从评价结果排序来看，"一带一路"实施前后法律风险、政治风险、经济风险都较高，值得关注的是，实施后项目质量风险明显上升；从指标评价绝对值来看，在总指标有所下降的基础上，文化风险和产品市场风险明显提升。因此为了科学预测、合理防范、有效减少华为对外投资风险，华为需进一步夯实风险防控系统的有效运行。

3.4　本章小结

本章基于 2013—2017 年与我国签订"一带一路"合作协议国家的样本数据，实证检验了"一带一路"背景下中国企业对外投资的影响因素，分析发现"一带一路"背景下影响中国企业对外投资的因素既有外源性因素、过程性因素，也有内生性因素；运用结构方程模型（SEM），实证考察"一带一路"背景下中国企业对外投资风险防控对企业对外投资绩效的作用路径和影响程度，结果表明，"一带一路"背景下我国企业对外投资中，良好的对外投资风险防控体系的建立有效提高了企业的对外投资绩效。外源性风险防控、内生性风险防控、过程性风险防控的实施，不同程度地提高了企业对外投资绩效；运用综合集成算法（DHGF），综合评价"一带一路"背景下华为对外投资风险及其防控水平，评价结果显示无论是"一带一路"实施前还是实施后华为对外投资风险都属于较高风险水平，亟待强化动态风险防控系统。

4 "一带一路"背景下中国企业 对外投资风险防控研究：国际比较①

国际比较是研究的广角镜，本章全面透视"一带一路"沿线国家企业对外投资风险现状，深入剖析各国企业对外投资风险防控体系的构建与运行，在此基础上对比发达国家和新兴市场国家的企业对外投资风险防控体系的共生性与差异性，为优化我国企业对外投资风险防控提供借鉴与启示。

4.1 中国企业对"一带一路"沿线国家对外投资风险透视

对外投资风险防控已成为世界各国协调国际经济合作、保障对外经济往来安全、提升本国对外投资竞争实力的重要战略抓手。不同国家在政治、经济、社会等各方面的差异导致企业对外投资风险中的外生性风险、内生性风险和过程性风险的形成与表征各有不同。准确认知风险是有效防控风险的前提和基础，中国企业防控对外投资风险有必要对我国企业在"一带一路"沿线国家的外源性、过程性和内生性投资风险进行全面透视，为风险防控提供基础性支撑。

4.1.1 外源性风险透视

4.1.1.1 法律风险

我国企业对"一带一路"沿线国家对外投资的法律风险主要源于法律不健全、执法不严、法律冲突等，集中体现在法系差异、国家安全审查、市场准入限制等。

---

① 本章引用数据时间截至 2018 年 12 月 31 日。

（1）所属法系

法系是具有共同法律传统的若干国家和地区的法律，它是一种超越国家和地区的法律现象的总称，目前主要分为大陆法系和海洋法系等①。

大陆法系沿袭罗马法，具有详尽的成文法，强调法典必须完整，法律渊源以法条为主，论证方法上侧重于演绎，要求审判人员统一行使审判权、证据来源以书证为主，审判模式全程由法官主导法条由立法机关制定，要求法官严格以法条为依据进行审判。

海洋法系又称为不成文法系，同大陆法系偏重于法典相比，其法律渊源以判例为主，论证方法以归纳为主，法官与陪审员分工配合，证据来源以人证为主，形成律师为主导的审判进程。作为判例的先例对其后的案件具有法律约束力，成为法官审判的基本原则。

此外，伊斯兰法是中世纪信奉伊斯兰教的阿拉伯各国和其他一些穆斯林国家法律的总称。目前在以伊斯兰教为官方宗教的国家中，只有少数几个国家仍然把伊斯兰法作为基本的法律制度，而其余大部分国家中，取自西方或经过改良而形成的法律制度已经占据了主要地位，传统的法律制度只占据次要的地位。

由于"一带一路"沿线国家众多，涉及的法系也较为繁杂，我国企业对外投资必须审慎认知东道国的法律归属（见表4-1）。

表4-1　"一带一路"沿线国家主要法系一览②

法系	国家分布		
大陆法系	欧盟国家：波兰、捷克、斯洛伐克、匈牙利、斯洛文尼亚、克罗地亚、罗马尼亚、保加利亚		
	非欧盟国家：越南、柬埔寨、印度尼西亚、塞尔维亚、黑山、北马其顿、波黑、土耳其		
	借鉴苏联法律体系	欧盟国家：爱沙尼亚、立陶宛、拉脱维亚	
		非欧盟国家：蒙古国、俄罗斯、乌兹别克斯坦、哈萨克斯坦、土库曼斯坦、塔吉克斯坦、吉尔吉斯斯坦、阿尔巴尼亚、乌克兰、白俄罗斯、摩尔多瓦、阿塞拜疆、亚美尼亚、格鲁吉亚	
海洋法系	缅甸、新加坡、印度、孟加拉国		
伊斯兰法系	阿富汗、伊朗		

① 张文显. 法理学［M］. 5版. 北京：高等教育出版社，2018.
② 华瑀欣. "一带一路"沿线环境法概论［M］. 北京：社会科学文献出版社，2017.

表4-1（续）

法系	国家分布
兼具大陆法系和海洋法系	老挝、菲律宾、东帝汶、斯里兰卡
兼具大陆法系和伊斯兰法系	叙利亚、伊拉克、阿联酋、沙特阿拉伯、卡塔尔、巴林、科威特、黎巴嫩、巴勒斯坦、埃及
兼具海洋法系和伊斯兰法系	马来西亚、文莱、巴基斯坦、马尔代夫、阿曼、也门
其他	尼泊尔（印度教影响下的海洋法系） 不丹（佛教影响下的海洋法系） 泰国（佛教影响下的大陆法系和海洋法系） 约旦（兼具大陆法系、海洋法系和伊斯兰法系） 以色列（犹太教影响下的大陆法系和海洋法系）

（2）国家安全审查

外商投资国家安全审查是指以涉及"国家安全"为理由，由专门的机构对归入审查范围的特定外商投资行为进行全面审查，以评估该投资行为对东道国国家安全产生的风险和影响，从而做出决策并进行风险干预管控的法律制度[①]。国家安全审查是世界上许多国家都有的制度，由于各国法律的差异，审查标准和程序不尽相同，或由于缺乏透明的审查标准，国家安全审查有可能成为东道国推行贸易保护的工具。

联合国发布的《2018年世界投资报告》显示，尽管许多国家继续放宽和促进外商投资，但限制性措施占比有所提高，从2002年的15%到目前的25%。在国际投资政策中，一些国家从已有条约中撤出，ITPP、TTIP和TISA等大区域协议的谈判步履维艰[②]。此外，一些国家，如俄罗斯，正加强对前来投资的国家安全审查，尤其是对并购投资；印度尼西亚、罗马尼亚等国采取了保护当地生产者的措施，对外国投资者进行限制或监管，如增加当地采购要求、保障当地自然人权益等。波兰等国实施了对外国投资者土地所有权条例，如在房屋市场过热地区征收新的住房房地产费用和税费，采取措施以限制购买农业和林地，以及限制购买拥有农业财产的公司股份等[③]。可见，各国的国家安全审查法律规定差异较大，审查机关的设置不同，采取的长期或短期贸易限制制度种类繁杂。

---

① 中华人民共和国外商投资法 [M]. 北京：人民出版社，2019.

② 联合国贸易和发展会议. 世界投资报告2018[EB/OL]. [2018-09-07].http://www.chinanews.com/cj/2018/09-07/8621653.shtml.

③ 何芬兰. 中企出海需警惕风浪漩涡 [N]. 国际商报，2017-09-27.

（3）市场准入限制

所谓市场准入，一般是指货物、劳务与资本进入东道国市场许可。我国商务部发布的 2018 年《对外投资合作国别（地区）指南》中显示，各国对外国投资的市场准入方面在投资主管部门、投资行业、投资方式、BOT/PPP 方式等方面存在差异。

投资主管部门在各国的名称不同，部门权限也不同。例如，俄罗斯主管部门有：经济发展部、工业贸易部、国家资产委员会、司法部国家注册局、反垄断署、联邦政府外国投资咨询委员会、中央银行、财政部、联邦金融资产管理署、联邦政府外国投资者监管委员会等。印度主管部门主要有：商工部下属的投资促进和政策部，负责相关政策制定和投资促进工作，下设有产业协助秘书处、外国投资执行局、外商投资促进理事会等机构。

投资行业分为鼓励的行业，限制的行业、禁止的行业三类，一定时期内三种分类下行业不同，且每个行业的审批程序也有不同。投资方式方面的规定，首先是法律依据不同，例如俄罗斯关于外资并购的法律体系由多部法律组成，法律分为多个层次，且由多个机构分工协作来实施。如俄罗斯的法律体系主要包括联邦层面的法律、各自治共和国的法律、俄罗斯联邦参加的国际条约以及俄罗斯政府部门的相关规则，法律体系庞杂或空白，都会给企业对外投资带来困扰[①]。

在 BOT/PPP 方式上，各国的态度也不相同。例如印度由于公共财政能力有限，基础设置薄弱，"公共私营合作" BOT/PPP 模式可为印度解决资金问题，因此印度欢迎各国投资者以 PPP 方式助力印度本土基础设施建设。而俄罗斯开展公私合营主要以特许权协议为基础，现行法律规定只能采用 BTO（建设—移交—运营）和 DBFO（设计—建设—融资—经营）两种模式，且后者仅适用于公路建设项目[②]。

4.1.1.2　政治风险

政治风险与政局动荡有关，进一步将影响东道国的宏观经济和社会发展，主要包括国家安全风险、腐败风险、主权信用风险等。

（1）国家安全风险

国家安全风险是指政局动荡可能引发战争或者政府管理缺位导致社会稳定

① 《一带一路沿线国家法律风险防范指引》系列丛书编委会. 一带一路沿线国家法律风险防范指引（俄罗斯）[M]. 北京：经济科学出版社，2016.

② 商务部. 对外投资合作国别（地区）指南：俄罗斯[EB/OL].［2017-12-28］.https://www.yidaiyilu.gov.cn/zchj/zcfg/6664.htm.

性下降，从而使本国居民或他国人员的人身安全受到侵害的风险。对于对外投资企业来说，一个国家的安全风险是至关重要的考虑因素，战争可能导致企业前期投资付之一炬，此外动荡的社会环境不仅会威胁职工的安全，还会显著降低一国的社会生产水平，使投资收回的难度加大。本书使用2019年世界和平指数（global peace index）衡量"一带一路"各国国家安全状况，该指标从三个方面度量影响国家安全的消极因素：第一个方面是持续的国内和国际冲突，主要考量国家卷入国内和国际冲突的程度以及在其中扮演的角色和花费的金钱；第二个方面是社会安全和稳定，主要衡量一个国家的社会和谐水平，从犯罪率、恐怖活动和暴力游行、与邻国的关系、政治局势、流民水平、与难民相处是否和平等方面度量；第三个方面是国家的军事化水平，反映了国家对军费武器的支出程度，包括国内和国际两个方面。图4-1为2018年"一带一路"沿线国家的和平指数情况，该指数分数越低，排名越靠前，表明国家安全程度越高。

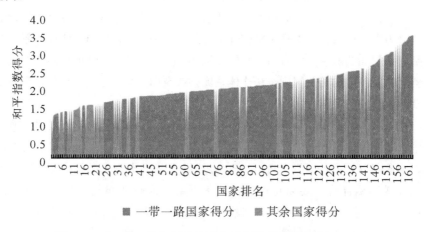

图4-1 "一带一路"沿线国家和平指数分布情况（2018年）

从图4-1中可以看到，"一带一路"沿线国家和平指数主要集中在中后部区域，显示国家安全风险较高，因此安全风险为我国企业对外投资需要考虑的重点风险之一，尤其是对排名靠后的国家投资时，需考虑社会动荡因素导致的人身安全风险和资金安全风险。

（2）腐败风险

腐败风险是指因政府腐败导致的企业隐形成本增加、审核难度提高导致项目进展慢于预期、错过商业机会等的风险。本书使用透明国际（transparency international）披露的腐败透明指数（corruption perceptions index）来度量"一带一路"沿线各国存在的腐败风险，如图4-2所示。纵轴为腐败指数得分，分数越高说明腐败程度越低，政府越清廉。2018年腐败透明指数排名前10中的"一带一路"沿线国家有新西兰（排名第2，得分87分）、新加坡（排名第3，得分85分）、卢森堡（排名第9，得分81分）。

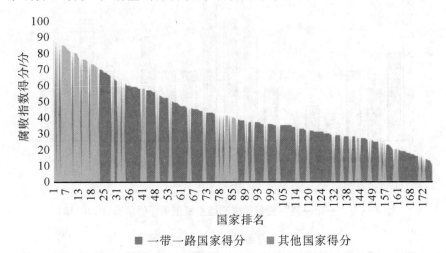

图4-2　"一带一路"沿线国家腐败透视指数分布情况（2018年）

（数据来源：http://www.transparency.org）

从图4-2可见，根据腐败透明指数的情况，"一带一路"沿线国家腐败风险较高，需关注东道主国家腐败的隐形成本和项目批复的难易程度，以及政府在民众中的公信力。

（3）主权信用风险

主权信用是指一国政府作为债务人对国外的债权人履行偿债责任的信用意愿与信用能力，主权信用风险代表着一国政府是否愿意为项目的结算兜底，可用于度量对外投资企业最终收回投资的可能性。本书使用国际三大评级机构穆迪（Moody）、标普（S&P）、惠誉（Fitch）的评级指数来度量"一带一路"沿线国家整体的主权信用风险①。

图4-3、表4-2为穆迪对"一带一路"沿线国家的主权信用评级，根据穆迪的评级，A级以上的国家共19个，其中Aaa级三个，分别为卢森堡、新西兰和新加坡，Aa1级1个，Aa2级2个，Aa3级1个，A1级5个，A2级3个，A3级4个，B1、B2、B3评级分别为6个、7个和8个，对应评级为中低评级，

---

① 数据来源：http://countryeconomy.com。

B3 以下评级为非投资评级，意为不适宜投资评级或投机评级。在参与"一带一路"倡议的国家中，穆迪给出了 74 个国家的评级，有一定的参考价值。

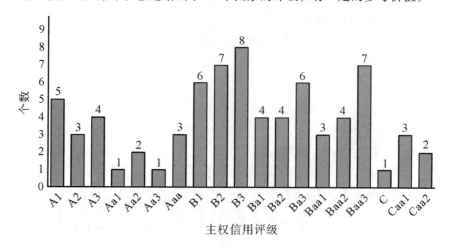

图 4-3 "一带一路"沿线国家穆迪主权信用评级情况（2018 年）

表 4-2 穆迪评级为 A 以上的国家

信用水平	评级	国家
优等	Aaa	卢森堡、新西兰、新加坡
高级	Aa1	奥地利
	Aa2	阿联酋、科威特
	Aa3	卡塔尔
中高级	A1	智利、爱沙尼亚、以色列、捷克、沙特阿拉伯
	A2	马耳他、波兰、斯洛伐克
	A3	秘鲁、立陶宛、拉脱维亚、马来西亚

图 4-4、图 4-5 为标准普尔和惠誉对"一带一路"沿线国家的主权信用评级，从图中可以看出，三家评级机构的评级分布差别不大，评级为 A 级以上的国家均为 19 个，其余为 B 级及以下水平，标准普尔评级的国家为 81 个，惠誉评级的国家为 86 个，可作为"一带一路"沿线国家主权信用评级的参考。

从三家信用评级机构给出的评级可以看出，"一带一路"沿线国家大多信用评级为 B 级，A 级以上较少，C 级及以下也较少（不考虑没有评级国家），因此我国企业在投资时要充分考虑东道主国家的还款意愿、项目的可行性、政府是否愿意为项目兜底等因素。

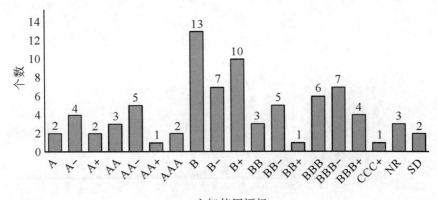

图 4-4 标准普尔对 "一带一路" 沿线国家的主权信用评级情况 （2018 年）

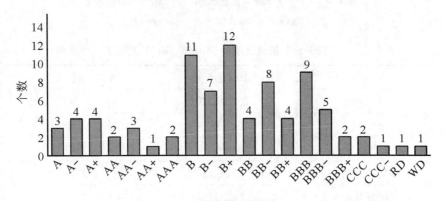

图 4-5 惠誉对 "一带一路" 沿线国家的主权信用评级情况 （2018 年）

4.1.1.3 经济风险

经济风险源于东道国经济条件发生变化对投资企业生产经营活动产生不利影响，可以通过东道国 GDP 变动、汇率变动、通货膨胀率、失业率等来考察。

（1）国民生产总值（GDP）

GDP 反映了一国的经济体量和市场规模，图 4-6、表 4-3 为 "一带一路" 沿线国家 GDP 情况，"一带一路" 沿线国家 GDP 多处于 2 000 亿美元以下区间，有少数国家处于 2 000 亿美元以上区间。

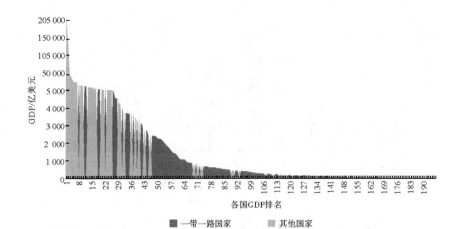

图 4-6 "一带一路"沿线国家 GDP 情况（2018 年）

（数据来源：http://countryeconomy.com）

表 4-3 "一带一路"沿线国家中 GDP 排名前 10 的国家（2018 年）

国家	GDP/亿美元	GDP 增长率/%
意大利	20 739.02	0.90
俄罗斯	16 575.54	2.30
韩国	16 194.24	2.70
沙特阿拉伯	7 824.83	2.30
土耳其	7 664.28	2.80
波兰	5 860.15	5.10
泰国	5 049.93	4.10
奥地利	4 557.37	2.70
伊朗	4 522.75	−3.90
尼日利亚	3 972.70	1.90

（2）GDP 增速

GDP 增速反映了一国经济的发展趋势，高增长率反映了该国未来经济发展势头良好，有较高的投资价值。图 4-7 为 2018 年"一带一路"沿线国家 GDP 增速情况。从图中可以看出，"一带一路"沿线国家的 GDP 平均增速略高于其他国家，"一带一路"沿线国家平均 GDP 增速为 3.12%，其他国家平均 GDP 增速为 2.65%。

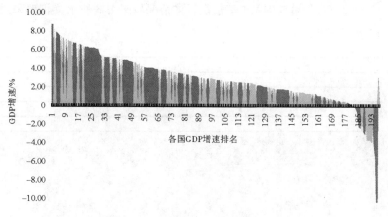

图 4-7 "一带一路"沿线国家 GDP 增速情况（2018 年）

（数据来源：http://countryeconomy.com）

表 4-4 "一带一路"沿线国家 GDP 增速排名前 10 的国家（2018 年）

国家	GDP 总量/亿美元	GDP 增速/%
几内亚	109.90	8.70
卢旺达	95.09	8.70
爱尔兰	3 759.03	8.20
孟加拉国	2 740.25	7.90
利比亚	483.20	7.80
柬埔寨	245.72	7.50
科特迪瓦	430.07	7.40
塔吉克斯坦	75.23	7.30
印度	27 167.50	7.10
越南	2 412.72	7.10

从表 4-4 中可以看出，尽管"一带一路"沿线国家的 GDP 存量水平较低，但是这些国家大多处于快速发展阶段，企业对外投资可以获得经济总量增长带来的利好。

（3）汇率稳定性

汇率的波动可能会对对外投资带来不确定性，进而引起经济损失。"一带一路"沿线国家绝大多数为中等收入国家，地缘政治风险较高，汇率的波动较大。"一带一路"沿线国家汇率波动具体情况如图 4-8 所示（汇率采用相当于 1 美元的本币单位）。

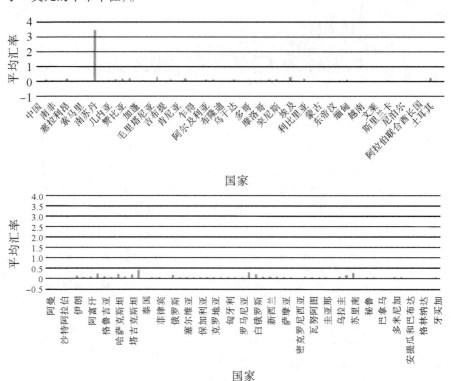

图 4-8　"一带一路"沿线国家汇率波动情况（2013—2018 年）

（数据来源：https://data.worldbank.org.cn）

表 4-5　"一带一路"沿线国家汇率波动排名前 5 的国家（2018 年）

排名	国家
1	南苏丹
2	乌兹别克斯坦
3	埃及
4	安哥拉
5	乌克兰

数据来源：World Bank。

汇率波动与经济发展息息相关，其中汇率最不稳定的是南苏丹，自 2013 年 12 月，南苏丹国内爆发武装冲突，至今仍处于战乱与动荡之中。汇率波动较高的国家中，乌克兰由于"乌克兰危机"，硬通货短缺、银行放贷承压，经济陷入低迷。

（4）通货膨胀率

通货膨胀率是经济稳定的重要指标，"一带一路"沿线各国通货膨胀率如图4-9、表4-6所示。

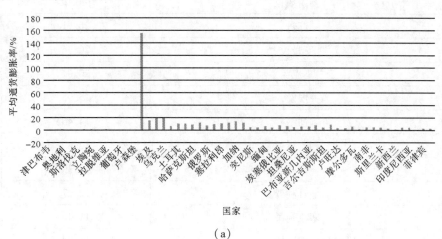

（a）

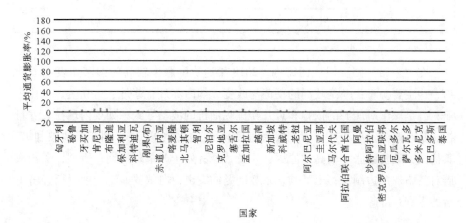

（b）

图4-9　"一带一路"沿线国家通货膨胀情况（2014—2018年）

（数据来源：World Bank）

表 4-6 "一带一路"沿线通货膨胀排名靠前的国家（2018 年）

单位:%

国家	通货膨胀率
南苏丹	155.54
委内瑞拉	146.28
苏丹	26.91
安哥拉	20.36
乌克兰	20.01
埃及	15.95
加纳	14.46
利比里亚	12.49
伊朗	12.39
尼日利亚	12.27
塞拉利昂	11.46
白俄罗斯	10.88
土耳其	10.36

数据来源：World Bank。

在"一带一路"沿线国家中，2018 年通货膨胀率较高的国家如表 4-6 所示，这主要源于：一是政局的动荡与改变，如南苏丹、苏丹、乌克兰、利比里亚；二是该国对能源的依赖和近几年国际油价的波动导致，如委内瑞拉、安哥拉；三是该国发展滞后，市场发育程度较低，如加纳、尼日利亚、塞拉利昂。其他国家通货膨胀率较高的原因：埃及，经济处于改革阵痛期；伊朗，美国政府对其施加单边制裁；土耳其，宗教问题的突出；白俄罗斯，受俄罗斯经济下滑的影响；等等。

（5）失业率

失业率的高低反映了充分就业的状况，失业率与国家的政治、经济、社会稳定性相关。"一带一路"沿线各国失业率如图 4-10 所示。

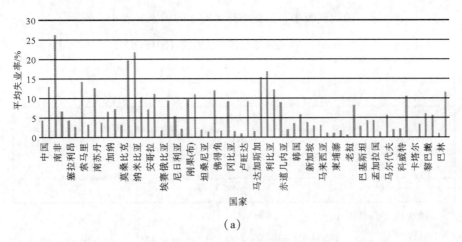

(a)

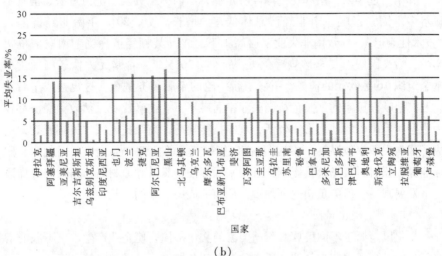

(b)

图4-10　"一带一路"沿线国家失业率情况（2014—2018年）

（数据来源：World Bank）

"一带一路"沿线国家中，失业率排名前5的国家如表4-7所示。

表4-7 失业率排名前5的国家（2018年） 单位:%

排名	国家	失业率
1	南非	26.17
2	北马其顿	24.35
3	希腊	23.12
4	纳米比亚	21.78
5	加蓬	19.68

数据来源：World Bank。

其中，近年来，南非受全球经济走低，国内罢工频发、电力短缺、消费不振等多重因素影响，南非经济总体低迷，增长乏力，2018年南非经济陷入"技术性衰退"，导致南非失业率居高不下。北马其顿经济深受前南联盟危机影响，后又因国内安全形势恶化再遭重创。2015年，希腊无力偿还国际货币基金组织16亿欧元的债务，引发了新一轮的希腊债务危机，这也造成了希腊以及其他欧洲国家的严重危机，失业率居高不下。纳米比亚虽然政治经济都较为稳定，但国内劳动力素质较低，基本技能缺乏，高级技能人才极端匮乏，造成了国内失业率较高①。加蓬经济高度依赖石油等资源产品出口，因此深受国际能源和原材料市场价格影响，近年来国际油价暴跌和原材料价格低迷，加蓬经济发展减慢，债务负担逐渐加重，从而造成失业率的增长②。

4.1.1.4 文化风险

文化风险源于不同民族、不同国家的文化碰撞，使企业产生水土不服的潜在可能性，表现在宗教信仰、语言种类、商务惯例、风俗禁忌等方面。

（1）宗教信仰

"一带一路"沿线国家以基督教、伊斯兰教、佛教、犹太教和印度教信仰人口为主，有宗教信仰人口约占总人口的80%，其中基督教、印度教和伊斯兰教信仰人数较多，如表4-8所示。

---

① 商务部. 对外投资合作国别（地区）指南：纳米比亚［EB/OL］.［2018-09-18］.https://www.yidaiyilu.gov.cn/zchj/zcfg/66617.htm.

② 商务部. 对外投资合作国别（地区）指南：加蓬［EB/OL］.［2018-09-18］.https://www.yidaiyilu.gov.cn/zchj/zcfg/66607.htm.

表4-8 核心基督教、印度教和伊斯兰教信仰人数占总人口数统计（2018年）

宗教	国家	人数/亿	占总人口比重/%
基督教	俄罗斯	1.02	72.90
	菲律宾	1.02	92.40
	尼日利亚	0.96	46.90
	埃塞俄比亚	0.62	61.90
	乌克兰	0.37	85.60
	波兰	0.35	92.50
	印度尼西亚	0.27	10.20
	罗马尼亚	0.20	99.50
印度教	印度	10.94	78.90
	尼泊尔	0.29	80.60
伊斯兰教	印度尼西亚	2.30	87.00
	印度	2.13	15.40
	巴基斯坦	2.00	96.50
	孟加拉国	1.53	90.80
	埃及	0.90	95.30
	伊朗	0.81	99.50
	土耳其	0.80	98.00
	阿富汗	0.41	99.70
	伊拉克	0.41	99.10
	埃塞俄比亚	0.36	35.90
	沙特阿拉伯	0.31	92.70
	乌兹别克斯坦	0.30	97.10
	叙利亚	0.26	92.80
	马来西亚	0.22	66.10

资料来源：商务部。

从表4-8可见，基督教信仰人口超过0.1亿的国家有8个，俄罗斯和菲律宾基督教信仰人口超过1亿人，各占总人口的比重为72.9%、92.4%。其他国家宗教信仰人口占国家总人口比重都较高。印度教信仰人口主要在印度，印度

2018 年总人口数为 13.53 亿，且信仰印度教的人口占总人口比重达 78.90%，信仰印度教的人口超过 10 亿人，这增强了印度教在世界的重要性。信仰伊斯兰教的国家较多，信教人数超过 1 000 万的国家多达 14 个，集中于西亚、北非的国家，也有少部分东南亚国家。佛教和犹太教信仰人口较少。其中泰国是信仰佛教人口最多的国家，其 92.6% 的人口（0.64 亿人）都信仰佛教。除泰国外其他信仰佛教较多的国家有缅甸、越南、柬埔寨、斯里兰卡，信仰佛教人口数在 1 000 万~4 000 万。犹太教则更为小众，以色列是信仰犹太教最多的国家，该国信仰该教的人口有 700 多万。

皮尔研究中心发布的《2018 全球宗教限制研究》按照政府或社会对宗教的态度不同，将所有国家分为四类：官方宗教、具有更偏好的宗教、无官方或偏好宗教、对宗教团体存在敌意，这四类国家占比分别为 22%、20%、53%、5%。鉴于大多数"一带一路"沿线国家的宗教人口比重比较大，沿线核心国家基于不同宗教信仰的社会政治、经济、文化、职业、生活差异较大，由此形成的社会价值观存在差异。

（2）语言种类

语言通常与文化融为一体，是国家"软实力"能力的指标之一。"一带一路"沿线官方语言超过 50 种，使用最多的语言为英语、汉语、法语、西班牙语、葡萄牙语、俄罗斯语、阿拉伯语、印地语。汉语作为我国官方语言，具有成为区域通用语言的潜力和优势。由于"一带一路"沿线国家语言种类繁多，无形中增加了互通有无的成本。对于我国企业来说，"走出去"的同时需要熟悉东道国语言，这也增加了企业对外投资的隐性成本。

（3）商务惯例

"一带一路"沿线国家文化风俗各异，如果处理不当极易产生商业伦理冲突。按国际商务惯例，并非基于国家的立法或国家间的缔约，而是其对于特定的当事人才具有法律上的约束力，且应来源于当事人各方的共同协议和自愿选择。当事人在订立合同时，对于某一项现成的国际商务惯例，只要双方合意，则构成双方之间需要遵守的约定[①]。在国际贸易领域常见的国际贸易惯例主要有以下几类：①国际贸易术语方面：国际商会制定的《2000 年国际贸易术语解释规则》、国际法协会制定的《1932 年华沙——牛津规则》；②国际货款收付方面：国际商会制定的《跟单信用证统一惯例》、国际商会制定的《托收统一规则》；③运输与保险方面：英国伦敦保险协会制定的《伦敦保险协会货物

---

① 黎孝先，王健. 国际贸易实务 [M]. 6 版. 北京：对外经济贸易大学出版社，2016.

保险条款》、中国人民保险公司制定的《国际货物运输保险条款》、国际海事委员会制定的《约克—安特卫普规则》；④国际仲裁方面：联合国国际贸易法委员会制定的《联合国国际贸易法委员会仲裁规则》。不同国家加入或接受某规则的时候，可以在符合规则所规定的条件下，预先声明自己国家的保留条款①。因而，对于不同的国家，应用的条款则可能存在着差异。

（4）风俗禁忌

风俗是指一个国家或民族在长期发展中形成的由全体成员共享的、用于在生产生活中进行沟通和交流的价值观念和物化载体的总和。不同国家或民族具有不同的文化禁忌，"一带一路"沿线国家风俗禁忌，如：阿根廷是拉美地区综合国力较强的国家，当地人忌讳数字"13"和"星期五"；忌讳菊花，仅在扫墓或丧礼上使用；客人等主人就座后再坐，在主人为他们开门后再离去；前去做客，应送女主人鲜花、糖果或纪念品等。白俄罗斯位于东欧平原西部，信奉东正教，崇尚白色，当地人忌讳数字"13"，认为数字"7"是吉祥数字；认为使用左手是不礼貌的举止；对盐十分崇拜，对"把盐碰撒"比较忌讳；认为黄色蔷薇花是一种令人沮丧的花；送花忌送偶数。智利，位于南美洲西南部，当地不少人认为"5"是不吉利数字。捷克地处欧洲中部，饮食以猪肉为主，传统民族菜是烤猪肘、酸菜和馒头片；多数人忌讳数字"13"，不喜欢柳树和柳树制品。在商务交往中，触碰对方风俗禁忌，则可能给双方交往带来不利的影响②。尊重他人的文化，"一带一路"沿线国家众多，民俗、风俗多样化，这都是我国"走出去"必须正视的。

4.1.1.5 产品市场风险

产品市场风险表现为企业对外投资对应的行业市场成熟度、市场容量等因素。

（1）市场成熟度

本书分别对"一带一路"沿线国家农业、工业、服务业三个主要行业的市场程度进行分析，使用农业、工业、服务业三个行业的就业人员占总就业人数的比率衡量该国的市场成熟程度，如图4-11、图4-12、图4-13、表4-9、表4-10、表4-11所示③。

---

① 黎孝先，王健. 国际贸易实务 [M]. 6版. 北京：对外经济贸易大学出版社，2016.

② 数据来源：https://www.yidaiyilu.gov.cn。

③ 数据来源：https://data.worldbank.org.cn。

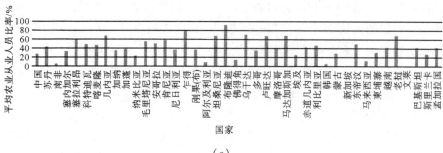

（a）

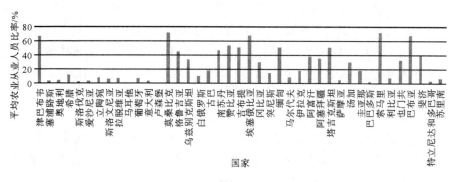

（b）

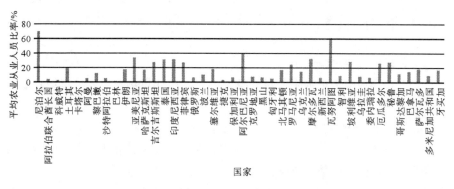

（c）

图 4-11 "一带一路"沿线国家农业从业人员情况（2014—2018 年）

表 4-9 "一带一路"沿线农业从业人员排名前 10 位的国家 单位：%

洲	国家	比率
非洲	布隆迪	91.71
非洲	乍得	81.28

表4-9(续)

洲	国家	比率
非洲	索马里	72.54
非洲	莫桑比克	72.15
非洲	乌干达	71.25
亚洲	尼泊尔	70.81
亚洲	老挝	68.71
非洲	马达加斯加	68.58
非洲	埃塞俄比亚	68.04
大洋洲	巴布亚新几内亚	68.01

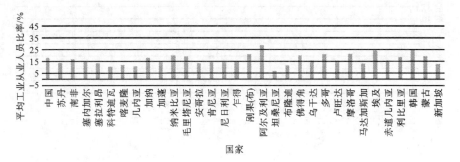

（a）

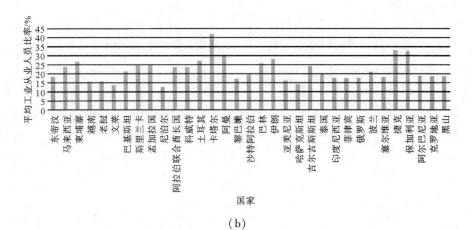

（b）

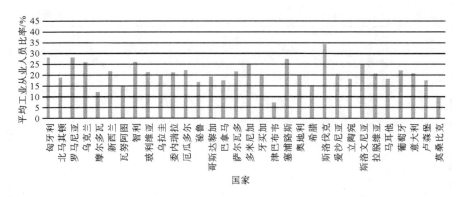

（c）

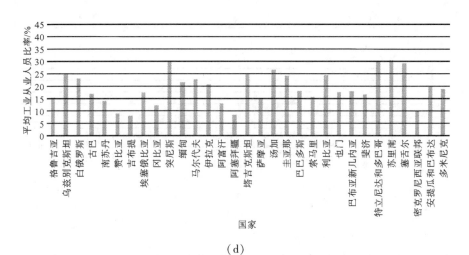

（d）

图 4-12　"一带一路"沿线国家工业从业人员情况（2014—2018 年）

表 4-10　"一带一路"沿线工业从业人员排名前 10 位的国家

单位:%

洲	国家	比率
亚洲	卡塔尔	41.82
欧洲	斯洛伐克	34.46
欧洲	捷克	32.77
欧洲	保加利亚	32.55
南美洲	苏里南	30.53
北美洲	特立尼达和多巴哥	30.38

表4-10(续)

洲	国家	比率
亚洲	阿曼	30.24
非洲	突尼斯	30.04
非洲	塞舌尔	29.22
非洲	阿尔及利亚	28.85

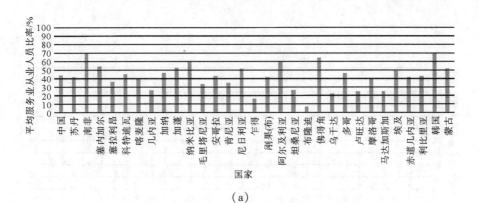

（a）

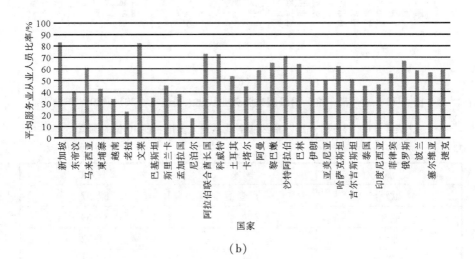

（b）

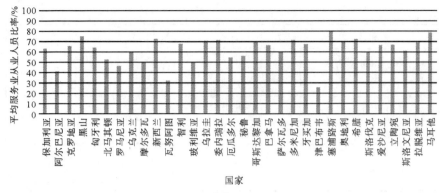

（c）

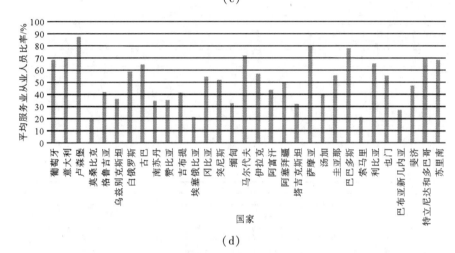

（d）

图 4-13　"一带一路"沿线国家服务业从业人员情况（2014—2018 年）

表 4-11　"一带一路"沿线服务业从业人员排名前 10 位的国家

单位:%

洲	国家	比率
欧洲	卢森堡	87.37
亚洲	新加坡	82.69
亚洲	文莱	81.92
大洋洲	萨摩亚	80.01
亚洲	塞浦路斯	79.81
欧洲	马耳他	78.76
北美洲	巴巴多斯	77.86

表4-11(续)

洲	国家	比率
欧洲	黑山	75.29
大洋洲	新西兰	72.97
亚洲	阿拉伯联合酋长国	72.64

数据来源：World Bank。

（2）市场容量

本书选用各国货物和服务进口总额作为市场容量的衡量标准，"一带一路"沿线各国货物和服务进口总量如图4-14、表4-12所示。

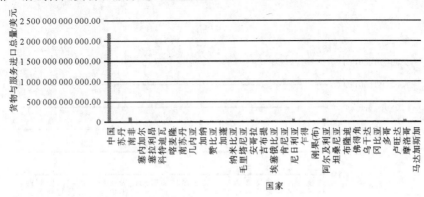

（a）

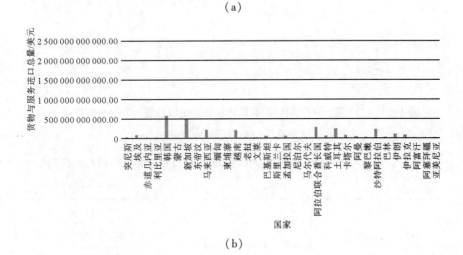

（b）

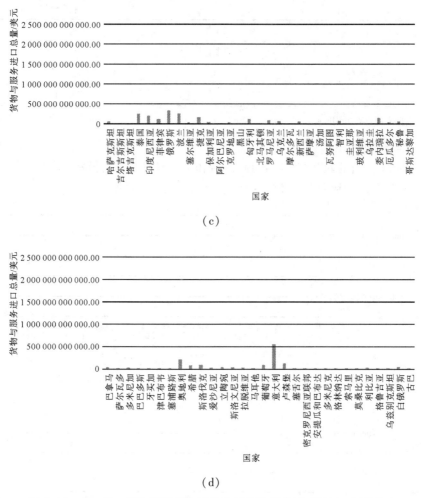

（c）

（d）

图 4-14　"一带一路"沿线国家货物和服务进口总量（2014—2018 年）

（资料来源：World Bank）

表 4-12　"一带一路"沿线国家货物和服务进口总量排名前 10 位的国家

单位：美元

类型	国家	平均进口金额
中高等收入国家	中国	2 189 303 939 933.28
高收入国家	韩国	575 136 264 888.50
高收入国家	意大利	542 946 179 792.03
高收入国家	新加坡	495 764 698 293.35

表4-12(续)

类型	国家	平均进口金额
中高等收入国家	俄罗斯	328 504 628 475.61
高收入国家	阿拉伯联合酋长国	274 652 144 315.86
高收入国家	波兰	253 696 453 255.45
中高等收入国家	泰国	247 609 611 608.95
中高等收入国家	土耳其	236 351 380 615.72
高收入国家	沙特阿拉伯	223 814 786 128.00

资料来源：World Bank。

从表4-12可以看到，进口市场总量排名前10位的国家全部属于中高收入或高等收入国家，这也说明国家发达程度越高，其市场总量也就越大。

4.1.1.6 行业竞争风险

行业竞争风险主要包括中国企业与东道国企业竞争、中国企业与第三国企业竞争两个方面。

（1）中国企业与东道国企业竞争

中国企业与东道国企业的竞争程度主要取决于该国的贸易自由度，本书选取货物和服务进口率衡量。货物和服务进口率是指从世界其他国家获得的所有货物和其他市场服务的价值占其GDP的比值，包括商品、货运、保险、运输、旅游、版税、特许权费，以及通信、建筑、金融、信息、商务、个人和政府服务等其他服务，雇员薪酬和投资收入（以前称要素服务）和转移支付不包括在内[①]。"一带一路"沿线各国货物和服务进口率如图4-15、表4-13所示。

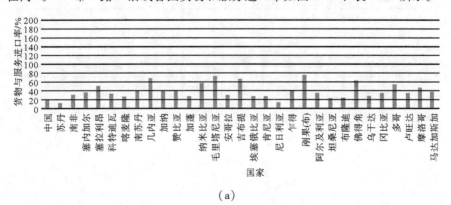

（a）

---

① 黎孝先，王健. 国际贸易实务［M］. 6版. 北京：对外经济贸易大学出版社，2016.

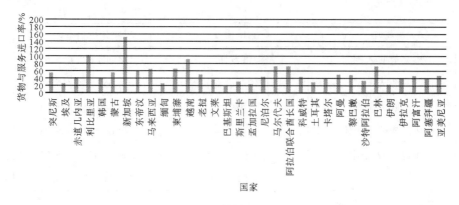

（b）

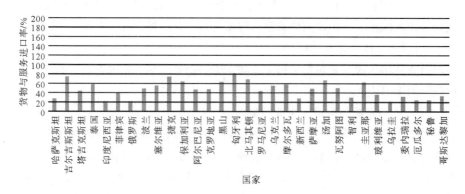

（c）

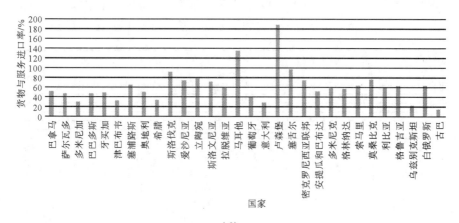

（d）

图 4-15　"一带一路"沿线国家货物和服务进口率（2014—2018 年）

（资料来源：World Bank）

表 4-13　"一带一路"沿线货物和服务进口率排名前 10 位的国家

类型	国家	平均进口率/%
高收入国家	卢森堡	188.43
高收入国家	新加坡	150.95
高收入国家	马耳他	134.36
低收入国家	利比里亚	101.76
高收入国家	塞舌尔	96.50
高收入国家	斯洛伐克	91.72
中低等收入国家	越南	90.82
高收入国家	匈牙利	80.86
高收入国家	立陶宛	77.19
低收入国家	莫桑比克	76.07

资料来源：World Bank。

从表 4-13 可以看出，进口率较高的国家主要集中于高收入国家。贸易自由程度代表了国家的对外开放程度，开放程度越高的国家其经济一般也较为发达。其中只有越南和莫桑比克例外。越南一方面配套工业较落后，生产所需机械设备和原材料大部分依赖进口，进口商品以机械设备、成套设备、工业原辅料和农用物资为主；另一方面在消费支出上，由于越南人口年轻化，35 岁以下的年轻人占 73%，在消费习惯上具有追捧进口产品的特点。莫桑比克则发展太过滞后，导致市场上 70% 的商品依靠进口，因此其物价总体水平较高。

（2）中国企业与第三国企业竞争

中国企业与第三国企业的竞争程度主要取决于第三国的出口能力，本书采用货物和服务出口衡量。货物和服务出口是指向世界其他国家供应的所有货物和其他市场服务的价值，包括商品、货运、保险、运输、旅游、版税、特许权费，以及通讯、建筑、金融、信息、商务、个人和政府服务等其他服务，雇员薪酬和投资收入（以前称要素服务）和转移支付不包括在内[①]。"一带一路"沿线各国货物和服务出口率如图 4-16、表 4-14 所示。

---

① 黎孝先，王健. 国际贸易实务 [M]. 6 版. 北京：对外经济贸易大学出版社，2016.

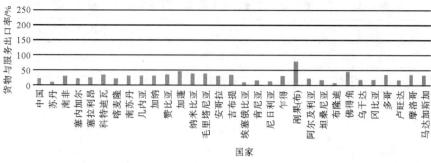

（a）

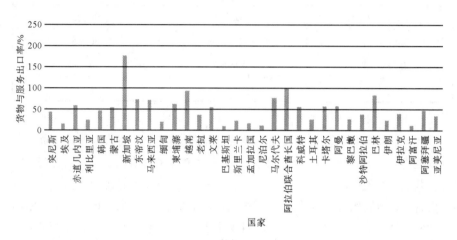

（b）

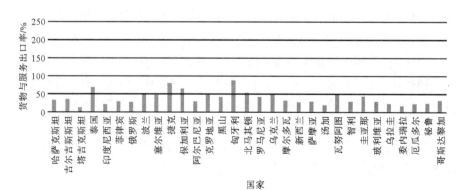

（c）

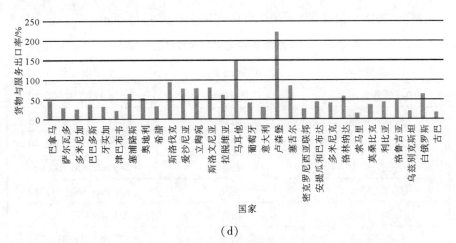

(d)

图 4-16　"一带一路"沿线国家货物和服务出口率（2014—2018 年）

（资料来源：World Bank）

表 4-14　"一带一路"沿线货物和服务出口率前 10 名的国家

单位:%

类型	国家	平均出口率
高收入国家	卢森堡	221.78
高收入国家	新加坡	176.74
高收入国家	马耳他	150.04
高收入国家	阿拉伯联合酋长国	99.05
高收入国家	斯洛伐克	94.36
中低等收入国家	越南	93.36
高收入国家	匈牙利	88.23
高收入国家	塞舌尔	85.34
高收入国家	巴林	83.14
高收入国家	捷克	80.34

资料来源：World Bank。

　　从表 4-14 可以看出，出口率较高的国家主要集中于高收入国家。另外，与第三国企业的竞争不应局限于"一带一路"沿线国家，本书统计了世界各国的货物和服务进口金额，即从世界其他国家获得的所有货物和其他市场服务的价值①，2018年世界各国或地区出口前10名如表4-15所示。

表4-15　出口总额前10名的国家或地区（2018年）单位：美元

类型	国家或地区	平均出口金额
中高等收入国家	中国内地	2 833 121 750 000.00
高收入国家	美国	2 189 303 939 933.28
高收入国家	德国	1 443 719 320 062.40
高收入国家	日本	849 302 330 100.93
高收入国家	英国	833 023 390 791.71
高收入国家	法国	823 469 057 238.87
高收入国家	荷兰	627 058 176 829.73
高收入国家	韩国	599 548 932 515.70
高收入国家	中国香港	575 136 264 888.50
高收入国家	意大利	552 407 924 205.77

数据来源：World Bank。

4.1.1.7　行业技术风险

随着科技发展，对外投资中的技术风险愈发受到各国企业的关注，企业主要的技术风险包括：技术开发风险、技术引入风险和技术保护风险。技术开发风险、技术引入风险无法获得公开披露数据，技术保护风险可以由全球知识产权中心（GIPC）发布的国际知识产权指数来衡量，将知识保护程度划分为4个等级，2018年各国或地区知识产权状况如表4-16所示。

表4-16　各国或地区知识产权保护状况（2018年）

类型	国家或地区
知识产权保护弱	委内瑞拉、巴基斯坦、印度、埃及、泰国、阿尔及利亚、越南、印度尼西亚、厄瓜多尔、阿根廷、尼日利亚、菲律宾、巴西
知识产权保护中等	南非、肯尼亚、乌克兰、文莱、阿拉伯联合酋长国、秘鲁、中国内地、沙特阿拉伯、土耳其、约旦、智利、俄罗斯、哥伦比亚

---

① 黎孝先，王健. 国际贸易实务 [M]. 6版. 北京：对外经济贸易大学出版社，2016.

表4-16(续)

类型	国家或地区
知识产权保护强	墨西哥、马来西亚、哥斯达黎加、中国台湾、摩洛哥、加拿大、波兰、以色列、新西兰、匈牙利、意大利、韩国、西班牙
知识产权保护很强	澳大利亚、日本、瑞士、新加坡、荷兰、爱尔兰、法国、瑞典、德国、英国、美国

资料来源：U. S. Chamber of Commerce GIPC. 2018 international IP index〔R〕. Washington：GIPC，2018.

目前"一带一路"沿线国家大多为发展中国家，对技术保护、知识产权保护的意识和方式还不够完善，水平也参差不齐，如知识产权保护处于萌芽期的柬埔寨、孟加拉国等国；知识产权保护已经建立但效果尚不明显的格鲁吉亚、哈萨克斯坦等国；知识产权保护较为完善且发挥作用的土耳其、马来西亚等国；知识产权保护较为完善且国际协作广泛的沙特阿拉伯等国。"一带一路"沿线各国急需在侵权数量、执法力度、市场准入等方面消除潜在知识产权合作风险。

4.1.1.8　行业制度风险

"一带一路"沿线对外投资涉及的如基础设施领域、能源领域、资源领域等都是东道国的敏感行业，东道国政府可能会在政策、资源上对本国企业倾斜，甚至对中资企业加以限制。

（1）基本制度环境

世界银行将主要国家和地区按投资环境是否适合营商进行排名，排名越高，表示投资环境越有利于营商。2018年"一带一路"沿线各国营商便利指数分布情况如表4-17、图4-17、表4-18所示。

表4-17　"一带一路"沿线各国营商便利指数分布情况（2018年）

排名区间	数量/个	占比/%
1~50	28	22
51~100	40	31
101~150	31	24
150之后	29	23

数据来源：World Bank。

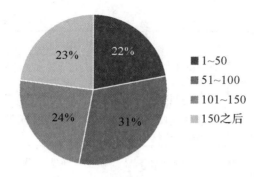

图 4-17 "一带一路"沿线国家营商便利指数分布（2018 年）

（数据来源：World Bank）

在"一带一路"沿线国家中，营商便利指数最高的 10 个国家如表 4-19 所示。

表 4-18 "一带一路"沿线营商便利指数前 10 的国家（2018）

洲	国家	排名	类型
大洋洲	新西兰	1	高收入国家
亚洲	新加坡	2	高收入国家
亚洲	韩国	5	高收入国家
亚洲	格鲁吉亚	6	中高等收入国家
欧洲	北马其顿	10	中高等收入国家
亚洲	阿拉伯联合酋长国	11	高收入国家
欧洲	立陶宛	14	高收入国家
亚洲	马来西亚	15	中高等收入国家
欧洲	爱沙尼亚	16	高收入国家
欧洲	拉脱维亚	19	高收入国家

数据来源：World Bank。

可见，这些国家基本位于欧亚地区，收入程度也都在中高等及以上，普遍政治局势稳定，市场发展健全，营商环境更适宜投资。

（2）无差别制度干预

无差别制度干预包括设定税收转移条件，要求聘任一定数量的当地人员，要求使用一定比例的当地原材料等。如南苏丹要求所有进入南苏丹油田作业的公司（包括外国公司和本国公司）都必须取得南苏丹石油矿产部颁发的准入证书，而外国公司要获得准入证书满足以下三个条件：一是与当地公司合资，当地公司的股份占比至少达到 25%；二是员工队伍中当地雇员的数量不少于

70%；三是提供南苏丹工商登记及税务证明①。伊朗要求与建设和设备有关的咨询服务、工程服务和合同服务必须指派伊朗当地公司和机构执行，如果不能指派，则可以通过伊朗公司和国外公司组成的合作（合资）联营体来执行以上的服务，这样的联营体必须由一个执行机构提出并得到经济委员会的批准，伊方必须至少占有51%的工作比例（按金额计算）②。埃及招投标法规定承包工程时，同等技术条件下埃及公司可享受高于外国公司15%的价格优惠，外国公司承包项目必须有埃及公司作代理，雇佣埃及工人必须达到90%③。泰国的建筑业和工程服务业为限制外籍人从事，外籍人只有与泰籍人组成合资公司或联合体才能承揽泰国的工程项目，且合资公司或联合体必须由泰籍人控股，外籍人投资所占比例不得超过49%④。赞比亚要求外国承包商获得赞比亚政府公路工程之后，需将20%的工程分包给当地承包商⑤。

例如，希腊法律限制外国承包商在边境地区和边境岛屿承包工程；俄罗斯不允许自然人承包工程；秘鲁在边境50千米以内的项目对外国企业有限制；印尼限制外企在政府基础设施工程，外资企业只被允许参加基础设施部门建筑价值在1 000亿盾以上和其他部门采购和服务价值在200亿盾以上的投标⑥；意大利禁止外国公司承揽军工、国防等行业的工程项目，此外，对于外国企业进入能源、电力等行业有一定限制；巴基斯坦规定，除非获政府特殊批准，外国承包商在巴基斯坦不可承揽涉及武器、高强炸药、放射性物质、证券印制和造币、酒类生产（工业酒精除外）等领域的工程项目⑦；卢森堡涉及战略性行业，如军工、电力、油气输送、水供应、交通基础设施、电信等项目承包，基本只授予本地企业或周边欧盟国家企业⑧。

---

① 商务部. 对外投资合作国别（地区）指南：南苏丹 [EB/OL]. [2018-09-18]. https://www.yidaiyilu.gov.cn/zchj/zcfg/66604.htm.

② 商务部. 对外投资合作国别（地区）指南：伊朗 [EB/OL]. [2017-12-28].https://www.yidaiyilu.gov.cn/zchj/zcfg/6866.htm.

③ 《一带一路沿线国家法律风险防范指引》系列丛书编委会. 一带一路沿线国家法律风险防范指引（埃及）[M]. 北京：经济科学出版社，2016.

④ 《一带一路沿线国家法律风险防范指引》系列丛书编委会. 一带一路沿线国家法律风险防范指引（泰国）[M]. 北京：经济科学出版社，2016.

⑤ 数据来源：https://www.yidaiyilu.gov.cn。

⑥ 《一带一路沿线国家法律风险防范指引》系列丛书编委会. 一带一路沿线国家法律风险防范指引（印尼）[M]. 北京：经济科学出版社，2016.

⑦ 《一带一路沿线国家法律风险防范指引》系列丛书编委会. 一带一路沿线国家法律风险防范指引（巴基斯坦）[M]. 北京：经济科学出版社，2016.

⑧ 商务部. 对外投资合作国别（地区）指南：卢森堡 [EB/OL]. [2019-03-29]. https://www.yidaiyilu.gov.cn/zchj/zcfg/84264.htm.

（3）针对性制度干预

针对性制度干预严重影响了对外投资的公平性，包括要求中资企业只能以合资形式进行投资，或者限制所持股权的比例，要求支付额外的费用，制定某些歧视性的规定等。一般来说，与我国签订"一带一路"合作协议的国家，大多会对我国企业投资采取一定的保护政策。如在巴基斯坦，中国有关银行和丝路基金为《中巴经济走廊能源项目合作的协议》所列项目提供贷款取得的利息在巴基斯坦免征所得税①。阿拉伯联合酋长国与我国约定两国公民在本国取得的驾照（私人轻型车辆驾照），可在入境后换成对方国家驾照；签署货币直接兑换协议，旨在实现迪拉姆和人民币的直接兑换（不通过美元中转）。新加坡与我国协议互相交换商标注册信息。中国与新西兰签署自由贸易协定，96%的贸易商品将逐步取消关税。但也有例外，如韩国，由于中国不是政府采购协定成员，被限制参与韩国官方招标项目。"一带一路"沿线与我国签订了自贸区协议的主要国家如表4-19所示②。

表4-19　与我国签订了自贸区协议的主要国家

已签协议的自贸区	涉及国家
中国—韩国自由贸易区	韩国
中国—哥斯达黎加自由贸易区	哥斯达黎加
中国—秘鲁自由贸易区	秘鲁
中国—新加坡自由贸易区	新加坡
中国—新西兰自由贸易区	新西兰
中国—智利自由贸易区	智利
中国—巴基斯坦自由贸易区	巴基斯坦
中国—东盟自由贸易区	马来西亚、印度尼西亚、泰国、菲律宾、新加坡、文莱、越南、老挝、缅甸、柬埔寨

4.1.2　内生性风险透视

内生性风险主要包括人力资源风险、融资风险、运营风险等，这些风险往

---

① 商务部. 中国和巴基斯坦签署中巴税收协定议定书［EB/OL］.［2016-12-02］. http://pk.mofcom.gov.cn/article/jmxw/201612/20161202165813. shtml.

② 数据来源：https://www.yidaiyilu.gov.cn。

往与企业自身因素相关。

4.1.2.1 人力资源风险

国家信息中心发布的《"一带一路"大数据分析报告（2018）》指出，人才是目前推进"一带一路"建设急需解决的问题①。人力资源的受教育程度、人力资源规模、人工成本等与人力资源风险紧密相关。表4-20显示了"一带一路"沿线国家与其他区域劳动力受教育水平的比较。

表4-20　"一带一路"沿线国家与其他区域劳动力受教育水平比较（2018年）

单位:%

区域	未接受正规教育的劳动力占比	接受初等教育的劳动力占比	接受中等教育的劳动力占比	接受高等教育的劳动力占比
"一带一路"沿线国家	3.2	16.4	51.2	29.2
欧盟国家	0.4	20.4	48.0	31.2
OECD国家	2.5	15.6	49.2	32.7

数据来源：World Bank。

根据国际劳工组织规定，一国劳动力总数包括所有年满15周岁、所有为货物和服务的生产提供劳力的人员。"一带一路"沿线各国的劳动力规模如图4-18所示。

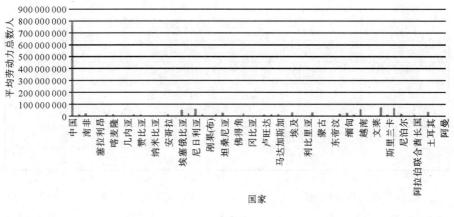

（a）

---

① 数据来源：https://www.yidaiyilu.gov.cn。

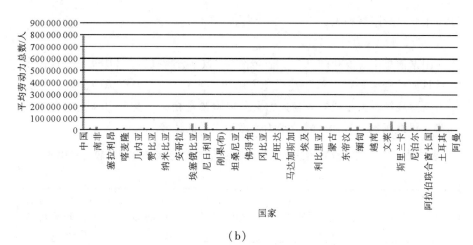

（b）

图 4-18 "一带一路"沿线国家劳动力总数情况（2014—2018 年）

（数据来源：World Bank）

由图 4-18 可知，"一带一路"沿线国家劳动力主要集中于亚洲地区。各国平均劳动力总数如表 4-21 所示。

表 4-21 "一带一路"沿线劳动力总数前 10 的国家（2018 年）

洲	国家	劳动力总数/人	占比/%
亚洲	中国	788 914 021.0	37
亚洲	印度尼西亚	126 535 036.4	6
欧洲	俄罗斯	74 684 457.6	4
亚洲	巴基斯坦	70 283 048.6	3
亚洲	孟加拉国	64 469 583.8	3
非洲	尼日利亚	57 440 505.2	3
亚洲	越南	55 884 513.6	3
非洲	埃塞俄比亚	49 101 359.4	2
亚洲	菲律宾	43 275 951	2

本书采用人均 GNI 衡量"一带一路"沿线各国的人工成本，人均国民总收入（GNI）是以国民总收入除以年中人口数。国民总收入（GNI，以前称为GNP）指所有居民生产者创造的增加值的总和，加上未统计在产值估计中的任何产品税（减去补贴），加上来自境外营业的原始收入（雇员薪酬和财产收

入）的净收益，指标单位为 2010 年不变价美元①。从表 4-22、表 4-23 中可以看出，人均 GNI 前 10 的国家主要来自欧亚两洲，均属于经济较为发达的国际或地区，而人均 GNI 最后 10 名的国家几乎全部来自非洲。

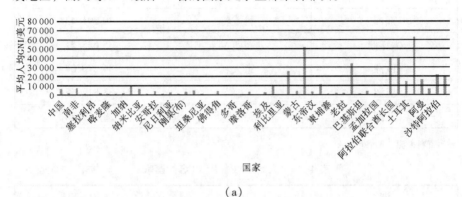

（a）

（b）

图 4-19 "一带一路"沿线国家人均国民总收入（2014—2018 年）

（数据来源：World Bank）

表 4-22 人均 GNI 前 10 名的国家 单位：美元

洲	国家	人均 GNI
欧洲	卢森堡	71 394.51
亚洲	卡塔尔	62 577.23
亚洲	新加坡	51 843.57
欧洲	奥地利	48 148.34

① 黎孝先，王健. 国际贸易实务 [M]. 6 版. 北京：对外经济贸易大学出版社，2016.

表4-22(续)

洲	国家	人均 GNI
亚洲	阿拉伯联合酋长国	40 360.78
亚洲	科威特	39 291.43
大洋洲	新西兰	35 625.51
欧洲	意大利	34 275.07
亚洲	文莱	33 812.57
亚洲	塞浦路斯	28 469.86

资料来源：World Bank。

表4-23　人均 GNI 最后 10 名的国家　　　　单位：美元

洲	国家	人均 GNI
非洲	布隆迪	230.99
非洲	马达加斯加	396.57
非洲	塞拉利昂	463.02
非洲	利比里亚	504.73
非洲	莫桑比克	517.50
非洲	多哥	647.95
非洲	乌干达	676.53
非洲	卢旺达	738.91
亚洲	尼泊尔	763.05
非洲	几内亚	804.21

资料来源：World Bank。

可见，"一带一路"沿线国家劳动力资源丰富，但由于大多数国家经济基础薄弱、教育发展滞后，劳动力受教育水平和区域经济发展需求不相匹配。

4.1.2.2　融资风险

随着企业对外投资的深入推进，其融资需求也在不断增加，融资渠道的拓展，有利于对外投资企业降低融资风险。企业融资渠道分为直接融资渠道和间接融资渠道，根据世界银行统计，2018 年"一带一路"沿线国家的总储蓄约为 11 万亿美元，其中超过 70%国家的国内信贷与 GDP 的比例超过 40%。除了传统间接融资，一国直接融资规模和体量越来越成为衡量融资便利度的重要指标。由于企业融资风险属于企业内部信息，无法获得公开披露的数据，本书以一国上市公司数量来衡量该国直接融资便利度，从金融市场发展程度来侧面考察融资风险。2018年"一带一路"沿线各国的上市公司数量如图4-20所示。

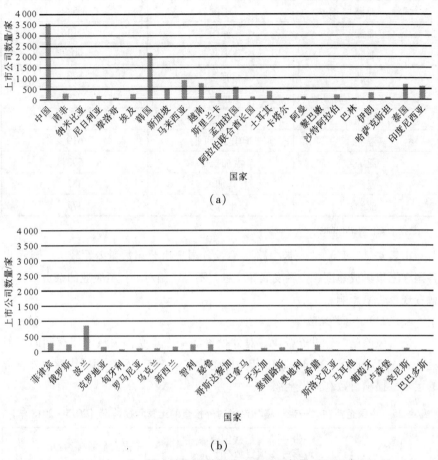

（a）

（b）

图4-20 "一带一路"沿线国家上市公司数量（2018年）

（数据来源：World Bank）

表 4-24　"一带一路"沿线上市公司数量前 10 的国家（2018 年）

单位：家

洲	国家	数量
亚洲	中国	3 584
亚洲	韩国	2 186
亚洲	马来西亚	902
欧洲	波兰	823
亚洲	越南	749
亚洲	泰国	704
亚洲	印度尼西亚	619
亚洲	孟加拉国	593
亚洲	新加坡	482
亚洲	土耳其	377

数据来源：World Bank。

由表 4-24 可见，"一带一路"沿线各国上市公司数量差距较大，显示出各国金融市场成熟度、金融发展深度参差不齐，给对外投资企业的融资结构和融资规模带来影响。

4.1.2.3　运营风险

运营风险是对外投资企业在对外投资活动中承受损失或不能获利的可能性。表 4-25 列示了 2013—2018 年中国企业在"一带一路"沿线国家对外投资的运营亏损项目数和损失金额。

表 4-25　中国企业在"一带一路"沿线对外投资的运营亏损情况（2013—2018 年）

年份	"一带一路"沿线国家运营亏损项目数/个	损失金额/亿美元
2013	5	70.5
2014	12	90.9
2015	9	91.6
2016	4	12.8
2017	9	60.0
2018	7	177.6
合计	46	618.6

资料来源：China Global Investment Tracker Database。

从表 4-25 可见，2013—2018 年，我国企业在"一带一路"沿线国家对外投资亏损的项目共 46 个，涉及金额高达 618.6 亿美元，企业对外投资的运营风险不可小觑。

4.1.3 过程性风险透视

过程性风险主要包括项目决策风险、项目质量风险、计划延误风险、成本费用超支风险等，这几类风险的形成与传递往往相互交织、相互影响，渗透在项目开展的全过程。图 4-21 列示了 30 个对外投资失败项目的过程性风险因素，对外投资项目的行业涉及建筑房地产业、电力工业、交通运输业、石油化工业、加工制造业、信息技术业、供排水业等①。

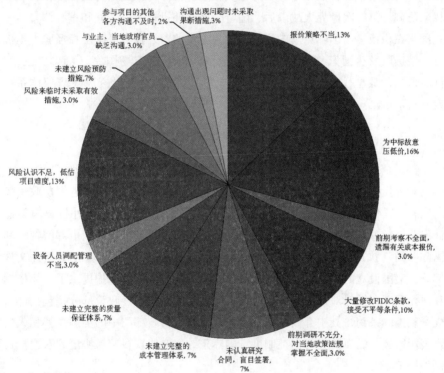

图 4-21 对外投资失败项目的过程性风险因素

（资料来源：林涛. 中国对外承包工程失败项目研究［D］. 北京：首都经济贸易大学，2012.）

---

① 林涛. 中国对外承包工程失败项目研究［D］. 北京：首都经济贸易大学，2012.

从图 4-21 可见，对外投资项目的过程性风险体现在投标报价、合同管理、成本管理、质量管理、设备管理、项目沟通管理等各个环节，涉及面广、链条多，既受自然环境等客观因素的制约，同时也受管理能力、施工经验、施工技术等主观因素的影响。

4.2 各国企业对外投资风险防控体系建设的国际比较

尽管各国经济发展不平衡，对外投资阶段不同步，但不论是发达国家还是新兴市场国家，都将强化企业对外投资风险防控作为深度参与国际合作的重要战略防御。第二次世界大战以后，随着全球对外投资区位转移和重心调整，一些国家在积极参与国际竞争中积累了较为丰富的对外投资风险防控经验，本部分分别选取发达国家（美国、日本、德国）和新兴市场国家（韩国、巴西、俄罗斯）的典型代表，对其政府层面与企业层面的对外投资风险防控体系建设进行剖析。

4.2.1 美国的企业对外投资风险防控体系建设

美国企业的对外投资风险防控政策主要涵括在美国对外投资政策体系中。美国对外投资政策体系由纲领性政策和执行性政策两部分组成，各层次政策较为完备，具体体系构建是由国会法案（纲领性文件）对美国对外投资政策总体思路进行理顺与明确、由法案执行主体对相应部门进行授权、由部门规章和国际条约（执行性文件）对法案关注或执行重点针对性执行。在纲领性文件部分，美国设立的关于对外投资的法律体系为其对外投资保护提供了法律依据和法律保障；针对对外投资风险防控，美国政府在执行性政策部分，包括部门规章和国际条约，其中部门规章主要体现在联邦行政部门中的美国海外私人投资公司所施行的海外投资保证制度，国际条约主要体现在贸易协定和双边投资保护协定。

4.2.1.1 法律体系

第二次世界大战以来，美国国会在企业对外投资合作方面先后通过了《经济合作法》《对外援助法》《共同安全法》等有关法律，不断扩大对本国对外投资安全和利益的保护。1948 年美国国会通过的《经济合作法》确立了对于对外投资者给予"安全保证"的基本原则，法案规定：第一，投资保证制度使用的地区仅限于欧洲；第二，投资保证的内容仅限于货币兑换风险，即只保证投资者可按契约规定将其他国家的货币兑换成美元；第三，投资保证业务的主办机构只是直属于美国国务院的经济合作署。此后，美国政府适应形势变化和投资人需求，不断修订法案，将投资保证制度的覆盖范围从欧洲扩展到其他地区。20 世纪 50 年代初，欧洲经济逐步复苏，1951 年美国国会通过《共同安全法》扩大了保险种类，使保险涉及东道国的征用、没收等风险，保险的范围也开始包括除发达国家外的少数发展中国家。1959 年以后，又进一步规定，仅有在发展中国家投资的美国企业，才能使用美国的投资保证制度。1995年《共同安全法》修订后，保险种类和地区进一步扩大，保险涵盖了战争、内乱等风险，覆盖的地区扩展到了更多的发展中国家和地区（吉小雨，2011）①。此外，美国还通过立法设立对外投资促进机构，1948 年制定实施的《经济合作法》指定"经济合作署"为促进机构；1952 年根据《共同安全法》成立"共同安全署"，1953 年的"国外事务管理署"、1955 年根据《对外援助法》成立"国际合作署"，到 1966 年演变为"国际开发署"（AID），均为美国政府的一个行政部门。直到 1969 年，为适应国际形势新变化，美国国会第 8次修改《对外援助法》，成立"海外私人投资公司"（OPIC），并赋予其主办海外投资保证保险业务的权力②。

4.2.1.2　组建对外投资信息网络系统

美国政府通过鼓励和组织民间咨询公司建立本国跨国经营的网络信息系统，直接在市场上出售他们的高价值信息以及其他服务。美国海外私人投资公司建有有意愿进行对外投资企业的资料库，为发展中国家企业寻找合作伙伴提供服务。美国海外私人投资公司通过定期发表的新闻通讯为企业提供投资信息，报道投资机会及动向；协助投资者进行投资前分析并提供咨询；协助并组织美国投资者到发展中国家进行考察，同当地工商界、银行界及政府官员进行接触，研究联合投资项目；交流海外投资经验等。

4.2.1.3　建立海外投资保险制度

海外投资保险制度是国家对外投资保护的重要制度之一，在海外投资保险制度的发展过程中，奖励、促进和保护私人海外投资安全与利益是美国政府的基本政策。美国海外私人投资公司是联邦行政部门中的一个独立机构，不隶属于任何行政部门，承担大部分国际开发署的对外投资活动业务，现已成为主管

---

① 吉小雨. 美国海外私人投资公司（OPIC）：对外直接投资保护的国内制度 [D]. 上海：上海外国语大学，2011.

② 商务部跨国经营管理人才培训教材编写组. 中外对外投资合作政策比较 [M]. 北京：中国商务出版社，2009.

美国私人海外投资保证和保险的专门机构。美国海外私人投资公司的使命是"动员和服务于美国私人资本和技术参与欠发达国家和地区,从非市场经济向市场经济转型的国家经济社会发展,同时实现有利于美国经济发展的目标",其实现手段是承保美国投资者在欠发达国家和地区投资的政治风险(包括战争、征收和汇兑限制等),提供贷款和贷款保证,为美国海外投资者提供融资①。

4.2.1.4　签订双边投资保护协定

美国政府积极与发达国家及欠发达国家签订双边或多边协议,保障本国企业在东道国的投资安全和投资利益。为保证海外企业的权益,确保最惠国待遇以及促进与缔约国的资金、技术交流,美国与世界主要国家和地区签订了双边投资保护协定,如美国贸易代表办公室(U.S. Trade Representative)于 1982 年 1 月 11 日公布了一份双边投资条约样本,并于随后的具体谈判中不断修订②,逐渐形成了美国式双边投资协定(U.S.A model of Bilateral Investment Guarantee Agreement,IGA),其目的在于促进和保护签约国彼此之间的投资活动③。双边投资保证协定以换文的形式缔结,其基本内容是:政治风险保证,确认投资国海外投资保险机构在有关政治风险事故发生时依据保险合同向投保人赔偿后取代海外投资者地位向东道国政府索赔的代位求偿权和其他相关权利,缔约双方因索赔问题发生纠纷时的处理程序④。此外,美国的企业对外投资风险防控体系中的一大特色在于海外投资保险制度与双边投资保护协定两者联合作用,即要求美国的私人海外投资者只有在同美国订有"双边投资保证协定"的国家投资时,才能向美国海外私人投资公司申请投资保证。这样,当投保项目所在国出现政治风险时,美国政府首先向投资者补偿其损失,然后根据同东道国所签订的双边投资保证协定,取代投资者的地位,要求该国赔偿因政治风险而使投资者蒙受的损失,这种权力通常被称为"代位求偿权",它把私人的对外投资关系提高到两国政府间的高度,从而大大提高了获得经济赔偿的可

---

①　王孜弘. 美国资本流动:非成本要素与对外直接投资流向分析 [M]. 北京:社会科学文献出版社,2011.

②　NEUMAYER E. Self-interest, foreign need and good governance: are bilateral investment treaty program similar to aid Allocation? [R]. London: LSE Research Online, 2006: 3-4.

③　卢进勇,余劲松,齐春生. 国际投资条约与协定新论 [M]. 北京:人民出版社,2007.

④　GOLDSTEIN J, KAHLER M, KEOHANE R O. Anne-marie slaughter. introduction: legalization and world politics [J]. International Organization, Legalization and World Politics, Summer, 2000, 54 (3): 396-399.

能性①。

4.2.2 日本的企业对外投资风险防控体系建设

日本政府针对企业对外投资制定了一系列的保护和激励措施，如构建企业对外投资信息支持体系、海外投资保险体系和政府开发援助、税收制度以及投资协定等。

4.2.2.1 企业对外投资信息支持体系

日本很重视为本国企业的对外投资提供信息支持，经济产业省采取定期调查世界各国和主要地区的经济环境、为海外投资提供参考数据的方式向从事对外投资的日本企业及时提供信息；同时也鼓励日本企业通过参加和开展国际技术经验交流活动以及各种研讨会来加强对其他国家投资环境的了解，如定期举办"日本企业海外事业活动定向调查、基本情况调查"，以及通过各种媒体媒介，比如出版物、研讨会等尽可能地为进行对外投资企业提供更多的信息。日本政府除了直接为对外投资的企业提供大量信息以外，还投入了大量资金新建机构，或者与民间合建一些机构，来协助政府共同为对外投资企业提供信息援助。根据《日本贸易振兴法》成立的日本贸易振兴会（Japan External Trade Organization），其职责除了定期向会员企业提供国外宏观经济形势、海外投资环境与项目信息外，还开展专项商品及市场营销等调研。日本贸易振兴会在世界许多国家都设有信息中心，可以相对准确地为国内提供东道国信息。2003年日本贸易振兴会在上海为日本在华投资企业设立了"日本企业支援中心"，为对华投资的日本企业提供法律、会计等各方面的咨询服务②。这些信息支持为日本对外投资企业加快了解东道国法律体系、减少本国法律与东道国法律冲突，从而促进投资的进入、建设、经营及退出等环节的顺利实施提供了良好的信息支撑，有利于减少对外投资的法律风险③。

4.2.2.2 建立海外投资保险体系和政府开发援助

为应对对外投资所面临的战乱、社会动乱等政治风险，日本政府于1956年建立了海外投资信用保险制度，成为继美国之后世界上第二个建立海外投资保险体系的国家，1957年日本还追加设立了海外投资利润保险，1972年又进

---

① 徐德辰. 跨国经营的国际比较研究 [D]. 长春：吉林大学, 2005.

② 陈莉. 日本对中小企业对外投资的政策支持分析 [J]. 现代日本经济, 2006 (6)：47-49.

③ 梅冠群. 基于日本经验的中国对外投资政策选择研究 [J]. 亚太经济, 2017 (2)：71-79, 175.

一步设立了海外矿物资源投资保险制度。日本的海外投资保险以国家财政作为理赔后盾，主要包括收益及财产所有权和使用权被剥夺险、战争险、不可抗力险等内容，日本自然人、法人在国外投资都可申请保险。这些保险的理赔金额总体十分非常可观，如根据海外投资损失准备金制度，日本在海外资源类、制造业、农业等领域投资的企业，若受到损失，最高可以享受到项目累计投资总额约12%的补贴；如根据海外投资保险制度，若日本海外投资企业遭受东道国战争、社会动乱等不可抗力风险，理赔金额可以达到损失的95%，若遭遇海外信用伙伴破产风险，理赔金额可以达到损失的40%，这大大弥补不可控因素对企业造成的损失①。日本政府的海外投资保险制度最大的特点是，保险不是某个投保企业简单的商业行为，而是以国家输出信用保险制度为基础，以政府财政为理赔后盾的单边保险制度。与美国不同，这种保险制度不以与东道国订立双边投资保护协定为法定前提，从而有效地弥补了日本与东道国可能缺乏双边投资安排，或者即使有双边投资安排但投资保护不充分的机制缺陷，在一定限度上降低了企业在海外投资中面对的风险，即对非商业风险进行了担保，为应对东道国政权稳定性风险构筑了保障体系。

另外，日本的企业对外投资遍布全球，相对于欧美发达国家由于具有良好的市场环境和法制体系，投资风险较低，而对于东南亚、非洲等营商条件并不完善且又是海外投资重点的地区而言，为了确保东道国政府、民众对日本投资企业持欢迎而非敌视的态度，保证东道国能够为日本企业提供良好的投资营商环境，日本采取以政府开发援助（ODA）为先导、带动企业"走出去"的方式，通过帮助东道国建设基础设施和民生工程，既能以经济援助建立两国政府层面的互信机制、密切双边合作，取得东道国政府对日本投资企业的支持乃至优惠政策，又能拉近与民众的心理距离，增进民众对于日本国家形象的认可度和对日本企业的亲近感②，这对于缓解东道国的意识形态风险具有借鉴意义。

4.2.2.3　优化税收制度

日本对企业法人实行属地税制，在日本从事经济活动的法人企业都要就其经济活动中所产生的利润在日本纳税。根据规定，可从日本应缴税款中扣除已在境外缴纳的税款，以避免源泉所得国与日本的双重征税，具体采用税收抵免法，规定在一定的限额以内，本国企业在国外缴纳的所得税可以在国内法人税

---

① 陈莉. 日本对中小企业对外投资的政策支持分析 [J]. 现代日本经济, 2006 (6)：47-49.

② 梅冠群. 基于日本经验的中国对外投资政策选择研究 [J]. 亚太经济, 2017 (2)：71-79, 175.

中予以抵免。在综合限额的计算方面，政府允许企业将对外投资的亏损额排除在外，并且规定：如果某一年企业在国外的纳税额超过了抵免限额，政府允许企业向后结转三年继续抵免；如果企业某年在国外的纳税额低于抵免限额，则允许企业将抵免余额转入以后三年继续享用。此外，日本建立了亏损准备金政策，1960年开始实施的对外投资亏损准备金制度，其核心内容为：对于满足一定条件的对外投资行为，将其投资的一定比例计入准备金，而这一部分即可免税，一旦对外投资损失，可以从这一部分进行补偿；如果投资没有损失，则将准备金在五年后，也就是第六年开始分成五份，逐年纳税，政府与企业共担风险①。这一系列的税收制度，一方面避免了日本的对外投资企业承担双重税负，另一方面在税收方面减缓了日本对外投资企业的纳税负担，从而有利于激励日本企业对外投资。

4.2.2.4 签订对外投资协定

在投资保护方面，日本政府于2012年3月22日宣布中日韩三国就投资协定达成实质性协议，协议中增加了保护企业等不受知识产权侵害的规定，除了加入投资者与缔约国间的纠纷解决、汇款自由等基本原则外，还包括禁止对转让技术做出过分要求的规定②。另外，日本政府针对中韩企业的崛起，对特定高科技领域实施了海外投资限制性政策，以防止技术泄露。随着科技的发展，技术风险在对外投资中越来越受到重视，这些措施为防范技术风险，促进技术保护具有一定的作用。

4.2.2.5 企业管理团队的国际化

日本企业在对外投资和开展经营活动中，重视对外派人员的选拔和培训，并将此举作为对外投资和经营取得成功的关键性因素。要求外派人员一般要具备丰富的专业知识和实践经验，精通当地的语言，了解当地风俗人情，具有良好的人品和亲和力，具有持续学习的习惯和能力。日本企业对外派人员的培训方式主要有三种：一是将人员派往东道国积累经营和管理的经验，二是在本企业的日常经营中有目的地进行特殊培训，三是有针对性地集中研讨。为了更有效地服务于企业对外投资，日本政府投入了大量资金建立了一批官办、官办民营、官助民办的企业援助机构，主要工作包括人才培训和人才匹配，帮助企业储备海外扩张的人力资源，如开展国际人才交流活动、提供海外在线培训等，根据企业的实际需要为其选择合适的人才，日本贸易经济合作局也会负责将专

---

① 金龙河. 论战后日本对外直接投资 [J]. 经济纵横, 1997 (12): 57-59, 40.
② 李爱文. 日本商务环境 [M]. 北京：对外经济贸易大学出版社, 2014.

家送往企业在海外的工厂为其提供各方面的指导。

4.2.2.6 融资结构低风险化

针对企业对外投资的融资风险，只要是准备进行对外投资的日本企业，都可以从日本国际协力银行得到长期的低息贷款，当企业的投资对象为发展中国家时，日本的海外贸易开发协会会为其提供海外投资协力资金贷款；此外，为防范东道国经济环境变化的风险，帮助力量相对弱小的企业强化其在海外的经营基础，日本的政策性金融公库和商工组合中央金库会为企业提供"海外经济环境变化应对特别贷款"，这些贷款大大缓解了企业在对外投资时的资金匮乏问题，保证了对外投资的顺利进行。

4.2.2.7 项目投资专业化

针对企业层面的运营风险和项目决策风险，日本国际协力银行会为帮助日本企业辨明市场导向，基于数据和调查为企业提供对外投资的发展趋势预测，并定期派遣专家参加为企业举办的海外投资研讨会，为企业提供专业建议。此外，国际协力银行每三年就会公布一次发展战略纲要，以帮助企业及时了解其政策走向。国际协力银行内部的机构设置分工明确，其业务范围几乎涵盖了海外投资项目的全过程。项目发展部主要负责项目的识别、评估及监督；融资部主要负责发放贷款并监督项目风险；公司分析部主要负责审查公司信用；项目分析部主要负责项目技术上的管理，国家经济分析部主要负责监察国家主权信用，从而把海外投资的主要过程置于专业的监督和管理之下，帮助企业防控对外投资风险。

4.2.2.8 项目决策着眼长期战略

针对项目决策风险，日本企业首先考虑先通过设立小目标进入海外市场，在投资期初学习经验，当经验积累达到一定成熟度以后，才考虑大规模对外投资以降低投资风险。例如丰田集团进行海外投资非常谨慎，没有一开始就进行100%的投资，而是先与GM公司对半出资，学习海外生产经验，积累了一定实力后，才开始100%投资建厂，之后大规模投资，占领市场，获取利润。另外，如三井物产、三菱商事、伊藤忠商事等公司，日本企业投资海外资源时往往只占东道国企业5%~10%的股份，并不以控股为目的，但是能够了解到企业的内部信息，从而可以有效地影响资源或产品的价格[①]。此外，日本企业往往也不直接参与生产经营管理，在很大程度上减少了与当地政府和企业在就

---

① 赵旭梅，夏占友. 日本企业的海外投资与经验借鉴 [J]. 国际商务（对外经济贸易大学学报），2008 (4)：82-86.

业、工资、法律、环境等方面的各种潜在冲突。正是由于日本着眼于长期战略，不追求短期的利益，最终取得了非常丰厚的回报。其次是进行可行性调查，做好投资前的准备工作。许多日本企业的做法是先将产品出口到东道国，了解产品的销售情况和当地消费者的消费习惯，对产品的销路和销量在投资前已经心中有数。日本企业通常是将生产设备运到东道国，或者以日本国内工厂为模板，进行类似投资。此外，需要掌握当地与企业经营密切相关的信息，如当地合作伙伴的信用、员工的流动性、水、电、煤气、道路等基础设施情况、治安情况、当地政府的办事效率、走私情况是否严重等①。日本企业非常重视这些信息的获取，一般企业会根据投资的项目聘用专家进行实地可行性调查，同时在企业内部设立危机管理部门，主动做好投资事前事后风险的防范和处理②。

4.2.3　德国的企业对外投资风险防控体系建设

德国与日本的对外投资风险防控有一定的相似性，主要体现在：提供对外投资信息服务、签订双边投资保护协定与对外投资担保制度、签订税收协定等方面。

4.2.3.1　提供对外投资信息服务

德国建立了一个由官方、民间各有关部门和机构共同参与、各有所侧重、国内外相互配合、行之有效的信息服务网络，为对外投资企业提供政策信息、目的国信息、外国投资市场信息和项目配对服务信息。德国工商总会（DIHT）是由独立的工商会（IHK）组成的行政联合机构，其派出的驻外机构遍布全球，在多个国家设立驻外商会或代表处。这些机构与世界各地的德国驻外大使馆经济部以及德国外贸新闻处密切合作，为分布在世界各地的德国对外投资企业提供了东道国国内的包括政策、法律、市场、项目配对等相关投资信息。一方面，使得对外投资企业了解东道国法律环境以减少由于双方法律冲突带来的法律惩罚、制裁的法律风险；另一方面，了解相关政策、市场具体项目信息可以帮助对外投资企业有效应对行业制度风险、市场风险以及项目决策风险等外源性风险和过程性风险，减少信息不对称，加大企业对外投资的信息了解充分度③。

---

①　梅冠群. 基于日本经验的中国对外投资政策选择研究 [J]. 亚太经济, 2017 (2)：71-79, 175.

②　张季风. 日本经济与中日经贸关系研究报告. 2016 (日本经济蓝皮书)，"一带一路"建设中的日本因素 [M]. 北京：社会科学文献出版社, 2016.

③　杨国亮, 钱小倩. 借鉴德国经验加快培育中国的跨国公司 [J]. 大连海事大学学报（社会科学版), 2010 (4)：18-21.

4.2.3.2　签订双边投资保护协定与对外投资担保制度

双边投资保护协定是德国投资保护计划中由东道国提供政治险担保的先决条件。投资保护协定可以提高对外投资的稳定性和可预见性。为支持德国企业的对外投资行为，增进德国企业开拓海外市场的能力，德国政府建立了对外投资担保制度，其主要目的在于为本国企业赴海外投资进程中可能遭遇到的政治风险提供保障，从而减少企业的损失①。从 1959 年起，德国政府开始向其海外投资提供担保，德国《海外投资担保准则》规定双边投资协定中包含的所有类型的投资都可获得担保，担保风险包括：东道国征用；战争破坏；资本自由流通受阻；东道国毁约等。担保一般持续 15 年，担保期满时，可延长 5 年。《对外投资担保条例》由德国经济劳工部牵头经济合作部、外交部、财政部组成的部际联合委员会（IMC）颁布，条例中主要规定了申请企业所具有的条件、担保的风险种类、投资担保的时间和投资担保的费用等内容（见表 4-26）。担保风险主要包括德国企业对外投资及其收益因东道国政治事件或政策变化而造成的损失。而商业保险公司通常不承保这类风险，或在收取高额保费的情况下予以承保。政府投资担保为企业在对外投资中遭遇非商业风险时及时给予经济补偿和资金保障，以使企业避免和减少经济损失，在可能情况下使企业投资得以继续进行，保障其商业利益。

表 4-26　德国企业对外投资担保制度主要内容②

	内容
申请企业条件	企业所在地或企业所有者居住在德国，实施的投资项目必须体现德国的利益；必须是直接投资项目，而非金融投资；必须是企业本身经济上能够承受的投资项目；必须是新投资，包括现有项目的增资；必须是有利于环境保护的投资项目；投资应有助于加深德国与相关国家的关系
担保期限	一般担保期限为 15 年，可提前申请延长担保期限
担保风险种类	投资所在国有关法律法规出现根本性改变，如将投资收归国有、没收财产或其他侵害造成与没收财产相当的结果；投资所在国家或国家主导及控制的部门违背承诺；投资所在国发生战争、其他武装冲突、叛乱及动乱；投资所在国实施收支禁制、拖延债务清偿；外汇汇兑困难等
担保费用	项目金额超过 500 万欧元以上缴纳千分之 5 的手续费

---

① 王大贤. 借鉴国外先进经验，促进我国企业走出去发展：德国对跨国公司的管理给我们的启示 [J]. 经济界，2008（6）：66-69.

② 商务部. 德国对外投资合作政策 [EB/OL]. [2020-12-31]. http://www.mofcom.gov.cn.

4.2.3.3 签订税收协定

在双边协定签署中，德国政府与许多国家签订了避免双重征税协议，内容主要包括：避免双重征税，德方对已在东道国纳税的子公司汇回利润不再征税；税收无差别待遇，要求东道国对跨国公司子公司、分公司取得的利润及其资本不得有税收歧视，只能与其国内企业享有同等税率甚至更多优惠；实行特定的限制税率，原则上对股息、特许权使用费等方面的投资所得采用 10%～15% 的限制税率[①]。税收协定的签订有助于减缓德国对外投资企业重复征税的问题，降低税收风险。

4.2.3.4 企业人力资源本土化

人力资源管理在跨国公司中的战略地位不断上升，并在组织上得到保证，如德国很多在华跨国公司成立人力资源管理委员会，使高层管理者关注并参与公司人力资源管理活动。为确保公司人力资源职能运作的规范化和一致性，人力资源部严格遵照东道国规章制度，对所有的工作流程和规范都有详细的定义和描述，以手册的方式发放到人力资源顾问手中，并不断地在实践过程当中予以补充和优化。例如，德国在华公司制定合理而有效的培训与发展计划，常见的培训与发展计划在内容上大致分为四种：管理能力发展（如领导能力、绩效管理、大项目管理等）、专业技能发展（如销售、财务管理、市场营销等）、基本技能发展（如沟通、团队协作、解决问题等）、基础性培训（如员工入职培训、公司文化教育等），使人力资源本土化[②]。

4.2.3.5 企业融资结构低风险化

在融资方面，德国政府对企业对外投资给予贷款、担保和补贴等方面的支持。联邦政府所属机构同私人投资者合作，通过贷款支持等形式提高本国企业在国外企业中所占的股份；企业到海外投资遇到资金不足的情况，可以向德国清算银行或德国复兴信贷银行申请贷款担保，以获得所需贷款；政府对投资前调查给予资助，承担为在发展中国家设立子公司进行可行性研究的 50% 以上的费用[③]。德国有多家促进企业到海外投资的机构，其中最主要的 3 家是德国投资发展公司、德国技术合作公司和德国复兴信贷银行，3 家机构各有侧重：德国投资发展公司为德国企业向发展中国家投资提供支持和服务，包括投资与合作咨询、项目融资以及其他形式的项目支持。德国技术合作公司为德国的企业

[①] 财政部税收制度国际比较课题组. 德国税制 [M]. 北京：中国财政经济出版社，2004.

[②] 赵丽. 德国跨国公司在华企业人力资源本土化战略分析 [D]. 北京：华北电力大学，2007.

[③] 刘跃斌. 德国对外直接投资研究 [M]. 武汉：武汉大学出版社，2000.

在发展中国家寻找良好的投资机会，并为企业在当地寻找适宜的合作伙伴，必要时还能根据德国企业的实际需求为其在当地培训所需的专业技术人才。德国复兴信贷银行为德国企业到国外投资进行融资，也为德国在国外的大型项目尤其是电力、通信、交通等基础设施项目提供贷款①。

4.2.3.6　积极开展咨询服务

针对企业层面的运营风险和项目决策风险，德国政府各级部门发挥联合服务效应，为跨国公司提供全方位咨询服务。多年来，德国财政部、经济劳动合作部、中央银行、金融监管局等政府部门致力于建立科学、高效、透明的公共信息服务平台，为跨国公司提供各种服务，如东道国法律政策咨询、投资环境分析、市场机会和风险咨询等，并委托律师行、会计师行及各类专业调查公司协助对外投资企业做详细的市场调查②。联邦政府还聘请专家为企业的海外经营提供咨询服务，并出资让企业参加各类投资及贸易洽谈会。政府还提供一般性投资环境、市场及潜在投资伙伴的信息，以及在运营阶段出现问题时应如何解决等信息，帮助企业降低项目决策风险。

4.2.4　韩国的企业对外投资风险防控体系建设

4.2.4.1　强化法律保障

韩国是发展中国家对外投资的先行者，韩国对外投资法律制度从放松外汇管制、完善对外投资审批与监管制度、建立对外投资促进与保险制度、建立对外投资服务机制四个层面极大促进了韩国对外投资发展和韩国跨国公司的形成。随着韩国出口导向型经济战略的实施，对外部市场依赖程度迅速提高，为了促进和保护韩国企业对外投资，韩国制定了《海外投资开发促进法》《海外资源开发促进法》《搞活海外投资方案》《海外资源开发促进法施行令》《海外投资许可审批标准》《扩大投资方案》《海外投资损失费规定》《税额控制条例》和《关于海外资源开发项目的分配所得免税的规定》等③。

4.2.4.2　建立情报信息支援制度

为降低海外投资失败风险，韩国政府主动为企业提供配套性资源服务和风险预警报告。韩国已与世界各国咨询机构建立了业务联系，搜集有关信息资料

① 徐德辰. 跨国经营的国际比较研究 [D]. 长春：吉林大学，2005.

② 王大贤. 借鉴国外先进经验，促进我国企业走出去发展：德国对跨国公司的管理给我们的启示 [J]. 经济界，2008 (6)：66-69.

③ 商务部跨国经营管理人才培训教材编写组. 中外对外投资合作政策比较 [M]. 北京：中国商务出版社，2009.

供投资企业决策参考，提供投资信息的机构有韩国进出口银行、大韩商工会议所、大韩贸易振兴公社、中小企业振兴公团、产业研究院、信用保证基金等，其中最主要的是韩国进出口银行。1988 年 10 月，韩国进出口银行内设海外投资情报中心，其职责为介绍外国投资制度，提供投资环境资料，介绍国内外投资企业，对合作对象进行信用调查，培训对外投资人才，与国际机构进行资料交换，合同书的签订指导等，而且这些情报都是以数字化、网络化的形式迅速提供，从而成为对外投资的综合性"窗口"。1987 年 2 月设立的中小企业振兴公团内设海外投资洽谈中心，专门负责有关中小企业的海外投资咨询工作。另外，为振兴韩国的贸易和对外出口，1962 年韩国政府设立了大韩贸易投资振兴公社，其业务包括：搜集海外市场信息、解读当地法律法规与政策环境、引进外资及海外人才、举办展览、提供 IT 支援、出口孵化器等内容①。韩国贸易协会作为韩国最大的民间经济团体之一，服务内容涵盖了与贸易相关的方方面面，包括外贸企业登记、海外市场调研、国内外相关法规介绍、各种外贸问题咨询、贸易中介、协助企业开拓海外市场、协助企业培训贸易人才等②。同时，该协会设立的综合贸易信息服务系统，提供贸易速报、经济信息速报、贸易实务、汇率动向、产业信息、营销支援信息、国内外经贸统计等信息，内容详尽快捷，成为韩国企业从事经贸活动和对外投资的重要参考信息③。

4.2.4.3　签订投资保护协定、保险支援制度与双边投资保护协定

签订投资保护协定的目的在于保护韩国对外投资者，使其免受因发生战争、汇款限制等非常风险而带来的损失，促进同协定缔结国家之间的投资合作。投资保护协定的主要内容包括：保障韩国投资者与投资对象国企业享有同等待遇；保障韩国投资者享受最惠国待遇；禁止对韩国投资者采取国有化及没收措施；赔偿因发生战争、暴动等突发事件而造成的损失；保障投资本息和红利的自由汇出。韩国政府为鼓励对外投资，防止和减少对外投资因非常原因而遭受损失，设立了对外投资保险制度，于 1972 年补充了海外投资保险的内容，主要内容见表 4-27。

---

①　徐德辰. 跨国经营的国际比较研究 ［D］. 长春：吉林大学，2005.

②　金明玉. 韩国对外直接投资的发展轨迹及其绩效研究 ［M］. 北京：中国社会科学出版社，2015.

③　杨华. 健全境外投资综合服务体系，促进"走出去"战略的实施：以韩国经验为借鉴 ［J］. 中央财经大学学报，2014（10）：99-105.

表 4-27　韩国对外投资保险主要内容①

	内容
保险人	在 1992 年 7 月以前，此项业务由韩国进出口银行负责，现在由韩国出口保险公司承担
保险标的	主要有两种，即股权性直接投资和为获取股票、公共债券或公司债券而提供的长期贷款。要具备一定的条件，即必须能为对外贸易往来的健康发展做出贡献。此外，在投资环境上，吸收投资的国家，其经济和政治形势不能有突出的问题，并要有健全的法律制度。原则上，投资要得到该国政府的书面批准
被保险人	在人员上没有限制，但被保险人必须是对外投资者。保险金额的领取人可以是被保险人，也可以是第三人
保险险别	主要有三种，即战争内乱或暴乱险、没收和国有化险、利润不能兑换或延迟险
保险金额及期限	韩国海外投资保险属于实际损失赔偿制。保险人给付保险金的比率为投资额的 90%，且原则上在接到保险金申请之后 2 个月内给付。保险的最长期限为 15 年

4.2.4.4　制定税收支援制度

韩国对外投资税收支援制度包括对外投资损失准备金制度；防止双重课税制度；对海外资源开发事业的红利收入免税制度。根据对外投资损失准备金制度，海外投资者可以将对外投资金额的 15%（资源开发投资的 20%）作为海外投资损失准备金储存起来，并且被认定为损失费，积存 5 年，这种积存金可当作免税所得。如果没有发生损失，那么过了 3 年后，再分 4 年平均补缴。根据国外纳税额扣除制度，对外投资者在海外从事投资事业，如果已向外国政府缴纳法人税、所得税，则在国内对已纳税额予以扣除，防止双重课税。1986年 12 月，韩国在修订税收减免限制法时，新设了国外纳税额减免制度，该制度规定：同韩国订有防止双重征税协定的国家为鼓励外国人的投资，如对韩国投资者给予减免所得税或法人税优惠，被减免金额应被视为纳税额，在韩国国内也给予减免（按损失金额计算或扣除税额）②。韩国政府为了防止双重课税，还与许多建立对外投资的东道国签订了《防止双重课税协定》。根据对海外资源开发事业的红利收入免税制度，如果东道国政府为鼓励外商投资，对红利收

①　商务部. 对外投资合作国别（地区）指南：韩国 [EB/OL]. [2020-12-31]. http://www. mofcom.gov.cn.

②　潘伟光. 美国、韩国、新加坡促进企业对外投资政策及启示 [J]. 计划与市场，2001（1）：12-15.

入实行免税待遇，韩国政府在国内对相当税额的法人税给予免缴的制度。特别地，韩国对投资国外自然资源开发地的企业免征法人税，延长利润自留期限并增加利润自留额度，允许加速折旧，折旧率为30%[①]。

4.2.4.5 企业管理团队的国际化、本土化

韩国企业在技术发达国家设立研究所，聘请当地优秀研究人才，积极开展海外研发工作外派企业员工出国学习先进技术，大力培养自主创新的技术骨干。近年来，韩国跨国公司通过"本土化"战略的实施，与东道国国情、市场、民众有机融合，实现了生产尤其是管理的当地化，有力促进了企业的做大做强。首先，推动本土化产品研发。通过在东道国建立产品设计研发中心，促进产品研发和营销的本土化，提高产品的市场份额。其次，推行企业文化本土化。例如，三星（中国）以"变成中国企业，变成最受欢迎的企业"为发展目标，聘请大量中方人员作为中高层管理者，加强管理沟通、缓解文化冲突[②]。

4.2.5 巴西的企业对外投资风险防控体系建设

4.2.5.1 设立信息服务机构

巴西出口和投资促进会（APEX）是一个推动企业出口和对外投资的官方促进机构，该机构为巴西企业对外投资提供信息，帮助企业制订和评估海外投资战略，鼓励更多企业积极向海外投资。针对巴西企业国际化战略目标不够清晰、抗风险能力不足的情况，该机构为对外投资企业提供东道国市场信息，为其投资项目可行性提供参考意见，减少由于信息不对成造成的项目决策风险。

4.2.5.2 成立国家经济和社会发展银行

巴西政府专门成立了支持国有企业进行海外投资的机构——国家经济和社会发展银行，通过资金支持巴西企业在海外的投资项目，鼓励国有企业进入国际市场，增强企业在国际市场的竞争力。如2007年巴西矿业巨头淡水河谷公司以119亿欧元的价格兼并了加拿大INCO公司时就得到了国家经济和社会发展银行的资金支持，一方面鼓励巴西企业进行海外投资，另一方面也为企业有效筹集资金减少融资风险提供保障[③]。

---

① 商务部跨国经营管理人才培训教材编写组. 中外对外投资合作政策比较 [M]. 北京：中国商务出版社，2009.
② 金明玉. 韩国对外直接投资的发展轨迹及其绩效研究 [D]. 沈阳：辽宁大学，2008.
③ 商务部. 巴西投资合作指南（2018 版）[EB/OL]. [2020-12-31]. http://fec.mofcom.gov.cn/article/gbdqzn/index.shtml.

4.2.5.3 建立海外投资基金

为减缓巴西本币升值的压力，巴西政府出台政策，允许国内部分资金进行海外投资，允许建立全部投资海外的募集基金。根据原有规定，巴西所有的基金只能将10%的资金用于对外投资，多市场基金可将基金总额的20%用于海外市场投资。新规定则允许基金将全部的募集资金投资于海外金融市场。海外投资基金旨在降低本国汇率变动对海外投资企业的影响，有利于企业经济风险的防范。此外，巴西政府还制定了一系列政策以促进海外投资进一步发展，包括鼓励新项目的研发，加强人力资源开发力度，减少文化壁垒，加强与东道国的人员交流等[①]。这些政策有利于对外投资企业与东道国企业的文化交流，减少文化冲突，同时也有利于企业的经营开发与专业人才培训，减少技术风险与人力资源风险。

4.2.6 俄罗斯的企业对外投资风险防控体系建设

4.2.6.1 健全法律制度

俄罗斯健全法律制度，放宽外汇管制等帮助企业提升对外投资竞争力，法律措施主要包括投资者和接受投资国家具有紧密的利益关系；保护本国和外国投资者的相互权利，从而降低非商业风险概率；取消外国投资者和国内投资者从事对外投资的双重征税；为国有和私营公司合作参与国外项目，包括通过海外房地产及其他资产或临时转让项目的管理，提供贷款担保；建立促进外国投资的金融机构等。这些政策能有效防控政治风险、经济风险及融资风险。

4.2.6.2 加强信息沟通

俄罗斯与许多国家的常设委员会机构联合成立特设工作组，确保发展和加强双边经济关系、加强信息分析，以保障俄罗斯外交部及其他政府部门为海外投资提供东道国对外经济政策以及贸易和知识产权信息，促进扩大俄罗斯商品和服务出口的多样化，协助海外投资者获得货物、工程和服务的订单，通过招标等方式促进在国外的项目投资，提升竞争优势[②]。

4.2.6.3 签订双边投资保护协议

从1991年至今，俄罗斯与多个国家签订了关于鼓励和相互保护投资的政府间双边协议，为企业对外投资提供支持。例如，2006年俄罗斯与中国签订

---

① 商务部跨国经营管理人才培训教材编写组. 中外对外投资合作政策比较 [M]. 北京：中国商务出版社，2009.

② 王殿华. 转型国家对外投资问题研究：俄罗斯对外直接投资的特征、优势及前景 [J]. 俄罗斯中亚东欧研究，2010 (4)：51-56，96.

了《俄罗斯联邦政府与中华人民共和国关于鼓励和相互保护投资协定》，该协定为中俄投资者在对对方国家投资提供了保障；2014 年俄罗斯与乌兹别克斯坦签署了政府间鼓励和相互保护投资协议；2014 年俄罗斯与美国签署鼓励相互贸易及投资的协议。双边投资协议促进了俄罗斯与东道国政府之间的沟通，为俄罗斯企业对外投资提供了良好的政治环境，为政治风险的防控搭建了合作平台①。

4.3　各国企业对外投资风险防控体系的共生性与差异性

"他山之石，可以攻玉"，各国政治经济体制存在差异，对外投资区位存在不同，因而企业对外投资风险与风险防控既有共性，也有差异。本部分探究各国对外投资风险防控体系的生成机制与运行特点，从宏观层面和微观层面考察其共生性与差异性，取其精华，为我所用，以期为优化与拓展我国企业对外投资风险防控提供借鉴。

4.3.1　宏观层面：政府的作用

对外投资风险防控不仅是企业行为，更关系到一国的产业竞争力、国家竞争力，甚至是国家经济安全。因此，各国政府在企业对外投资风险防控中发挥着重要作用。

4.3.1.1　签署国际协定

各国国际协定存在共性。为防控海外投资风险，保障本国海外投资者利益，资本输出国往往同资本输入国之间缔结双边投资保护条约（BIT），以此弥补国内立法在域外效力不足的问题，因此 BIT 是目前各国保护本国海外投资者利益的主要方式，包括"友好通商航海条约"（FNC）、"投资保证协定"（IGA）和"促进与保护投资协定"（APPI）等几种类型②。特别是进入 21 世纪以来，各国在独立制定国内投资法案的同时，纷纷与其他国家缔结 BIT。代表国际法的 BIT 与代表国内法的投资法制在防控对外投资风险、保障投资利益上相辅相成，互为补充，形成了国际投资法体系的两个侧面。发达国家和新兴国家在双边或多边投资协定中的侧重点不同。发达国家则更关注本国资本的利

①　陈雪. 中俄对外直接投资比较研究 [D]. 济南：山东师范大学，2014.
②　姚梅镇. 国际投资法 [M]. 3 版. 武汉：武汉大学出版社，2011.

益最大化，新兴国家更关注本国主权的维护和民族经济的发展，因此新兴国家在签订双边投资协定时往往持审慎态度。

4.3.1.2 强化政策监管

由于对外投资环境复杂、风险多样，各国对其对外投资的审批和经营均进行过程监管，设立相关制度和机构，以保障本国资金安全为底线，进一步提高本国资金的使用效率。新兴市场国家借鉴和模仿发达国家的成功经验和一些具体做法，比如投资审批、外汇监管等，因此双方在监管形式上基本一致，但也存在差异，例如：①监管介入时间不同。新兴市场国家对本国对外投资企业在发展初期就采取了监管，而发达国家往往并未从一开始就介入本国企业的跨国经营中去，注重宏观调控。②监管程度不同。新兴市场国家对跨国企业各方面的影响更深更细，往往利用税收和信贷等手段来调节企业跨国经营的微观行为，并且介入的程度也较大；而发达国家往往利用法律和政策引导等更为间接的方式，微调为主，并注重市场和企业的双向力量。

4.3.1.3 夯实信息支持

企业对外投资的顺利开展有赖于对海外市场信息的充分占有和整合处理。然而，市场信息对经济个体而言存在着信息偏差，政府在收集和处理海外市场信息方面具有优势，因此各国政府均积极致力于向本国对外投资企业提供东道国政策、市场等方面的信息，矫正其在海外经营过程中存在的市场信息不对称。各国在信息支持方面的普遍做法是组建本国对外投资的信息决策系统，这种信息决策系统更侧重于对海外市场信息的科学处理，而不仅仅是信息调查和收集。在德国和韩国，政府资助的海外投资研究机构已经成为本国跨国公司海外业务扩张的主要信息服务机构，例如德国的投资开发有限公司，韩国进出口银行内设立的海外投资商谈室、中小企业振兴公团内的海外投资商谈中心以及大韩贸易振兴会社、大韩商工会议所等。此外，各国共同做法还包括：收集包括国外市场动态、产业信息、法律法规、税收政策、融资条件、国外需求、出口担保、研讨会等方面的信息；出版国别地区贸易投资指南；通过研讨会、远距离通讯会议、交易会、接待潜在投资东道国代表团等渠道发布对外投资信息；举办具体项目牵线搭桥活动直接为特定投资者寻找特定的投资机会。

除上述信息支持的普遍措施外，发达国家在信息支持方面还采取了更为完善的措施：一是利用其驻海外机构如驻外使馆、驻外经商机构等的地理优势，对投资东道国当地市场和经济社会环境作直接调查，为对外投资的信息决策系统提供真实、充分的数据信息；二是鼓励和组织民间咨询公司建立本国跨国经营的网络信息系统，允许他们在市场上出售其高价值信息，如美国海外私人投资公司、日本贸易振兴会等还建立了有意愿进行对外投资企业的资料库，为企业寻找合作伙伴提供便利等①。

4.3.1.4 完善保险制度

各国均建立了专门的对外投资保险机构对本国企业的对外投资风险进行担保，不仅可以保障企业资金周转并尽快得到经济补偿，而且可以通过更高层面的对话解决投资风险问题。各国对外投资保障制度具有明显的共性：如都是限于对海外直接投资的"政府担保"或"国家担保"；都是对外汇险、征用险和战争险三种政治风险进行担保；只有实行保障国的本国居民才可以申请投资保险。但也存在差异，如：①申请资格不同。有的海外投资保障制度只为在发展中国家的投资提供保险，如芬兰、荷兰、瑞士和美国等，而奥地利、瑞典和英国等将这类海外投资担保扩展到所有国家；美国、日本和德国的投资保险计划还要求被保护的对外投资能带来扩大就业、为母国带来收入或为其他国家目标服务的经济收益。②国内法与国际协定上有关投资风险防范制度的关系不同。一些国家如美国、丹麦、德国等规定缔结双边投资担保协定是实行投资保护的前提，即只有当本国投资者符合投资者母国对外投资保护法律，并且对与本国签订了相应投资担保协定的国家或地区进行海外投资时，投资者母国才对这种投资予以保护。其他诸如日本、挪威、澳大利亚等国则实行单边保证制，即不需要投资者母国与投资东道国之间签订双边担保投资协定，但仍需符合投资者母国的法律②。

4.3.1.5 提供税收信贷

在共性方面，由于对外投资项目往往规模庞大，所需资金较多，政府会采取多种措施对企业提供资金援助，特别是对获取国内短缺的海外自然资源和先进生产经营技术的跨国投资，各国一般都采取了税收和信贷优惠。各国政府所设的国有金融机构往往为本国跨国公司提供各种形式的优惠贷款，签订政府间避免双重征税协定，并建立了"海外投资准备金制度""税额控制制度"和"海外资源开发项目的免征所得税制度"等关于税收和信贷的优惠制度。但也存在差异，如：①资金支持的主导机构不同。以美国为代表的"资本市场"主导型国家金融活动异常发达，在对外投资企业融资时，往往通过资本市场融资，可以达到快速筹资效果。其他国家多属于"银行导向型"，以市场配置资金为主、政府配置资金为辅，企业资金融通往往根据双方的合作关系来决定资

① 徐德辰. 跨国经营的国际比较研究 [D]. 长春：吉林大学，2005.
② 朱兴龙. 中国对外直接投资的风险及其防范制度研究 [D]. 武汉：武汉大学，2016.

金融通的条件，导致企业在进行对外投资融资时难度较大，有实力的、规模大的且与银行有稳定关系的企业能够比较容易取得融资，而对一般的中小企业来说则难度较大①。②日本在资金支持方面独具特色，将对外援助与扶植企业跨国经营结合。在日本企业对外投资过程中，日本政府不仅为本国企业提供资金支持，还会向东道国提供各类开发援助贷款，将日本企业的贸易、投资活动与东道国相关项目实行组合，东道国获得了资金支持，也有利于日本企业在海外获得优质的项目资源。各类开发援助贷款还一定程度上加强了日本投资企业和东道国政府的关系，降低了日本企业在海外投资过程中可能遇到的政治风险，为日本企业对外投资活动提供长期的支持。

4.3.2 微观层面：企业的做法

各国企业在对外投资风险防控中互相借鉴、内化学习，企业对外投资风险防控体系的建立与应用具有趋同性。

4.3.2.1 企业风险管理系统化

大多数企业在纵横、时空两个维度对企业对外投资风险进行系统防控。纵向风险防控贯穿企业对外投资的整个过程：在进行对外投资前，首先会自行分析投资的各项风险，或聘请中立的专业投资咨询研究机构进行咨询，如投资风险的量化、企业是否具有完备的抵御风险的能力等，以期在事前尽量掌握企业对外投资的所有潜在风险，并在此基础上做出是否投资的决策，以及投资后风险防控的前期框架；在对外投资的过程中，依靠金融、财政、法律、管理体系、信息技术等支持体系增强抵抗风险的能力，实时监控各项风险变动，及时调整应对措施。在横向防控方面，企业内设有专门的风险管理部门，该部门根据集权和分权相结合、战略目标和收益目标相结合的原则，在母公司和子公司之间建立风险共同管理体制，密切跟踪各类对外投资项目进展，对可能引发投资项目的风险事件的各类事项，科学评估其风险等级，并提前采取应对措施降低其发生的可能性。在发生风险事件后，风险管理部门会在第一时间介入，积极采取补救措施，尽可能降低风险事件带来的损失。

4.3.2.2 生产经营本土化

第一是材料采购本土化。对外投资企业大多会选择在投资国采购原材料，不仅可以带来时间和空间的便利性，降低企业采购成本，更有助于防控生产供应链断裂的风险。第二是与本土企业进行合作，共同抵御风险，提高经济效

---

① 胡海. 中国对外投资保障制度国际比较与借鉴 [J]. 河南社会科学，2017（12）：29-34.

率。本土企业较之对外投资企业具备更多本地发展经验、市场关系网络和当地政策支持等，对外投资企业往往以自身先进技术、优质产品等优势与东道国企业进行合作，以期实现双赢。第三是资金筹措的本土化。充分利用投资国的贷款政策，与东道国金融机构形成良好的关系网，有效利用资金。第四是管理方式本土化。大多数对外投资企业会结合东道国实际情况采取因地制宜的管理方式，充分了解了当地的文化传统、风俗习惯，将本国经营管理思想与当地的经营管理方式有机地结合起来，以提高企业经营的适应能力。

4.3.2.3 人力资源国际化

对外投资企业在人员管理上大多采取国际化策略，注重对人力资源存量和增量的国际化管理，即一方面重视选拔和培训外派人员，要求外派人员一般要具备丰富的专业知识和实践经验，精通当地的语言，了解当地风俗人情，具有持续学习能力；并采取各种形式对外派人员（特别是技术性人员）进行持续的、有针对性的培训。另一方面通过培养当地劳务管理者使其负责管理当地员工，有效减少来自东道国的文化差异造成的矛盾以减少劳资纠纷；吸引利用当地优秀人才，更加高效地开拓当地市场。

4.3.2.4 目标市场差异化

对外投资企业的投资目的国可能涉及多个国家，各国在经济、文化、消费水平等多方面存在差异，因此对外投资企业往往会在投资初期综合分析东道国民众购买能力、购买意愿、对投资国产品的接受度等，对各东道国消费阶层进行市场细分，精准目标定位，在不同国家间进行变通，开发适合各个细分市场的产品，并为之后的产品营销指明方向。

此外，一些对外投资企业结合本国经济、技术实力，形成具有特色的对外投资风险防控措施，如：

（1）注重技术开发活动，培养持续创新能力，降低企业技术风险

企业在对外投资过程中一直保持强烈的技术创新意识，通常会密切关注国内外技术发展态势，并掌握主要竞争对手的技术研发情况。他们往往通过单独技术开发机构或联合其他企业建立工业试验场、研究试验中心网等研发组织，对企业生产经营全过程中的各种技术问题进行研究，使企业发展与技术开发融为一体；或者在引进其他企业或国家先进技术的基础上，对其加以消化、吸收和改进，依靠企业自身先进的管理和有效的质量控制，生产出高质量的产品。同时，一些企业还会与政府联手合作，采取相关激励政策吸引高端人才加入，致力于为技术的创新与应用做好人才梯队建设，通过多层次、多角度的综合措施，不断提升企业的技术水平，为推动企业对外投资的顺利实施提供坚实

保障。

（2）积极管理公共关系，切实践行企业社会责任，缓解文化风险和人力资源风险

企业伦理与道德标准会渗透对外投资的全过程，近90%的世界500强企业不仅将企业社会责任（CSR）作为管理目标的基本要素，还定期公布CSR履行情况，推动全球企业社会责任运动①。近年来，埃森哲、好事达保险、思科系统、英特尔、迪尔、领英、微软、罗克韦尔等跨国企业积极践行企业社会责任②，由此为企业对外投资带来积极影响。同时，对外投资企业不断增强对东道国的环境保护意识，如制定环境战略，提出环境政策，将环境保护纳入对外投资管理体系，积极开展污染治理，及时披露公司环境信息，将切实践行环境保护社会责任全面融入企业对外投资风险防控体系。

4.4　本章小结

本章从外源性、内生性和过程性三个维度，全面透视"一带一路"沿线国家企业对外投资风险现状，分析表明：各国在政治、经济、社会等各方面的差异导致企业对外投资风险的形成与表征各有不同；"他山之石，可以攻玉"，在深入剖析各国企业对外投资风险防控体系构建与运行的基础上，分别考察发达国家（美国、日本、德国）企业和新兴市场国家（韩国、巴西、俄罗斯）企业的对外投资风险防控体系建设，从宏观层面和微观层面考察其共生性与差异性，以期为优化和拓展我国企业对外投资风险防控提供借鉴。

---

① 郑静，张剑智，王长明，等. 借鉴国际经验加强中国企业对外直接投资环境管理［J］. 环境保护，2014（22）：69-71.

② 帕尔斯坦，格雷戈里. 企业国际化之道：来自硅谷的海外拓展策略［M］. 北京：中国人民大学出版社. 2018.

5 "一带一路"背景下中国企业对外投资风险防控研究：对策设计

对策分析是研究的归宿和落脚点，本章提出"一带一路"背景下中国企业对外投资风险防控对策的总体思路，搭建"政府引导、中介（智库）指导、企业主导"等多方参与、涵盖"风险识别、风险分析、风险评价、风险预警与风险控制"的分析平台，从主体协同、技术支撑、机制保障三个维度，为"一带一路"背景下中国企业对外投资风险防控提供践行方案。

5.1 "一带一路"背景下中国企业对外投资风险防控对策：总体思路

审视理论基石、考量经验证据、借鉴国际经验、立足中国实际，"一带一路"背景下中国企业对外投资风险防控是一项复杂而综合的系统工程。鉴于此，本书构建"一带一路"背景下"政府引导、中介（智库）指导、企业主导"等多方参与、涵盖"风险识别、风险分析、风险评价、风险预警与风险控制"的中国企业对外投资风险防控体系，建立基于要素、动能及路径的长效保障机制，促使中国企业对外投资风险防控能够真正"固化于制、实化于效"，如图 5-1 所示。

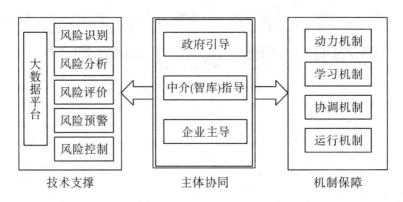

图 5-1　"一带一路"背景下中国企业对外投资风险防控对策的总体思路

5.2 "一带一路"背景下中国企业对外投资风险防控对策：主体协同

相较于国内投资，企业对外投资风险"面广、链长、点多"，针对"一带一路"背景下中国企业对外投资风险的复杂性，其防控绝非企业一己之力、一蹴而就，需要政府、中介（智库）、企业协同合力，共同有效防控外源性风险、内生性风险和过程性风险。因此，本书搭建"政府引导、中介（智库）指导、企业主导"三方参与的主体平台，分别从组织层面、法律层面、制度层面等多维度分析企业对外投资风险的防控对策。

5.2.1 政府引导

随着资本国际化的发展，企业对外投资不断迎来新的发展，全球化智库（CCG）预计未来 5 年"一带一路"沿线国家市场依然是中国对外投资的重点区域，投资领域会从大型基础设施、能源、资源等项目拓展到旅游、电子商务、人文教育交流等领域。"一带一路"背景下企业对外投资作为我国对外开放的深度拓展，企业在对外投资方向、对外投资信息支持、对外投资竞争秩序等方面亟待政府全方位、多层次的引导。

5.2.1.1 法律层面

风险防控，立法先行。"一带一路"背景下政府应强化立法的力度与广度，充分发挥对外投资相关法律的引领和推动作用，实现良法善治。企业对外投资风险防控的法律层面可从国际、国内两个方面进行完善：

（1）对外积极与相关国家建立双边或多边关系

对外投资属于一国重大战略，这就需要政府与相关国家建立良好的双边或多边关系，为企业的投资营造良好的投资氛围。首先，双边或多边协议的签订可以规范对外投资中的价格、外汇、劳资、股权等敏感问题，与相关国家签订的经济合作、投资保护、海关互助合作、避免双重征税、司法协助、领事条约、社会保险、检验检疫等政府间的双边协定，可以使企业和相关政府的沟通更有效率；其次，双边或多边协议的保护机制也能有效应对我国企业对外投资面临的人身和财产的安全风险，切实保护我国对外投资企业的利益。

当前，我国企业在"一带一路"沿线国家对外投资所面临的最大风险是政治风险，主要包括：东道国政权更迭、恐怖袭击、军事冲突、资产国有化等，具体到每一个国家则因其国别的不同而在种类和强度方面各有差异。针对这些政治风险，需要由政府出面，与"一带一路"沿线国家加强政府间交流，根据具体的风险点进行深入交流，通过寻找利益共同点有针对性地签订能使彼此利益最大化的双边投资协定。

《中国企业全球化报告（2018）》显示，中国企业对外投资已位列全球第二，这说明我国在国际投资活动中的角色正逐步从东道国到投资母国转变，这就意味着过去我国以东道国身份与其他国家签订的双边贸易协定可能已经无法适应现在我国作为投资母国的身份，更多侧重于吸引投资的双边贸易协定已不能很好地保护我国企业在别国的投资利益。截至 2018 年年底，我国已经签署了 145 项双边投资协定，但其中有 70 多个是比较过时的，急需根据现实需要进行更新，以便更好地适应目前"一带一路"倡议下的投资环境，鼓励我国企业的对外投资积极性、更好维护我国企业在对外投资中的利益。

中国企业"走出去"不可避免的一个问题就是税收的问题，由于各国税制规则的不同，企业可能面临重复征税的问题，需要加强国际税收合作，通过双边协定的签订，减少企业税收压力，通过税收饶让等条款使企业切实享受到税收优惠，增强企业竞争力。截至 2018 年年底，我国已对外正式签署了 110 个避免双重征税协定，其中 103 个协定已生效，今后还应与更多"一带一路"沿线国家签订避免双重征税协定，积极签署、不断更新双边投资协定、税收协定。

（2）对内立法规范我国企业对外投资行为

在"一带一路"倡议下，随着越来越多的中国企业"走出去"，在实际应用中越来越感到《中国对外投资法》立法的紧迫性。尽管为了配合实际需要，商务部、国家发展和改革委、国有资产监督管理委员会等陆续发布了如：《境外投资管理办法》（商务部令 2014 年第 3 号）、《企业境外投资管理办法》（发改委令 2017 年第 11 号）、《企业境外投资管理办法》（发改外资〔2018〕252号）、《对外投资备案（核准）报告暂行办法》（商合发〔2018〕24 号）等行政规章来对企业对外投资行为进行规范，但我国至今没有一部统一完整的专门针对对外投资的法律，大多是以"规定""条例""通知""办法"等名称出现的行政法规或规章，约束力低、稳定性弱，难以适应我国依法治国的内在要求和企业"走出去"的发展趋势。

在营造外部良好秩序的基础上，我国应进一步建立健全中国对外投资法等对外投资法律制度。相较于有丰富投资经验的发达国家，我国对外投资法律法规还不够明确，立法工作亟待进一步推进。我国应立足经济新常态的发展阶段和"一带一路"的现实背景，吸收借鉴发达国家的成功经验，结合我国企业的特点，更加有针对性地对不同的国别地区制定专门的法律规范，实施行之有效的具体政策、切实可行的投资优惠细则，在鼓励企业"走出去"的同时规范其投资行为。因而，我国应尽快制定中国对外投资法等相关法律，对我国企业国际化进程中涉及的投资主体、投资形式、审批程序、融资税收政策、管理部门及监管职能、中介服务机构与争端解决等做出法律规定，从立法层面为企业"走出去"保驾护航。

5.2.1.2 组织层面

（1）商务部根据行业类别内设分行业对外投资监管部门

目前我国企业的对外投资主要由商务部主管其审批、备案等事项，但针对对外投资企业的日常监管与信息交流不充分、不完备。我国对外投资企业涉及资源开采、能源开发、制造业、信息传输/软件、信息技术服务、采矿、文化/体育等众多行业，每个行业的运营方式、投资模式、投资区位等存在较大差异，对外投资风险防控措施不能"一刀切"，因而商务部可以行业类别为分类标准设立对外投资监督管理部门，在政策建立方面匹配国家发展战略方向，并结合企业自身发展特点的前提下制定对外投资方向，从国家宏观发展战略、政府整体发展规划、出资公司中长期发展规划者三个角度出发，详细规划相关的发展思路、考核评估体系、遵循的投资原则等内容；建立企业对外投资风险的识别和测度方法，对风险进行分类并按不同国别不同行业针对重要性展开排序，更有针对性地对企业日常活动进行监督管理、为其对外投资过程中面临的问题提供咨询、帮助，组织同业企业间信息交流，彼此分享经历、借鉴经验。

（2）组织"一带一路"沿线国家共同设计和主导国际投资仲裁新平台

随着经济全球化的深入，各国企业对外投资日益常态化，不可避免地存在对外投资企业与东道国利益相关者之间的争端。二战后，以国际投资争端解决中心（ICSID）为代表的国际投资仲裁平台逐渐成为此类争端的主要解决平台。虽然 ICSID 是依据《解决国家与他国国民间投资争端公约》建立的世界上第一个专门解决国际投资争议的仲裁机构，但 ICSID 是以西方国家为主导和设计的国际仲裁平台，其仲裁结论常受到争议。以发展中国家为主的"一带一路"沿线各国往往也不愿意将国内发生的投资争端提交 ICSID 进行仲裁，因而，我国作为"一带一路"的首倡者，可以组织"一带一路"沿线国家共同设计和主导一个针对"一带一路"沿线国家的国际仲裁机构，这样既可以通过与各国的共同设计减缓东道国对国际仲裁机构的抵触情绪，更信任也就更愿意将产生的国际争议提交仲裁，也更有利于维护"一带一路"沿线各国的对外投资权益。

5.2.1.3　制度层面

（1）建立"一带一路"对外投资风险信息服务制度

"一带一路"沿线各国大都是发展中国家，该区域地缘政治冲突不断，民族矛盾、宗教纷争、领土争端相互交织，且存在由不同国家主导的多个次区域经济合作组织，这就需要依托政府来提供对外投资风险信息。一是在"中国一带一路网"或商务部官网"一带一路"栏目中分区域、分行业设立对外投资风险防控指南，实时动态更新对外投资风险；二是服务端前移，利用我国驻外使领馆进行当地政治形势、法律政策等的信息收集，将相关市场研究、风险警示、融资信息、经验参考和政策辅导融入审批过程，第一时间为对外投资企业提供信息服务；三是政府部门牵头组织相关专家定期对对外投资企业和项目进行免费风险诊断和评估。

（2）提供多样化融资方式与渠道

目前我国对外投资企业中有大批小规模企业，这些企业在融资时常常受到融资结构和债务风险的压力，政府可以有针对性地对一些鼓励性的对外投资行业增加融资优待，充分发挥国家政策性金融机构的融资支持作用，对国家鼓励的境外投资项目加大信贷支持力度，支持有条件的企业在境外利用银行贷款、混合贷款、资产证券化等多种手段，让更多小型企业在资金上得到保障。

（3）完善海外投资保险制度

目前中国出口信用保险公司是中国唯一承办出口信用保险业务的政策性保险公司，其海外投资保险为投资者及金融机构因投资所在国发生的征收、汇兑限制、战争及政治暴乱、违约等政治风险造成的经济损失提供风险保障，承保业务的保险期限不超过 20 年。但对于其他的经营风险、跨国合并等事项并不提供相应的承保业务，因而，我国尚需完善对外投资保险的险种，为企业的对外投资提供保障，使中国企业"走出去"无后顾之忧。

（4）拓展和完善领事保护制度，协助投资者海外维权

当我国对外投资企业与投资东道国发生争端时，首先是应当通过东道国法律、双边协定、国际仲裁等途径进行维权，但是当这些方式都无法维护我国企业合法权益的时候，就需要通过领事保护为对外投资企业提供帮助。根据《中国领事保护和协助指南（2018版）》的规定，我国领事保护的主要对象是我国公民的基本人身、财产安全，但我国企业被当地部门查封、遭遇检查等，对于对外投资企业的保护几乎没有。因此，我国应当拓展领事保护的外延，为对外投资企业的维权提供帮助。

5.2.2　中介（智库）指导

在企业对外投资的风险防控体系中，无论是对于外源性风险、内生性风险还是过程性风险的防控，中介（智库）机构的作用都不可或缺。具体而言，从对包括投资国环境、东道国环境和全球环境在内的宏观环境的评估，到企业投资进入模式和投资区位的选择，再到企业管理国际化的实施，都需要各种中介（智库）机构的有效指导，将政府引导细化落实到各个企业、各个环节，帮助企业更好地适应政策、以更稳健的步伐走出去，中介（智库）机构的重要性不言而喻，亟须在组织层面，制度层面，业务层面进一步优化。

5.2.2.1　组织层面

（1）建立具有专业胜任能力的对外投资中介机构库

中介机构在对外投资及其风险防控中发挥着联系投资国、企业、东道国的桥梁作用，虽然目前我国的中介机构数量不少，但专业性和权威性不够，国际认同度不高，中介机构在职能边界、国际视野、人员素质、执业能力等方面与标准普尔（Standard & Poor）、穆迪（Moody's）、惠誉（Fitch）等国际知名中介机构还存在较大差距。因而，不仅要提高中介机构的执业能力，还应重视管理、人员、技术的国际性，加强国际合作、国际认可。穆迪成为中诚信国际信用评级有限公司（CCXI）的股东、联合资信与惠誉合作，进一步帮助其提升业务能力与国际影响力。在"一带一路"背景下，中介机构的作用越来越重要，我国应储备、培养、选拔具有专业胜任能力和职业操守的中介机构，创建不同层级的中介机构库，为我国企业对外投资及其风险防控提供更具专业的指导。

（2）协调各类中介机构、智库组织的沟通与合作

对接"一带一路"倡议，我国企业"走出去"既要面临国际竞争，还要面对本国同行业竞争，亟须强大且持续的智力支持。我国高校、科研院所人才云集、智力资源丰富，因而，应整合人才资源优势，协调各类中介机构、智库组织的沟通与合作，成立"一带一路"各投资区域、各投资行业研究机构，形成专注于"一带一路"倡议下国际化战略理论、实践与政策等问题研究的智库团队，产出一批具有影响力和高转化率的研究成果，并以此为契机，促进各类国际开放型经济思想库、国际战略研究信息资料库、国际战略研究学术交流平台、国际战略研究人才交流与培育平台的形成，充分发挥智库的外脑作用，从政策的"诠释者"向"建设者""推动者"转变。

5.2.2.2 制度层面

（1）建立联合信息披露制度

我国企业在"一带一路"沿线国家对外投资所面临的业务问题是复杂多样的，涉及汇率、税务、法律等不同内容，因而企业在接受中介机构指导的时候往往是"一对多"，有时各类信息交叉重叠或口径不一，影响工作效果。建立联合信息披露制度要求相关金融机构、会计师事务所、律师事务所等中介机构加强对"一带一路"沿线国家投资信息数据库的建设，在企业对外投资项目启动阶段能迅速分工就位。如银行、证券公司设立融资架构，会计师事务所提供财务税收筹划，律师事务所提供法律风险管理，协同整合，有利于相关中介服务机构延伸自己的服务链条，提升自己的综合能力，提供"一揽子"服务，将更加符合成本效益原则，更有利于企业决策落地实施，为中国企业开展对外投资及时提供信息咨询和业务指导，发挥中介机构信息优势。

（2）合理化中介服务分工制度

职责分工、各司其职，有利于提升中介服务的效能。咨询公司与律师事务所等中介机构应加快国际化进程，为企业提供专业化的投资咨询和维权服务，严格按照国际商业规则规范企业行为，协助企业开拓国际市场，形成建设"一带一路"的强大支撑。相关行业协会应注重推动我国企业和"一带一路"沿线国家沟通、协调等服务，发挥企业间的桥梁与纽带作用，积极为企业出谋划策，减少商业摩擦和贸易壁垒。相关商会等还可利用联系广泛、信息灵通的优势，引导龙头企业与中小企业协同发展，推动有序竞争，为中国企业参与"一带一路"对外投资创造良好的营商环境。

5.2.2.3 业务层面

（1）积极拓展海外业务，提高专业胜任能力

服务"一带一路"建设，对中介机构来说，既是机遇，也是挑战。一方面，依托"一带一路"，中介机构的市场空间扩大，中介机构可以凭借专业优势，机构优势，积极拓展海外业务，在企业投资、融资、经营、退出各个阶段，从企业人员的岗位设置、人员培训、关键环节风险点控制、法律、税务等方面给中国企业对外投资提供建设性建议。同时，"一带一路"沿线国家法律环境等比较复杂，对中介机构的执业能力也提出了更高的要求，因而，中介机构应重视培养国际化人才，建设国际业务服务网络，如税务中介机构在配置国际税收服务人才和国际税收服务网络后就可以提供在"一带一路"沿线国家投资交易中的税收法律政策业务咨询，帮助中国企业解决对外投资中的国际涉税问题，防控涉税风险，以增强国际竞争力。

（2）坚持政策导向，规范中介机构服务

中介机构要熟悉母国和东道国相关政策，及时更新对于"一带一路"沿线国家政策解读，提供的指导要与时俱进。中介机构如会计师事务所、律师事务所等在服务过程中还需要规范从业人员的资质管理，如建立海外服务职业资格证，资格审查和注册登记制度，明确服务人员的资质条件。中介机构应指导对外投资企业建立健全"企业对外投资风险控制制度"等制度体系，明确企业对外投资风险控制的目的；定义和分类对外投资风险；制定投资风险控制的业务流程与防控模式；制定重大投资风险预警与突发事件应急处理机制；制定对外投资风险控制的人才培养与培训规划；建立并完善对外投资风险控制的问责机制与奖惩机制，有针对性地为企业提供具体的行动指南。

5.2.3 企业主导

企业是对外投资活动的主体和实施者，企业在对外投资风险防控中起主导作用，"打铁还需自身硬"，需要在组织层面、制度层面、文化层面不断革新。

5.2.3.1 组织层面

（1）重视企业对外投资风险管理国际化人才培养与储备

中国企业对外投资及其风险防控，人才是关键。"一带一路"沿线各国的市场准入规则、投资管理体制、社会文化、传统习俗等存在较大差异，企业对外投资"走出去"且真正"走进去"亟须具有国际视野，熟悉国际经营惯例与法规，通晓专业技术知识，精通东道国语言、习俗，富有系统分析与防控风险的高层次复合型人才。《2018 年全球竞争力报告》首次采用全球竞争力 4.0

评价体系，对全球 140 个主要经济体的竞争力进行了排名，报告显示：我国全球竞争力综合排名居第 28 位，教育竞争力排名第 63 位，其中，与人力资源素质直接相关的教育指标分类评价中，我国的员工培训程度得分仅为 58.3 分，低于 28 国（地区）平均值的 67.4 分；我国职业培训质量与员工培训程度得分仅为 58.9 分，低于 28 国（地区）平均值的 68.9 分；我国找到熟练工的容易程度得分仅为 59.7 分，低于 28 国（地区）平均值的 66 分[①]，表明我国高层次人才存量与增量同发达国家水平仍有较大差距，如图 5-2 所示。

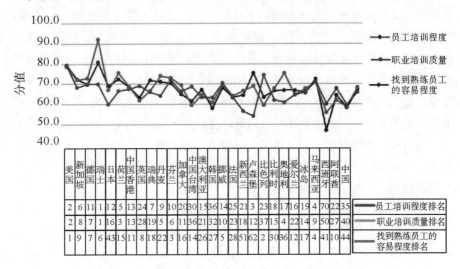

国家/地区	员工培训程度排名	职业培训质量排名	找到熟练员工的容易程度排名
美国	2	2	1
新加坡	6	8	9
德国	11	7	7
瑞士	1	1	6
日本	12	16	43
荷兰	5	3	15
中国香港	13	13	11
英国	24	28	8
瑞典	7	19	18
丹麦	9	5	22
芬兰	10	6	3
加拿大	20	11	16
中国台湾	30	36	14
澳大利亚	15	21	26
韩国	36	32	27
挪威	14	10	5
法国	25	23	28
新西兰	21	18	51
卢森堡	3	12	62
以色列	23	37	2
比利时	18	15	30
奥地利	17	4	36
爱尔兰	16	22	12
冰岛	19	14	17
马来西亚	4	9	4
西班牙	70	50	41
阿联酋	22	27	10
中国	35	40	44

图 5-2　28 国（地区）员工培训程度、职业培训质量、
找到熟练员工的容易程度及排名（2017—2018 年）

因而，我国需要加快培养高层次、复合型的对外投资经管人才。一方面，依托高校，从本科层次培养高素质的对外投资经管人才，侧重于全球业务整合能力和海外学习能力，做好人才储备；另一方面，分阶段、多层次地针对不同行业、不同区域、不同投资区位企业的"一带一路"专项培训和援外培训，为中国企业"走出去"提供全方位的组织保障。

（2）投资主体多元化，组建利益共同体

对外投资中，中国企业与东道国政府、企业共同投资，也是降低政治风险的一种有效策略，通常可采用合资经营、合作经营、合作开发等形式；我国企业也可以邀约国际银团、外国银行、大型财务公司入股，以形成多元化融资主

---

① 邓莉，施芳婷，彭正梅. 全球竞争力教育指标国际比较及政策建议 [J]. 开放教育研究，2019（2）：13-24.

体的资本结构，由于这种融资主体代表了国家或集团的利益，加之具有一定的国际影响力，促使东道国对我国对外投资企业等同视之；我国企业还可以通过雇佣东道国劳动力，吸收东道国的利益相关者等，与东道国形成利益共同体。

5.2.3.2 制度层面

（1）企业建立对外投资前尽职调查制度

"一带一路"沿线各国的法律体系，既有英美法系，也有大陆法系，还有些国家受宗教影响明显；沿线各国既有参与 WTO 等全球性金融、投资和贸易协议的，又有参与欧亚经济联盟（EAEU）等区域及多边合作协议的，因此，"一带一路"沿线各国社会背景、法律体系、政治制度存在差异，中国企业必须对东道国法制环境以及投资项目适用的法律法规进行尽职调查，如完善对外投资交易中劳动与雇佣尽职调查，薪酬福利尽职调查等。针对外资准入的政策法规，我国商务部发布《对外投资合作国别（地区）指南》，对"一带一路"沿线主要国家和地区的法律法规、投资环境等做出信息披露。如果指南中没有投资国的投资环境分析，那么就需要企业自己进行投资环境调查。不仅如此，即便是指南上披露了该国信息，企业自身也应结合行业特点、业务类型等进一步尽职调查，全面了解东道国的投资环境。

（2）构建企业对外投资风险"预警—防控"体系

企业对外投资风险防控需主动应对风险，不能一味被动承受风险。依托对外投资风险"预警—防控"体系，企业能够实时跟进投资项目的风险情况，根据风险发生的预兆，及时发现风险指标的异变，提前得到警报；针对警度较高的风险，采取行之有效的矫正或应对措施，避免风险发生或尽可能地降低风险带来的损失。

企业通过投资风险预警与动态评估，可以随时掌握对外投资风险状态及其对企业经营管理的影响，及时甄别风险类别和危机程度，有效研判和应对显性投资风险与隐性投资风险，因而，①设立企业对外投资风险管理机构，具体可包括三个层级——决策层（如企业董事会、风险控制委员会）、执行层（如风险管理部、风险业务部）和监督层（风险审计部、风险监督部）；②设置企业对外投资风险预警指标体系，具体可包括三个层次——监控指标的设定（如外部市场监控指标、企业内部风险监控指标）、风险额度设定（如企业层面整体风险额度、各业务层面分项风险额度）和风险预警等级设定（如风险正常级、风险关注级、风险可疑级、风险障碍级、风险失控级）。"一带一路"背景下中国企业对外投资风险"预警—防控"体系主要流程如图 5-3 所示。

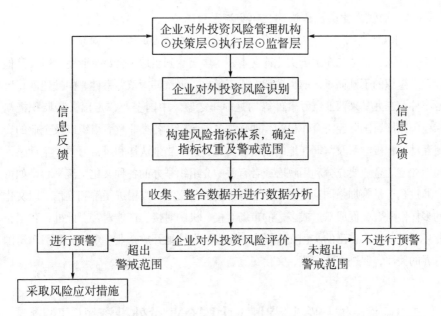

图 5-3　"一带一路"背景下中国企业对外投资风险"预警—防控"体系主要流程

（3）完善企业对外投资退出机制

中国企业对"一带一路"沿线各国的投资项目往往投资周期较长，同时，在不同国家所面临的风险情况不一样，使我国企业面临的问题常常具有复杂性、突发性。例如，阿富汗等国家属于战争高发区域，如果在这些国家进行投资，不能及时撤资，企业损失则不可估计；我国与泰国的"高铁换大米"计划，也因为泰国新政府上台而宣告失败；华为遭受多国政府禁止进入当地市场，造成不可避免的损失；等等。因而，我国企业应在项目协议中明确市场退出的相关政策条款，通过依托我国与东道国签订的双边或者多边协议，建立一套适合我国企业的市场退出机制，以避免或减少对外投资损失。

5.2.3.3　文化层面

（1）尊重文化多样性，积极承担社会责任

"一带一路"沿线国家的社会制度、宗教信仰、文化传统、经济体制、法律制度、开放程度等各有差异，与此形成不同的价值判断、行为习惯、市场规则，一定程度上影响着经济合作的深广维度和进程时序。面对文化差异，我国对外投资企业应提高本土化意识，尊重当地不同价值判断、审美观念和行为习惯，通过创新合作机制，多样化产品设计等积极融入东道国文化环境；同时，我国企业也积极履行企业社会责任，及时发布社会责任报告，努力成为具有包容性的国际化企业，提升企业国际影响力。

（2）加强文化交流，构建文化交流平台

长期以来，我国企业对外投资收益较低的一个重要原因在于对东道国文化的了解不够深入，导致与东道国文化冲突不断，屡屡受到当地工会、企业商会以及其他非政府组织的干预而难以取得预期的投资效果，上汽韩国双龙事件、中铁建沙特巨亏事件、三九马来西亚巨亏事件等均是前车之鉴。中国企业"走出去"要积极与沿线国家探讨国际经济合作机制，加强与各国政府、各类非政府组织以及企业的交流互动，积极学习及掌握当地的制度和文化，遵从当地法律和风俗习惯，主动融入当地社会。企业要充分利用政府或者有关中介组织举办的各种文化交流平台，如可以通过孔子学院加强同其他国家社会各界的文化交流，以增进了解和互信，以文化的多样性融合，促成双边或多边的市场对接、机制对接、产能对接。此外，我国企业还可主动搭建自己的文化交流平台，如有计划性地开放企业参观日，吸引东道国各界的关注，促进人才交流、文化交流。

5.3 "一带一路"背景下中国企业对外投资风险防控对策：技术支撑

信息化时代，信息是企业对外投资风险防控体系中的核心要素，是连接风险识别到风险应对的纽带。尽管近年来我国商务部、国家发展和改革委、国家统计局、"中国一带一路网"等部门、网站定期发布"一带一路"沿线各国风险信息，但这些信息往往是"静态""平面""碎片化"且不同步，使企业对外投资风险防控存在"信息瓶颈"。当前，我国已全面进入信息化时代，借助以大数据为代表的网络信息科技可以在很大程度上为企业对外投资风险防控提供可视化数据支撑，使防控显性化、显性制度化、制度流程化、流程表单化、表单信息化、信息实时化。

5.3.1 我国大数据平台的运行基础

根据中国互联网络信息中心（CNNIC）发布的第 44 次《中国互联网络发展状况统计报告》①，截至 2019 年 6 月 30 日，我国互联网用户数量已达到8.54 亿，互联网普及率 61.2%，68.8%的企业接触大数据、云计算等技术，

---

① CNNIC. 2019 年第 44 次中国互联网络发展状况统计报告 [EB/OL]. [2019-08-30]. http://www.cac.gov.cn/2019-08/30/c_1124939590.htm.

15.2%的企业已经采用或计划采用相关技术，13.83%的企业未来考虑使用大数据和云计算服务；我国网民使用手机上网的比例达99.1%，使用电视上网的比例达33.1%，使用台式电脑上网、笔记本电脑上网、平板电脑上网的比例分别达46.2%、36.1%和28.3%（见图5-4）；我国在线政务服务用户规模达5.09亿，占网民整体的59.6%，我国"互联网+政务服务"的深化发展，各级政府依托网上政务服务平台，实现线上线下集成融合①。《2019互联网趋势报告》显示，截至2019年6月30日，全球互联网用户数量已达44.22亿，全球互联网用户渗透率超过50%。此外，互联网交换中心是互联网服务提供者为交换通信量设立的平台，互联网用户通过平台利用创建或已有对等协议进行数据和信息传输。截至2020年5月，全球互联网交换中心已经达到1 052个，拥有10个以上互联网交换中心的国家已多达22个（见图5-5）②。可见我国以及世界其他主要国家已完全具备大数据运用基础和应用场景。

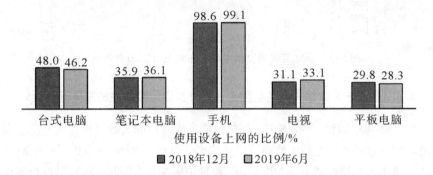

图5-4　中国互联网络接入设备使用情况（2018年12月—2019年6月）

---

① CNNIC. 2019第44次中国互联网络发展状况统计报告[EB/OL].[2019-06-12].http://www.cac.gov.cn.

② 玛丽·米克尔. 2019互联网趋势报告[EB/OL].[2019-06-12].http://www.cbdio.com.

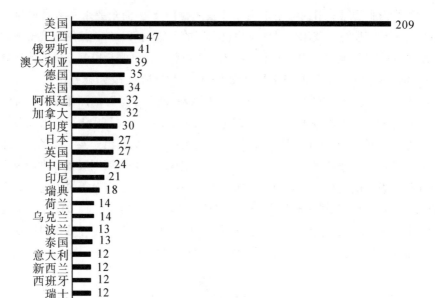

图 5-5 　全球互联网交换中心分布情况（2020 年 5 月）

5.3.2 　基于大数据平台的我国企业对外投资风险防控的总体框架设计

"一带一路"背景下我国企业对外投资风险防控的大数据平台的建立，基于互联网开放平台，运用大数据等信息技术，构建"主体层+应用层+支撑层"的大数据平台架构，其中："主体层"包括中国端、"一带一路"沿线国家端和其他国家端；"应用层"包括企业对外投资风险防控系统、企业对外投资风险防控大数据运营系统、企业对外投资风险防控大数据分类服务系统；"支撑层"包括云计算支撑平台、数据交换核心系统、数据管理中心。"一带一路"背景下企业对外投资风险防控大数据平台架构如图 5-6 所示。

5.3.3 　基于大数据平台的企业对外投资风险防控运用：以企业对外投资风险预警系统为例

基于大数据平台，企业对外投资风险预警可充分整合各区域、各行业、各部门现有的数据资源，数据库功能设计的合理性直接影响风险预警系统的效率及其功能的实现。按照数据库逻辑结构，可分为数据采集、数据转换处理、数据分析（见图 5-7）[1]。

---

[1] 　借鉴黄莉（2019）《中泰商务大数据平台建设研究》的部分思路。

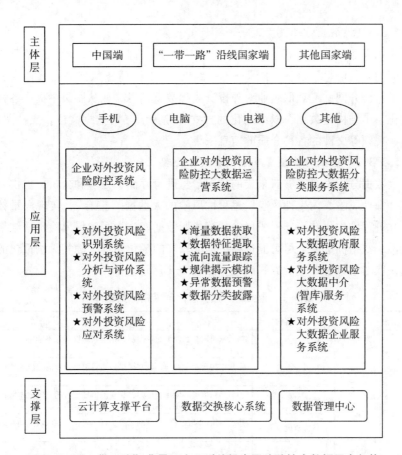

图 5-6　"一带一路"背景下企业对外投资风险防控大数据平台架构

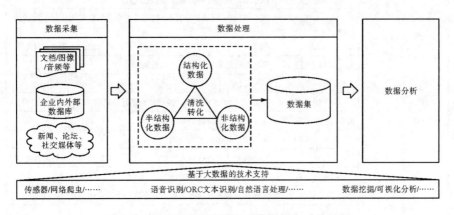

图 5-7　企业对外投资风险"大数据"功能结构

5.3.3.1　企业对外投资风险预警数据采集

采用大数据技术从商务部、国家统计局、外交部、国家发展和改革委等政府部门的公共信息平台，"中国一带一路网"、中国商务数据平台等社会公共服务平台公开网站上获取企业对外投资风险数据信息，如从网页中提取各种非结构化、半结构化数据，以结构化的方式存储为统一的数据文件，支持图片、音频、视频等文件的各种介质的信息采集。

5.3.3.2　企业对外投资风险预警数据处理

大数据分析平台能够对采集的数据信息进行存储、处理和分析，提供对外投资外源性风险、内生性风险、过程性风险的大数据"整合"，实现海量数据采集并进行结构化转换，形成风险预警指标数据库。为了确保风险预警结果的客观性，在指标选取上尽可能选择可信度较高的量化指标，确实无法量化的指标则采取专家打分评定的方式确定，如表5-1所示。

表5-1　企业对外投资风险预警指标数据库

一级风险	二级风险	指标名称	指标含义
外源性风险	法律风险	外汇管制风险	如果东道国存在外汇法律管制，则会妨碍投资人不能将投资所得汇回国内
		税务风险	企业虚构避税营业地、设立离岸公司等可能导致的违反东道国法律风险
		环境保护风险	为满足东道国环境保护法律，相应的增加项目的时间成本和经济成本，间接增加项目风险
		劳资风险	违反当地劳动法可能导致的工会抗议、罢工甚至政府处罚和诉讼风险
		……	……
	政治风险	政治稳定性	指东道国政府保持的有序性和连续性
		政府效率	政府机构在单位时间内的运转速度，办事的数量和质量，反映政府的整体功能水平
		法治程度	用于反映东道国法律体系的健全程度以及公民的法律遵守程度
		腐败程度	评价东道国政府部门腐败的程度
		……	……
	经济风险	GDP 增长率	指 GDP 的年度增长率，按可比价格计算的国内生产总值来计算
		消费者物价指数 CPI	用于分析市场价格的基本动态
		汇率标准差	用于评价某国汇率的波动程度
		通电率	享有通电人口数占总人口数的百分比，衡量国家用电保障程度
		恩格尔系数	衡量东道国国民富裕程度
		基尼系数	用于测定收入分配差异程度，表现一个国家的财富分配状况
		……	……

表5-1(续)

一级风险	二级风险	指标名称	指 标 含 义
外源性风险	文化风险	精神文化差异	包括价值观、伦理道德、思维方式等方面的差异
		行为文化差异	包括企业员工沟通障碍、领导者行为作风差异、人际关系等方面的差异
		制度文化差异	包括组织结构、激励机制等方面的差异
		……	……
	产品市场风险	顾客需求偏好	以东道国与母国（中国国内）需求偏好差异程度予以衡量，通过利克特五点量表打分
		……	……
	行业竞争风险	东道国当地企业的抵触	以竞争激烈程度予以衡量，通过利克特五点量表打分
		母国竞争对手的博弈	
		其他国家或第三国企业的冲击	
		……	……
	行业技术风险	国家创新指数	数据来源于中国科学技术发展战略研究院发布的《国家创新指数报告》
		知识产权保护力度	衡量对于知识产权保护的制度体系完善与执行程度，数据来源于世界经济论坛《全球竞争力报告》
		……	……
	行业制度风险	营商环境便利指数	衡量监管法规是否有助于推动或是限制投资活动，来源于《世界银行营商环境报告》
		……	……
内生性风险	人力资源风险	管理层国际化程度	外籍管理层人数/管理层总人数，评价企业管理层对国际环境因素的感知和理解程度
		员工外籍比例	外籍员工/员工总人数，衡量企业员工的国际化程度
		……	……
	融资风险	偿债能力	从企业自身角度，以资产负债率、流动比率等偿债能力指标衡量企业自主融资能力对融资风险的保障程度
		政策支持	从外部环境角度，考察是否有我国或东道国对投资给予融资方面的政策支持，衡量外部融资环境对融资风险的保障程度
		……	……
	运营风险	投资损失金额	2013年至今企业对外投资的损失额平均数
		……	……

表5-1(续)

一级风险	二级风险	指标名称	指标含义
过程性风险	项目决策风险	区位选择	用于衡量企业因在投资过程中出现区位选择偏差而导致企业蒙受损失的可能性
		进入模式	考察企业进入模式（新建、并购、合资）是否与具体投资环境相适应
		……	……
	项目质量风险 计划延误风险	项目内部控制完善程度	由专家针对具体项目实施计划和流程设计进行分析，评价项目内部控制的完善程度是否足以规避质量风险和延误风险
	成本费用超支风险	预计成本费用率	根据企业项目计划和预算确定预期的成本费用率，并结合具体情况进行调整
		……	……

5.3.3.3 企业对外投资风险指标的权重确定

由于每种风险对于投资结果的影响不同，需要对各种风险的权重进行界定，常用的权重确定方法主要有：德尔菲法、层次分析法、人工神经网络法、模糊综合评价法等。企业应根据自身对外投资风险体系的复杂程度、相关技术资源要求等选择合适的权重确定方法。

5.3.3.4 企业对外投资风险预警评级

在各类风险指标值已标准化、权重已确定的基础上，企业可以对其进行加权综合，得出最终的综合风险值。为便于对综合风险进行程度评价，及时做出合理预警，企业需要对综合风险值划分警报等级，各警报等级所对应的阈值、风险状况和指示灯状态如表5-2所示，企业根据警度，考察对外投资风险是否"在控""可控"，从而采取风险应对措施。

表 5-2 企业对外投资风险预警评级

警度	危警	重警	中警	轻警	无警
阈值	[80, 100]	[60, 80]	[40, 60]	[20, 40]	[0, 20]
风险状况	严重风险	重度风险	中度风险	轻度风险	无风险
指示灯状态	红色	橙色	黄色	蓝色	绿色

5.4 "一带一路"背景下中国企业对外投资风险防控
对策：机制保障

"一带一路"背景下，中国企业对外投资面临多种风险，国内外各利益主体的利益冲突日趋复杂和明显。为了充分发挥我国在"一带一路"建设中的优势，为我国企业真正"走出去"保驾护航，亟须构建"一带一路"背景下我国企业对外投资风险防控的动力机制、学习机制、协调机制、运行机制等长效保障机制。

5.4.1 动力机制

动力机制是指各种源动力的有机组合及其作用关系，企业对外投资风险防控的动力机制，即指驱动对外投资风险防控目标与过程、发展和演化的结构体系及其运行关系。根据动力来源不同，可分为外引动力与内生动力。

5.4.1.1 外引动力

随着"一带一路"倡议的深入推进，政府与中介（智库）组织在企业对外投资风险防控中扮演日益重要的角色，发挥引导和指导作用。从某种意义上说，企业对外投资不仅关乎单个企业的利益，也关系到行业的发展趋势与国家的投资战略。政府作为宏观调控主导，在企业对外投资存在潜在风险时，应引导相关企业在投资前期采取措施以预防风险，如政府或中介机构对对外投资企业提供信息和技术援助，提供有关东道国的宏观经济状况、法律制度、财税政策、行政管理制度或特定产业与项目等信息，以及通过组织研讨会、投资洽谈会等方式为企业提供技术服务[①]。同时，具有资质的保险机构为相应企业提供适应不同投资国的保险服务，针对战争、汇率等各种因素，或是提供相应的税务服务，帮助企业厘清不同国家之间的税收规定差异，指导企业进行合理的税务筹划。另外，政府也可以在对外投资审批手续和时间，以及投资行业的限定等方面对企业进行引导，避免对高风险区域、高风险项目进行投资。依托政府与中介机构的引导与指导，企业防控对外投资风险更具专业化，也更有意愿和能力应对相关风险。

5.4.1.2 内生动力

企业是对外投资的主体，投资风险的大小直接影响企业对外投资收益、后

---

① 王恕立. 对外直接投资动因、条件及效应研究 [D]. 武汉：武汉理工大学, 2003.

续的投资机会、与行业内竞争对手的差距以及自身的市场地位等。为了确保开发或维持海外市场、获取短缺资源和先进技术与经验、享受东道国的优惠政策等，企业需建立相应的风险防控制度，当投资环境和企业自身条件有所变化时，应适时调整和完善该制度，并且强化制度的执行力。企业可建立专门的对外投资风险防控委员会或部门，对制度的执行过程和效果负责，并在风险防控过程中提出指导性意见。人才培养也是企业的内在驱动力，企业在人才招聘与培养过程中，要重视对外投资风险防控人才的知识储备与国际视野。同时，在强化自身风险应对能力和竞争优势的同时，做到对投资风险全方位、全流程的事前预防、事中控制和事后反馈。

5.4.2 学习机制

企业对外投资风险防控的学习机制是指企业在"一带一路"背景下，针对企业面临的投资风险为达到防控目的而发生的知识创造、转移等过程，并且为使企业员工形成持续学习理念、自觉学习能力而提供的科学合理的制度体系，主要包括学习激励机制、学习互动机制、学习考评机制等，不同机制相互联系，相互补充，形成一个较为完整的体系。

5.4.2.1 学习激励机制

为了提升企业防控对外投资风险的能力，全面增强员工的学习意愿与学习能力，企业需要建立学习激励机制。激励机制有利于激发学习的动力，要做到奖罚分明，满足不同层级不同个体的不同需求，以最大限度地激发员工的学习潜能。企业对员工进行物质和精神的激励，具体可体现为奖金、评优和晋升等。在激励实施过程中，要注重目标的设立，针对不同层级的员工在不同阶段设立不同的目标，并且目标应是呈递进式的，以提高员工的成功体验，进而增强其学习效能。另外，企业可以树立先进的典型代表，也可以对标行业内风险防控领域成绩较为突出的企业，取长补短以增强自身风险防控的能力。

5.4.2.2 学习互动机制

学习互动机制就是要把学习制度化、规范化，在学习过程中坚持互动与反思。企业应根据不同部门的职责明确其学习目标，制定相应的学习计划，做到有据可依。如对于涉及风险防控的部门，侧重学习风险识别、风险评估、风险防范和控制方面的知识，提高其在不同投资环境下应对风险的综合能力。企业可定期对员工进行专业培训，如针对对外风险的类别、识别、防范与控制以及各投资国的相关制度等，让员工有机会有渠道参加专业、系统的学习，引起员工重视，保持学习热情。学习培训不仅包括内部人士进行的培训，还包括外部专业机构或优秀企业的相关培训。对外投资风险防控的学习是一个不断创造知识、接受知识和反馈的过程，企业应建立相应的学习反馈途径，如让员工定期对自己的学习成果和问题进行汇报，针对员工的学习情况调整有关制度。企业可以结合线上线下学习方式，搭建有关对外投资风险防控的网上学习平台，设置讨论区和资源的上传与下载专区，针对员工的问题在线答疑，并且可以设置小组合作学习的方式，促进相互之间的交流探讨。

5.4.2.3　学习考评机制

学习机制不仅要求激发企业各级员工的学习热情，将学习制度化，还要求对学习结果进行评估与考核，即建立学习考评机制。学习考评机制首先关注企业对学习的投入，也就是对在学习过程中需要的硬件和软件设施的保障程度。随着信息化时代的到来，企业的长效学习机制，必须加大对学习硬软件的投入，如信息网络建设以及教育培训的相关投入等。企业对外投资风险防控不仅需要学习专业的投资知识，也需要紧密跟进政治、经济、文化等方面的知识，对企业人员的内部培训或者聘请专业人士培训都需建立合理的考核评估制度，确定绩效考核的标准，对各级员工的学习过程与成果定期或不定期进行评价与考核，评估包括员工的学习态度、方式和效果等各个方面，也可以针对管理层或部门对学习的落实情况单独考核。根据考核结果确定赏罚情况，对于考核不合格的员工进行警告或是降薪等处理，从而将学习效果纳入个人的绩效或综合考评中，增强各级员工学习的主动性与持续性。

5.4.3　协调机制

"一带一路"背景下，为了防控中国企业对外投资风险，需要建立以政府为主导、以相关法律法规政策为基础的对外投资风险防控的协调机制，主要包括监管协调机制、服务协调机制、保护协调机制[1]。

5.4.3.1　对外投资风险防控的监管协调机制

监管协调机制是企业对外投资防控进行监管的有效保证。"一带一路"背景下我国企业对外投资的管理，涉及商务部、国家发展和改革委员会、国家外汇管理局、财政部、国有资产监督管理委员会、国家税务总局以及银行、海关等多个部门，各部门在各自职权范围内制定了相应的管理制度，但是部门立法之间衔接不够[2]。因此，在监管协调机制中，首先，应设立"一带一路"对外

---

① 陈爱萍. 我国境外直接投资协调机制的构建探析 [J]. 黑龙江对外经贸，2011 (9)：45-47.
② 梁媛. 国有资产境外投资风险生成机理与治理机制研究 [D]. 长沙：湖南大学，2010.

投资协调部门，该部门的责任是研究中国企业对外投资的长期发展战略和规划，协同各个部门关于对外投资监管政策的制定，向国内外企业阐明我国对外投资策略、法规体系。其次，提高审批效率。"一带一路"对外投资协调部门应统一我国企业的对外投资审批标准，减少企业对外投资项目审批环节多、各部门审批标准不一致的困境，引导企业及时抓住投资机会。最后，监管协调机制还应当建立权责分明、惩治有据的监管法律体系，强化对我国企业对外投资的后续监管，既要制定考核对外投资企业的具体细则，及时掌握企业对外投资的变动情况；同时，也应以法律形式明确监管者的风险监管责任，监管者应当对风险防控监管的不作为或者失当，承担一定的行政责任、民事责任乃至刑事责任。

5.4.3.2 对外投资风险防控的服务协调机制

"一带一路"背景下，我国企业对外投资规模不断扩大、范围越来越广、投资多元化，伴随而来的是风险的多样化。为了避免企业"走出去"出现盲目性，降低中国企业对外投资的各种风险，政府应建立并完善对外投资的服务协调机制，为我国企业高质量地"走出去"提供资金支持、技术支持、信息支持等。首先，应当完善对外投资信息服务体系，保障我国企业对投资国的信息畅通，比如要求我国驻外经济商务机构、商会撰写动态报告，反映东道国现状及我国企业在东道国投资的机遇和面临的障碍。此外，监管协调机制中的后续监管部门也应当在跟踪企业对外投资的变动情况时，及时汇编信息，以便于政府相关部门进一步细化完善对外投资的服务体系。其次，构建对外投资服务协调机制还要发挥民间力量，大力鼓励和发展各类行业协会、咨询、法律服务等社会中介组织，各个中介机构应当增加专门为企业对外投资服务的业务，为企业对外投资及其风险防控提供有深度、有广度、有温度的服务。

5.4.3.3 对外投资风险防控的保护协调机制

对外投资风险防控的保护协调机制，是对我国企业在对外投资可能遇到的一系列非经营性风险提供保护协调措施的机制。首先，应当建立和完善对外投资促进、服务和监管的法律体系，在鼓励与促进我国企业对外投资的同时，充分借鉴发达国家的成功经验加强对我国对外投资的保护，不断建立、健全我国企业对外投资的法律体系，协调利用国际组织和规则，以确保我国对外投资的可持续发展。其次，我国要加快建立完善的对外投资保险制度及危机处理机制。我国可设立专门的对外投资保险机构，该保险机构不应以盈利为目的，其主要职责是审批对外投资保险业务，办理经审批机构批准的保险业务，与对外投资企业签订保险合同，一旦发生承保范围内的保险事故，该保险机构便能使对外投资企业得到更有效、更充分的保护。

5.4.4 运行机制

科学有效的运行机制是"一带一路"背景下我国企业对外投资风险防控的重要保证,对外投资风险防控的运行机制主要包括对外投资的论证决策机制、对外投资企业当地化的运营机制和对外投资的相机退出机制三个方面。

5.4.4.1 对外投资风险防控的决策论证机制

"一带一路"背景下,中国企业"走出去"已经是大势所趋,但是也存在企业非理性投资的问题,即企业对外投资往往缺乏科学论证和战略规划,走一步看一步。因此,建立有效的对外投资决策论证机制是企业"走出去"的前提。首先,企业应重视投资前期的市场调研,要全面深入地考察东道国各方面情况,尤其是企业要进入的行业、市场在东道国的竞争状况、未来趋势和准入条件等,且重视对当地风俗文化、当地消费者偏好以及当地政治环境稳定性的调查。其次,企业还应当客观真实地评价自身经济实力,设定对外投资项目可以接受的投资金额上限,选择适宜的投资规模,避免出现盲目投资以及占用企业流动资产投资长期项目的情形,以避免企业投资失利。最后,企业对外投资要明确决策责任,按照"谁投资,谁受益,谁负责"的原则,将责任落实到具体部门和个人,以降低决策风险、提高投资质量。

5.4.4.2 对外投资企业的当地化运营机制

目前,我国一些对外投资企业在境外的运营机制仍然沿袭国内模式,尚不能有效与东道国实际情况接轨,存在国内母公司"一放就乱,一管就死"的现象,因而,我国对外投资企业首先要加快境外企业运营机制的转变,赋予境外企业一定的经营决策权利,以便境外子公司能够顺应东道国局势灵活应变,同时也要动态监管境外经营动态。此外,推行当地化的运营机制是对外投资企业实现可持续经营的一个有效方式,如企业雇佣当地人员,既能充分利用当地人力资源,又能有效缓解文化冲突,帮助对外投资企业赢得东道国人民的信赖。

5.4.4.3 对外投资的相机退出机制

"一带一路"背景下,完善的退出机制是保障我国企业赢得对外投资收益、实现可持续发展的重要途径。在合适的时机实现对外投资的顺利退出,不仅可以及时回笼资金以便抓住新的投资机会,还可以调整投资结构、促进资源优化配置,最终实现投资增值和良性循环。企业对外投资退出机制的具体方式包括有通过协议转让资本产权的资本退出,通过在二级市场上出售股权的股权退出，通过并购方式的转并退出等①。在企业相机退出时要关注退出壁垒，即在位企业要退出现在所投资的企业或项目时所需承担的成本或损失，主要包括制度性退出壁垒、经济性退出壁垒与法律性退出壁垒②。对外投资的退出机制就是要在充分考虑这些退出壁垒的前提下选择合适的时机和有利的退出方式，保障企业的应得利益，保证我国企业对外投资的稳健发展。

5.5　本章小结

科学有效的风险防控体系是提高企业对外投资效能与效率的重要途径，新形势下，"一带一路"沿线各国的投资风险日趋复杂，我国政府、中介（智库）、对外投资企业均需树立全面风险管理理念，从对外投资风险的被动承受者转变为主动防控者，对接"一带一路"倡议，依托"政府引导、中介（智库）指导、企业主导"，借力"动力机制、学习机制、协调机制、运行机制"，践行"主体协同、技术支撑、机制保障"，共同助推中国企业稳健"走出去""走进去"，真正实现我国从投资大国到投资强国的转型。

---

① 郑后建. 论中国企业对外投资基本运行机制的构建 [J]. 扬州大学税务学院学报，2006（2）：68-70.

② 尹桂林. 套利动机对海外投资退出时机的影响研究 [D]. 昆明：昆明理工大学，2016.

参考文献

[1] 白天辉. 中国企业境外直接投资风险防范对策研究 [D]. 大连：东北财经大学，2005.

[2] 陈伟光，郭晴. 中国对"一带一路"沿线国家投资的潜力估计与区位选择 [J]. 宏观经济研究，2016 (9)：148-161.

[3] 陈瑶雯，莫敏，范祚军. "一带一路"背景下中国—东盟投资便利化水平测度 [J]. 统计与决策，2018，34 (23)：117-121.

[4] 陈宇. "一带一路"背景下中国对外金融投资的风险与对策研究 [J]. 生产力研究，2018 (6)：86-90.

[5] 成思危. 中国境外投资的战略与管理 [M]. 北京：民主与建设出版社，2001.

[6] 程中海，南楠. 中国对"一带一路"国家直接投资的效率及潜力评估 [J]. 商业研究，2017 (8)：64-73.

[7] 崔宏伟. "一带一路"倡议与容克投资计划对接前景探析 [J]. 德国研究，2016，31 (1)：51-61，126-127.

[8] 崔起凡. 国际投资仲裁中的临时措施研究：兼论"一带一路"背景下的中国对策 [J]. 国际商务研究，2019，40 (1)：69-77.

[9] 邓富华，贺歌，姜玉梅. "一带一路"沿线国家外资政策协调对中国对外直接投资的影响：基于双边、多边政策协调的分析视角 [J]. 经济与管理研究，2019，40 (12)：43-58.

[10] 邓力平，邓望远，王智烜. "一带一路"国家税收营商环境对中国对外投资的影响研究 [J]. 税收经济研究，2019，24 (3)：1-12.

[11] 邓力平，马骏，王智烜. 双边税收协定与中国企业"一带一路"投资 [J]. 财贸经济，2019，40 (11)：35-49.

[12] 丁世豪，张纯威. 制度距离抑制了中国对"一带一路"沿线国家投资吗 [J]. 国际经贸探索，2019，35 (11)：66-81.

[13] 杜龙政，林伟芬. 中国对"一带一路"沿线直接投资的产能合作效率研究：基于 24 个新兴国家、发展中国家的数据 [J]. 数量经济技术经济研究，2018，35（12）：3-21.

[14] 方慧，宋玉洁. 东道国风险与中国对外直接投资：基于"一带一路"沿线 43 国的考察 [J]. 上海财经大学学报，2019，21（5）：33-52.

[15] 方尹，陈俊华，代欢欢. "一带一路"背景下海湾国家投资环境综合评价 [J]. 世界地理研究，2018，27（2）：36-44，94.

[16] 龚秀国. 中国"一带一路"倡议有效对接欧盟投资计划探析 [J]. 欧洲研究，2016，34（3）：122-135，167-168.

[17] 谷望舒. "一带一路"视角下中国双边投资条约中间接征收条款的完善 [J]. 海关与经贸研究，2019，40（1）：108-122.

[18] 郭飞. 外汇风险对冲和公司价值：基于中国跨国公司的实证研究 [J]. 经济研究，2012（9）：18-31.

[19] 郭杰. "一带一路"建设中我国民营企业对外投资法律保护问题研究 [J]. 中国电子科学研究院学报，2019，14（3）：327-330.

[20] 郭周明，田云华，周燕萍. 逆全球化下企业海外投资风险防控的中国方案：基于"一带一路"视角 [J]. 南开学报（哲学社会科学版），2019（6）：17-27.

[21] 韩秀丽，翟雨萌. 论"一带一路"倡议下中外投资协定中的投资者：国家仲裁机制 [J]. 国际法研究，2017（5）：20-34.

[22] 韩亚峰. "一带一路"倡议下中国双向投资与对外贸易增长的协调关系研究 [J]. 宏观经济研究，2018（8）：52-59，74.

[23] 何力. "一带一路"背景下对外投资与可持续发展的法律问题 [J]. 海关与经贸研究，2018，39（4）：1-9.

[24] 洪联英，刘解龙. 为什么中国企业对外直接投资增而不强 [J]. 财贸经济，2011（10）：95-103.

[25] 黄亮雄，钱馨蓓. 中国投资推动"一带一路"沿线国家发展：基于面板 VAR 模型的分析 [J]. 国际贸易探索，2016（8）：76-93.

[26] 黄宁. "一带一路"背景下中国对外直接投资效率与投资风险研究：基于随机前沿模型（SFA）的经验证据 [J]. 区域金融研究，2018（9）：10-15，69.

[27] 黄雯. 中国企业对一带一路沿线国直接投资的国家风险研究 [M]. 北京：经济科学出版社，2017：134

[28] 黄荣斌，陈丹敏. 全球供应链视角下中国对"一带一路"国家直接投资的贸易效应再探讨 [J]. 商业经济研究，2019 (5)：129-132.

[29] 姬超. 中国对外直接投资的所有制差异及其东道国效应：以"一带一路"沿线国家为例 [J]. 投资研究，2018，37 (8)：26-41.

[30] 蒋冠宏. 制度差异、文化距离与中国企业对外直接投资风险 [J]. 世界经济研究，2015 (8)：37-47.

[31] 金碚. 论经济全球化3.0时代：兼论"一带一路"的互通观念 [J]. 中国工业经济，2016 (1)：5-20.

[32] 金芳."一带一路"倡议与中国对外直接投资的新格局 [J]. 国际关系研究，2016 (2)：69-80，154-155.

[33] 金立群，林毅夫."一带一路"引领中国 [M]. 北京：中国文史出版社，2015.

[34] 聂名华. 论中国企业境外直接投资的风险防范 [J]. 国际贸易，2008 (10)：4-8.

[35] 黎绍凯，张广来，张杨勋. 东道国投资风险、国家距离与我国OFDI布局选择：基于"一带一路"沿线国家的经验证据 [J]. 商业研究，2018 (12)：39-48.

[36] 李国洋，邱阳，方旖旎，等. 中国高端制造业对"一带一路"沿线投资地理特征与非经济风险分析 [J]. 市场周刊（理论研究），2018 (1)：136-137.

[37] 李金叶，许朝凯. 中国对"一带一路"沿线国家投资的技术溢出效应研究 [J]. 开发研究，2019 (2)：22-27.

[38] 李连辉. 中国对"一带一路"沿线国家直接投资区位分布及产业选择分析 [J]. 区域金融研究，2019 (4)：79-84.

[39] 李潇，邓力平，王智烜. 税收竞争与中国对"一带一路"沿线国家直接投资 [J]. 税务研究，2019 (3)：79-85.

[40] 李晓，杨戈. 中国"一带一路"沿线投资的影响因素研究：基于投资引力模型的实证检验 [J]. 东北师大学报，2018 (12)：26-37.

[41] 李友田，李润国，翟玉胜. 中国能源型企业海外投资的非经济风险问题研究 [J]. 管理世界，2013 (5)：1-11.

[42] 李玉娟."一带一路"倡议对中国海外投资效率的影响分析 [J]. 重庆交通大学学报（社会科学版），2018，18 (6)：83-88.

[43] 李媛，李孟佳. 中国对"一带一路"沿线国家投资潜力与方向研究

[J].沈阳工业大学学报（社会科学版），2019，12（1）：24-30.

[44] 李子耀，谢珊.“一带一路”背景下我国保险境外投资的风险探究[J].吉林金融研究，2018（6）：36-40.

[45] 廖紫祎，张光，王泽妍.“一带一路”背景下国际投资争端调解机制的运行 [J].商洛学院学报，2019，33（5）：69-72.

[46] 刘刚，常静.中国海外投资（FDI）在“一带一路”建设中的影响力分析：基于中国 FDI 投资在蒙古国的状况研究 [J].财经理论研究，2019（5）：28-40.

[47] 刘敏，黄亮雄，王方方.构建双边伙伴关系与中国企业对外直接投资 [J].当代财经，2018（12）：102-111.

[48] 刘双芹，李敏燕.基于制度视角研究中国对“一带一路”沿线国家直接投资的影响 [J].经济研究导刊，2018（18）：84-88.

[49] 刘文革，傅诗云，黄玉.地缘政治风险与中国对外直接投资的空间分布：以“一带一路”沿线国家为例 [J].西部论坛，2019，29（1）：84-97.

[50] 刘笑晨.中国海外投资保险法律制度研究：基于“一带一路”倡议和全球治理理论视角 [J].财经问题研究，2018（4）：71-76.

[51] 刘志东，高洪玮.东道国金融发展、空间溢出效应与我国对外直接投资：基于“一带一路”沿线国家金融生态的研究 [J].国际金融研究，2019（8）：45-55.

[52] 刘志强，陶攀.中国对外直接投资现状和政策建议 [J].国际经济合作，2013（10）：71-74.

[53] 鲁洋.论“一带一路”国际投资争端解决机构的创建 [J].国际法研究，2017（4）：83-97.

[54] 吕越，陆毅，吴嵩博，等.“一带一路”倡议的对外投资促进效应：基于 2005—2016 年中国企业绿地投资的双重差分检验 [J].经济研究，2019，54（9）：187-202.

[55] 马相东.顺向对外投资与产业结构升级：基于“一带一路”建设背景的分析 [J].中国特色社会主义研究，2017（3）：34-39.

[56] 马亚伟，漆彤.论“一带一路”投资争议解决机制的构建 [J].国际商务研究，2018，39（5）：85-96.

[57] 毛海欧，刘海云.中国对外直接投资对贸易互补关系的影响：“一带一路”倡议扮演了什么角色 [J].财贸经济，2019，40（10）：81-94.

[58] 孟华强.日本企业对外投资的金融支持体系对“一带一路”战略的

启示［J］. 经济研究参考, 2016 (67)：10-12.

［59］聂爱云, 曾剑锋. 美日投资经验对中国"一带一路"投资的启示［J］. 金融教育研究, 2018, 31 (1)：45-51.

［60］潘镇, 金忠坤. 双边政治关系、东道国制度风险与中国对外直接投资［J］. 财贸经济, 2015 (6)：85-97.

［61］彭念. "一带一路"倡议下中国投资海外港口的风险分析及政策建议［J］. 南亚研究, 2019 (3)：106-122, 154-155.

［62］乔敏健. 对外直接投资带动东道国产业升级的效果分析：来自"一带一路"国家的经验证据［J］. 亚太经济, 2019 (5)：103-112, 152.

［63］秦笑. 中国对"一带一路"沿线国家直接投资的影响因素分析：基于空间视角的研究［J］. 区域金融研究, 2018 (9)：16-22.

［64］曲智, 杨碧琴. "一带一路"沿线国家的制度质量对中国对外直接投资的影响［J］. 经济与管理研究, 2017, 38 (11)：15-21.

［65］施锦芳, 李博文. 中日在"一带一路"沿线国家贸易与投资现状评析：兼论推进中日经贸合作新思路［J］. 日本问题研究, 2019, 33 (2)：56-63.

［66］宋维佳, 刘丹阳. "一带一路"国内核心区与外商直接投资的异质性：基于东、中、西部的比较分析［J］. 财经问题研究, 2016 (9)：38-47.

［67］孙亚君, 王荣, 曹冬艳. 江苏对一带一路沿线国家直接投资现状研究［J］. 时代经贸, 2019 (32)：10-11.

［68］孙志毅, 许可, 杨文静. "逆全球化"背景下中国对外投资的风险与信用问题：以"一带一路"沿线国家投资风险为例［J］. 河南社会科学, 2019, 27 (10)：39-46.

［69］唐鹏琪. 实施"一带一路"战略的政治与经济风险：以中国在斯里兰卡的投资为例［J］. 南亚研究季刊, 2015 (2)：102-106, 6.

［70］滕乐. 我国企业对外投资中的政府违约风险及防范［D］. 北京：外交学院, 2019.

［71］佟家栋. "一带一路"倡议的理论超越［J］. 经济研究, 2017 (12)：22-25.

［72］王佳艺. "一带一路"背景下企业对外投资经济风险测度及预警研究［D］. 北京化工大学, 2018.

［73］王军杰, 石林. 论"一带一路"框架下我国海外投资保险制度的完善与重构［J］. 财经理论与实践, 2019, 40 (1)：156-160.

［74］王克玉. 境外国有企业法律风险管理审计探讨［J］. 审计研究,

2015 (5)：14-19.

　　[75] 王馗，高天慧. 政治风险、双边关系与中国对外直接投资 [J]. 合肥工业大学学报，2019 (2)：24-33.

　　[76] 王湘蓉，李富.“一带一路”下中国零售业对东南亚跨境投资战略研究 [J]. 商业经济研究，2019 (7)：123-126.

　　[77] 王义桅.“一带一路”：机遇与挑战 [M]. 北京：人民出版社，2015.

　　[78] 王英旭.“一带一路”倡议下我国对外投资的环境风险评价 [D]. 长春：吉林大学，2018.

　　[79] 王正文，但钰宛，王梓涵. 国家风险、出口贸易与对外直接投资互动关系研究：以中国“一带一路”国家为例 [J]. 保险研究，2018 (11)：41-53.

　　[80] 韦欣彤.“一带一路”背景下企业对外投资风险管理的审计研究 [J]. 财政监督，2019 (21)：101-104.

　　[81] 卫平东，孙瑾. 中国对“一带一路”沿线国家直接投资的风险监管体系研究 [J]. 国际贸易，2018 (11)：28-36.

　　[82] 肖慧敏，刘辉煌. 中国企业对外直接投资提升了企业效率吗 [J]. 财贸经济，2014 (5)：70-81.

　　[83] 肖学旺，赵军，袁保生. 税收因素对我国企业境外直接投资的影响：基于“一带一路”沿线国家的实证研究 [J]. 税收经济研究，2019，24 (2)：29-38.

　　[84] 谢国娥，许瑶佳，杨逢珉.“一带一路”背景下东南亚、中东欧国家投资环境比较研究 [J]. 世界经济研究，2018 (11)：89-98，137.

　　[85] 徐莉. 中国企业对外直接投资风险影响因素及控制策略研究 [D]. 济南：山东大学，2012.

　　[86] 徐一睿. 从区域公共品视角看“一带一路”倡议与基础设施投资 [J]. 日本研究，2018 (3)：7-8，21.

　　[87] 徐维祥，张全寿. 一种基于灰色理论和模糊数学的综合集成算法 [J]. 系统工程理论与实践，2001 (4)：114-119.

　　[88] 许晖，万益迁，裴德贵. 高新技术企业国际化风险感知与防范研究 [J]. 管理世界，2008 (4)：140-149.

　　[89] 杨东群，李丽原，邱君，等. 日本农业对外投资经验对中国实施“一带一路”倡议的启示 [J]. 世界农业，2019 (1)：17-23，54，123.

　　[90] 杨平丽，曹子瑛. 对外直接投资对企业利润率的影响：来自中国工

业企业的的证据 [J]. 中南财经政法大学学报, 2017 (1): 132-139.

[91] 杨晔, 胡澜. 风险管理对企业新技术商业化项目绩效影响的实证研究 [J]. 河南财政税务高等专科学校学报, 2017 (10): 34-43.

[92] 姚威, 李恒. "一带一路" 沿线国家人才分布与交流开发战略: 基于沿线 65 国人才质量和投资存量的分析 [J]. 清华大学教育研究, 2018, 39 (4): 64-72.

[93] 易靖韬, 戴丽华. FDI 进入模式、控制程度与企业绩效 [J]. 管理评论, 2017 (6): 118-128.

[94] 殷敏. "一带一路" 倡议下中国对俄投资的法律风险及应对 [J]. 国际商务研究, 2018, 39 (1): 69-85.

[95] 尤苗, 王连宫. 母国影响力与对外直接投资: 基于中国在 "一带一路" 沿线国家投资的经验分析 [J]. 财经问题研究, 2019 (5): 104-111.

[96] 俞乔, 刘家鹏. 系统性风险控制与动态逆势投资研究 [J]. 经济研究, 2013 (2): 68-82.

[97] 喻胜华, 聂早暖. 贸易投资便利化对 "一带一路" 沿线国家双边贸易额的影响 [J]. 湖南财政经济学院学报, 2018, 34 (6): 35-44.

[98] 苑承丽. "一带一路" 背景下东南亚、中东欧国家投资环境比较研究 [J]. 学术交流, 2019 (1): 189.

[99] 张建红, 周朝鸿. 中国企业走出去的制度障碍研究 [J]. 经济研究, 2010 (6): 80-91.

[100] 张明. 直面 "一带一路" 的六大风险 [J]. 国际经济评论, 2015 (4): 38-41.

[101] 张述存, 刘晓宁. 中国对 "一带一路" 新兴经济体投资布局优化研究 [J]. 中共中央党校 (国家行政学院) 学报, 2019, 23 (5): 128-135.

[102] 张蕴岭, 陆南泉, 李向阳, 等. "一带一路" 倡议与国际发展环境和国际合作 [J]. 财经问题研究, 2018 (10): 3-20.

[103] 张元钊. 东道国人类发展水平、政治风险与中国企业对外投资 [J]. 投资研究, 2017 (4): 103-117.

[104] 郑周胜. "一带一路" 战略下中国对外直接投资的驱动因素研究 [J]. 当代金融研究, 2018 (1): 107-119.

[105] 周朝鸿, 张建红. "一带一路" 直接投资的中国优势的理论问题探索 [J]. 对外经贸, 2018 (10): 62-68.

[106] 朱陆民, 崔婷. "一带一路" 倡议下中国对东盟直接投资的风险及

化解路径［J］. 印度洋经济体研究, 2018（2）: 100-113, 140.

［107］朱明侠, 左思明. 提升"一带一路"沿线国家投资便利化水平应对贸易保护主义研究［J］. 理论探讨, 2019（1）: 103-108.

［108］AOYAMA, RUMI. "One belt, One road": China's new global strategy［J］. Journal of Contemporary East Asia Studies 2016, 5（2）: 3-22.

［109］PALACIO A. Russia and the Silk Road Approach, Project Syndiacate［EB/OL］.［2014-05-06］. http://www. project-syndicate. org/commentary/ana-palacio-emphasizes-the-economic-and-security-benefits-of-china-s-latest-initiative.

［110］GOERZEN A, SAPP S, DELIOS A. Investor response to environmental risk in foreign direct investment［J］. Management International Review, 2010, 50（6）: 683-708.

［111］JAMES B E, VAALER P M. Experience, equity and foreign investment risk: a PIC perspective［J］. Management International Review, 2017, 57（2）: 209-241.

［112］BEAMISH P, BANKS J. Equity joint-ventures and the theory of MNE［J］. Journal of international business studies, 1987, 18（2）: 1-16.

［113］JEAN B, CRAO F. The political game in world business［J］. Columbia Journal of World Business, 1972, 7（1）: 45-61.

［114］BODDEWYN J J, BREWER T L. International-business political behavior: new theoretical directions［EB/OL］.［1994-01-01］. https://doi. org/10. 5465/amr.1994. 9410122010.

［115］SOLOMON B, RUIZ I. Political risk, macroeconomic uncertainty, and the patterns of foreign direct investment［J］. International Trade Journal, 2012（3）: 181-198.

［116］ALEXANDER C. Bayesian Methods for Measuring Operational Risk［D］. Reading: University of Reading, 2000.

［117］CB Mcgowan, Jr. , SE Moeller. A model for making foreign direct investment decisions using real variables for political and economic risk analysis［J］. Managing Global Transitions, 2009, 1（7）: 27-44.

［118］CHEN W J, TANG H W. The dragon is flying west: micro-level evidence of Chinese outward direct investmet［J］. Asian Development Review, 2014, 31（2）: 109-140.

[119] WHITE C, FAN M. Risk and foreign direct investment [M]. NewYork: Palgrave Macmillan, 2006.

[120] MELDRUM D H. Country risk and foreign direct investment [J]. Business Economics, 2000, 1 (35): 33-40.

[121] QUER D, CLAVER E, RIENDA L. Political risk, cultural distance, and outward foreign direct investment: empirical evidence from large Chinese firms [J]. Asia Pacific Journal of Management, 2012, 29 (4): 1089-1104.

[122] DIORIO A, FAFF R. An analysis of asymmetry in foreign currency exposure of the Australian equities Market [J]. Journal of Multinational Financial Management, 2000, 10 (2): 133-159.

[123] DING REN, JINMIN DU. Marine foreign trade economic zone industry investment risk evaluation model under the background of the belt and road [J]. Journal of Coastal Research, 2018, SI (83): 212-216.

[124] TRUMP D J. Statement on congressional action on legislation to reduce the national security risks posed by certain types of foreign investment [J]. Daily Compilation of Presidential Documents, 2018.

[125] NABAMITA D, SANJUKTA R. Foreign direct investment, financial development and political risks [J]. The Journal of Developing Areas, 2011, 44 (2): 303-327.

[126] EDWARD T. Hall, How Culture Collide [J]. Psychology today, 1976 (7): 67-76.

[127] ASIEDU E, JIN Y, NANDWA B. Does foreign aid mitigate the adverse effect of expropriation risk on foreign direct investment? [J]. Journal of International Economics, 2009, 78 (2): 268-275.

[128] FINDLAY R. Relative backwardness, direct foreign investment and transfer of technology [J]. Quarterly Journal of Economics, 1978 (16): 921-937.

[129] SǍVOIU G, AICU M. Foreign direct investment models, based on country risk for some post-socialist central and eastern european economies [J]. Procedia Economics and Finance, 2014, 10.

[130] GLOBERMAN S, SHAPIRO D, TANG Y. Foreign direct investment in emerging and transition European countries [J]. International Finance Review, 2006 (6): 775-787.

[131] KHURANA G S. China, India and "martime silk road": seeking a con-

fluence, martime affairs [J]. Journal Of The National Martime Foundation Of India, 2015 (11): 19-29.

[132] HANINK D M, CROMLEY R G. Minimizing the geographical risk of foreign direct investment [J]. Geoforum: 1987, 18 (3): 247-256.

[133] ZHANG J, HOU L. Financial structure, productivity, and risk of foreign direct investment [J]. Journal of Comparative Economics, 2014, 42 (3): 652 -669.

[134] JOSEPH A. Cherian, enrico perotti. Option pricing and foreign investment under political risk [J]. Journal of International Economics, 2001, 55 (2): 359-377.

[135] GÜNTHER J, KRISTALOVA M. No risk, no fun? foreign direct investment in central and eastern europe [J]. Intereconomics, 2016, 51 (2): 95-99.

[136] KOSMIDOU, DOUMPOS, ZOPOUNIDIS. Country risk evaluationmethods and applications [M]. New York: Springer Science, 2008.

[137] LEAVY BRIAN. Assessing country risk for foreign investment decisions [J]. Long Range Planning, 1984, 17 (3): 141-150.

[138] CHENG L K, Three questions on China's "Belt and Road Initiative [J]. China Economic Review, 2016 (40): 309-313.

[139] GELB L H, SIMES D K. A new Anti-American axis? [N]. NewYork: Times, 2013-07-06.

[140] GOLDBERG L, KARLSTAD C D. Foreigr direct investment, exchange Rate Variability and Demand Uncertainty [J]. International Economic Review, 1995, 36 (4): 855-873.

[141] WANG L H, LIN C H, FUNG H G, et al. Foreign direct investment and downside risk: Evidence from Taiwan [J]. Pacific - Basin Finance Journal, 2019 (10): 1-15.

[142] PITLO L B. China's "one belt, one road" to where? [R]. London: McKinsey & Company, 2016.

[143] BUSSE M, HEFEKER C. Political risk, institutions and foreign direct investment [J]. European Journal of Political Economy, 2006, 23 (2): 397-415.

[144] MILLER K D. A framework for integrated risk management in international business [J]. Journal of International Business Studies, 1992, 23 (7): 311-331.

[145] OLIMAT M S. China and the Middle East: from silk road to arab spring

[M]. London: Routledge Press, 2012.

[146] KUMAR M, GREGORY M. An exploration of risk management in global industrial investment [J]. Risk Management, 2013, 14 (15): 272-300.

[147] NABAMITA D, SANJUKTA R. Foreign direct investment, financial development and political risks [J]. The Journal of Developing Areas . 2011, 44 (2): 303-307.

[148] RAMASAMY B, YEUNG M, LAFORET S. China's outward foreign direct investment: Location choice and firm ownership [J]. Journal of World Business, 2012, 47 (1): 95-101.

[149] KAPLAN R D. The geography of Chinese power: how far can beijing reach on land and at sea? [J]. Foreign Affairs, 2010 (89): 1-8.

[150] TIEZZI S. The new silk road: China's marsha plan? [EB/OL].[2014- 11-09]. http://thediplomat. com/2014/11/the-new-silk-road-chinas-marshall- plan.

[151] SHAPIRO D. Governance infrastructure and US foreign direct investment [J]. Journal of International Business Studies, 2003, 34 (1): 19-39.

[152] THAROOR S. China's silk road revival—and the fears it sturs—are deeply rooted in the country's history [J]. New Perspectives Quarterly, 2015 (32): 55-58.

[153] HAŠKOVÁS, FIALA D. Correction to: A fuzzy approach for the estimation of foreign investment risk based on values of rating indices [J]. Risk Management, 2019, 21 (3): 183-199.

[154] DENYER S. China envisions new "silk roads" to west by land and by sea [N]. The Washington Post, 2013-11-01.

[155] STEFAN H. Roboek, Political risk: identification and assessment [J]. Columbia Journal of World Business, 1971, 6 (4): 6-20.

[156] SIMON JEFFERY D. A theoretical perspective on political risk [J]. Journal of International Business Studies, 1984, 15 (3): 123-143.

[157] SANJO Y. Country risk, country size, and tax competition for foreign direct investment [J]. International Review of Economics and Finance, 2011, 21 (1): 292-301.

[158] JINJARAK Y. Foreign direct investment and macroeconomic risk [J]. Journal of Comparative Economics, 2007, 35 (3): 509-519.

附录

附录1："一带一路"背景下中国企业对外投资风险防控与对外投资绩效问卷调查

尊敬的女士/先生：

您好！非常感谢您能在百忙之中填写这份问卷。本问卷是关于"一带一路"背景下中国企业对外投资风险防控与对外投资绩效的一项调查。您所填的相关资料对我们的研究有着至关重要的作用。

我们保证您所提供的一切资料仅供本研究用于统计分析，对于您所填的资料会给予绝对保密，请您放心作答。衷心感谢您对本次问卷调查给予的支持和帮助！

一、下列题项是关于"一带一路"背景下中国企业对外投资风险防控相关内容，请您对每一条题项根据您所在企业实际情况以及我国企业对外投资情况进行判断，并做出您认为适宜的回答（在对应的数字上打"√"或涂上颜色）。

非常不同意	不同意	无法判断	同意	非常同意
1	2	3	4	5

1. 我国已建立了完善的企业对外投资考核体系。_____（1　2　3　4　5）

2. 我国已构建了完善的风险防控中介服务组织体系。__（1　2　3　4　5）

3. 我国已构建了完善的企业对外投资法律法规制度。__（1　2　3　4　5）

4. 我国已构建了全方位的金融服务支持体系。_____（1　2　3　4　5）

5. 东道国对该行业的管制强度较小。_____（1　2　3　4　5）

6. 企业管理层国际化水平较高。_____（1　2　3　4　5）

7. 企业国际化人才储备丰富。_____（1　2　3　4　5）

8. 企业构建了科学、合理的风险管理信息系统。_____（1 2 3 4 5）

9. 企业形成较好的风险防控企业文化。_____（1 2 3 4 5）

10. 企业构建了全面的定量风险评估和预警体系。____（1 2 3 4 5）

11. 企业具备完备的突发事件响应机制。_____（1 2 3 4 5）

12. 企业能够较为及时地根据环境变化来调整风险应对方案。

（1 2 3 4 5）

13. 企业运用了多种风险识别方法。_____（1 2 3 4 5）

14. 企业制定了系统详尽的风险情况列表。_____（1 2 3 4 5）

15. 企业对海外投资项目购买了充分的保险。_____（1 2 3 4 5）

16. 企业熟悉东道国各项就业法律法规。_____（1 2 3 4 5）

二、下列题项是与"一带一路"背景下中国企业对外投资绩效相关的内容，请根据您所在企业对外投资绩效实际情况做出适宜的选择（在对应的数字上打"✓"或涂上颜色）。

　　　　非常不同意　不同意　无法判断　同意　非常同意
　　　　　　1　　　　2　　　　3　　　　4　　　5

1. 企业净资产收益率达到预期目标。_____（1 2 3 4 5）

2. 企业销售利润增长率达到预期目标值。_____（1 2 3 4 5）

3. 企业所占市场份额达到预期目标值。_____（1 2 3 4 5）

4. 企业在东道国客户保持率稳定。_____（1 2 3 4 5）

5. 企业在东道国新客户发展率持续上升。_____（1 2 3 4 5）

6. 企业对外投资提高了东道国当地就业率。_____（1 2 3 4 5）

7. 企业社会形象得到提升。_____（1 2 3 4 5）

8. 企业对外投资带动了所在行业的发展。_____（1 2 3 4 5）

9. 企业对外投资增进了东道国企业来华交流。_____（1 2 3 4 5）

三、下列题项是有关您及您所在企业基本情况的信息，请您根据实际情况填写。

1. 年龄：①21～30　②31～40　③41～50　④51 岁及以上

2. 性别：①男　②女

3. 学历：①高中及以下　② 大专　③本科　④硕士及以上

4. 职位：①基层员工　②基层管理者　③中层管理人员　④ 高层管理者

5. 企业所属行业：①制造业 ②批发和零售业　③信息传输和技术服务业 ④电力/热力/燃气/水生产和供应业　⑤建筑房地产业　⑥交通运输业　⑦服务贸易类　⑧其他（请说明）_____

6. 企业员工人数：①100 人以下　②101～500 人　③501～1 000 人
④1 001～2 000 人　⑤2 001 人及以上

7. 企业成立于哪一年：＿＿＿＿＿＿＿＿＿＿＿

8. 您企业对外投资的国家是否属于"一带一路"沿线国家：是 □　否 □

9. 如果第8题选择"是"，那么请您填写具体对外投资国家的名称：

＿＿＿＿＿＿＿＿＿＿＿＿＿＿＿＿＿＿＿＿＿＿＿＿＿＿

问卷到此结束，再次对您表示感谢！

附录2："一带一路"背景下我国企业对外投资风险评价体系问卷调查

尊敬的女士/先生：

您好！非常感谢您参与本次问卷调查！本问卷是关于"一带一路"背景下中国企业对外投资风险评价体系的调查。问卷共分为两个部分：第一部分，请您完成企业对外投资各风险指标两两比较的判断矩阵表；第二部分请您对华为对外投资风险各指标的风险等级做出判定。您所填答的各项资料仅限于学术研究之用，请放心填写。谢谢您的支持和帮助！

第一部分：风险要素的权重判断

问卷填写说明：本部分将按照萨蒂1~9标度法，将相对重要程度分为9个等级。数字标度的定义及说明（如附表1所示）。中国企业对外投资风险指标体系如附表2所示。

附表1 运用"两两比较法"对评价因子的定量化标度

重要性标度	定义
1	C1 与 C2 相比，C1 与 C2 同等重要
3	C1 与 C2 相比，C1 比 C2 略重要
5	C1 与 C2 相比，C1 比 C2 明显重要
7	C1 与 C2 相比，C1 比 C2 非常重要
9	C1 与 C2 相比，C1 比 C2 绝对重要

注：2、4、6、8表示上述相邻判断的中间值；以上标度的倒数表示 C2 与 C1 相比的值，得到 C2 比 C1 的重要程度。

附表 2 中国企业对外投资风险指标体系

一级指标	二级指标	三级指标
企业对外投资风险	外源性风险	法律风险
		政治风险
		经济风险
		文化风险
		产品市场风险
		行业竞争风险
		行业技术风险
		行业制度风险
	内生性风险	人力资源风险
		融资风险
		运营风险
	过程性风险	项目决策风险
		项目质量风险
		计划延误风险
		成本费用超支风险

部分指标含义释义：

（1）法律风险：包括劳动法、税法等以及法律管制强度。

（2）政治风险：政权稳定程度、政府干预程度、政府腐败程度等。

（3）经济风险：东道国经济发展水平、贸易自由化程度、通胀风险、汇率风险等。

（4）文化风险：宗教信仰、传统习俗、商务惯例、教育普及程度等。

（5）产品市场风险：产品市场饱和度、产品市场的预期增长速度等。

（6）行业竞争风险：同类产品市场份额、替代产品的替代程度、客户需求偏好差异程度、现有竞争者报复行为的可能性等。

（7）行业技术风险：企业的技术优势，行业的技术密集程度、变革程度、学习壁垒等。

（8）行业制度风险：东道国对该行业的管制强度、对行业内本国企业扶持程度等。

（9）人力资源风险：企业高管团队的国际经验、国际化人才比例等。

（10）运营风险：企业对外投资战略、风险认知程度、风险管理等。

（11）项目决策风险：企业的投资区位、投资方式、合作方、项目承包方和其他利益相关者的风险评估和选择。

（12）项目质量风险：经营过程中的冒险投机程度；经营过程中的盲目决

策行为；熟悉项目所在国施工及管理要求程度；项目所在地自然环境恶劣程度；当地合格劳动力及承包商能力等。

（13）计划延误风险：项目复杂程度、项目生命周期长度，项目参与方数量等。

（14）成本费用超支风险：税费增加、罚款支出、生态环境清理费用等。

一、二级指标评价

对于"'一带一路'背景下企业对外投资风险"而言，请您以"一带一路"实施前、后为背景分别比较"外源性风险、内生性风险和过程性风险"二级指标间的重要程度，以此为基础回答问题1~2（进行两两比较）。

1. 第二级指标：请您对以下指标之间的相对重要程度进行比较。

		9	8	7	6	5	4	3	2	1	1/2	1/3	1/4	1/5	1/6	1/7	1/8	1/9		
外源性风险	前																		前	内生性风险
	后																		后	

2. 第二级指标：请您对以下指标之间的相对重要程度进行比较。

		9	8	7	6	5	4	3	2	1	1/2	1/3	1/4	1/5	1/6	1/7	1/8	1/9		
外源性风险	前																		前	过程性风险
	后																		后	
内生性风险	前																		前	过程性风险
	后																		后	

二、三级指标评价

就二级指标"外源性风险"而言，请您以"一带一路"实施前、后为背景分别对比"法律风险、政治风险、经济风险、文化风险、产品市场风险、行业竞争风险、行业技术风险和行业制度风险"三级指标两两之间的重要程度，并以此为基础回答问题3~9（进行两两比较）。

3. 第三级指标：请您对以下指标之间的相对重要程度进行比较。

		9	8	7	6	5	4	3	2	1	1/2	1/3	1/4	1/5	1/6	1/7	1/8	1/9		
法律风险	前																		前	政治风险
	后																		后	

4. 第三级指标：请您对以下指标之间的相对重要程度进行比较。

		9	8	7	6	5	4	3	2	1	1/2	1/3	1/4	1/5	1/6	1/7	1/8	1/9		
法律风险	前																		前	经济风险
	后																		后	
政治风险	前																		前	经济风险
	后																		后	

5. 第三级指标：请您对以下指标之间的相对重要程度进行比较。

		9	8	7	6	5	4	3	2	1	1/2	1/3	1/4	1/5	1/6	1/7	1/8	1/9		
法律风险	前																		前	文化风险
	后																		后	
政治风险	前																		前	文化风险
	后																		后	
经济风险	前																		前	文化风险
	后																		后	

6. 第三级指标：请您对以下指标之间的相对重要程度进行比较。

		9	8	7	6	5	4	3	2	1	1/2	1/3	1/4	1/5	1/6	1/7	1/8	1/9		
法律风险	前																		前	产品市场风险
	后																		后	
政治风险	前																		前	产品市场风险
	后																		后	
经济风险	前																		前	产品市场风险
	后																		后	
文化风险	前																		前	产品市场风险
	后																		后	

7. 第三级指标：请您对以下指标之间的相对重要程度进行比较。

		9	8	7	6	5	4	3	2	1	1/2	1/3	1/4	1/5	1/6	1/7	1/8	1/9		
法律风险	前																		前	行业竞争风险
	后																		后	
政治风险	前																		前	行业竞争风险
	后																		后	
经济风险	前																		前	行业竞争风险
	后																		后	

		9	8	7	6	5	4	3	2	1	1/2	1/3	1/4	1/5	1/6	1/7	1/8	1/9		
文化风险	前																		前	行业竞争风险
	后																		后	
产品市场风险	前																		前	行业竞争风险
	后																		后	

8. 第三级指标：请您对以下指标之间的相对重要程度进行比较。

		9	8	7	6	5	4	3	2	1	1/2	1/3	1/4	1/5	1/6	1/7	1/8	1/9		
法律风险	前																		前	行业技术风险
	后																		后	
政治风险	前																		前	行业技术风险
	后																		后	
经济风险	前																		前	行业技术风险
	后																		后	
文化风险	前																		前	行业技术风险
	后																		后	
产品市场风险	前																		前	行业技术风险
	后																		后	
行业竞争风险	前																		前	行业技术风险
	后																		后	

9. 第三级指标：请您对以下指标之间的相对重要程度进行比较。

		9	8	7	6	5	4	3	2	1	1/2	1/3	1/4	1/5	1/6	1/7	1/8	1/9		
法律风险	前																		前	行业制度风险
	后																		后	
政治风险	前																		前	行业制度风险
	后																		后	
经济风险	前																		前	行业制度风险
	后																		后	
文化风险	前																		前	行业制度风险
	后																		后	
产品市场风险	前																		前	行业制度风险
	后																		后	
行业竞争风险	前																		前	行业制度风险
	后																		后	

		9	8	7	6	5	4	3	2	1	1/2	1/3	1/4	1/5	1/6	1/7	1/8	1/9		
行业技术风险	前																		前	行业制度风险
	后																		后	

就二级指标"内生性风险"而言，请您以"一带一路"实施前、后为背景分别对比"人力资源风险、融资风险和营运风险"三级指标两两之间的重要程度，并以此为基础回答问题10~11（进行两两比较）。

10. 第三级指标：请您对以下指标之间的相对重要程度进行比较。

		9	8	7	6	5	4	3	2	1	1/2	1/3	1/4	1/5	1/6	1/7	1/8	1/9		
人力资源风险	前																		前	融资风险
	后																		后	

11. 第三级指标：请您对以下指标之间的相对重要程度进行比较。

		9	8	7	6	5	4	3	2	1	1/2	1/3	1/4	1/5	1/6	1/7	1/8	1/9		
人力资源风险	前																		前	营运风险
	后																		后	
融资风险	前																		前	营运风险
	后																		后	

就二级指标"过程性风险"而言，请您以"一带一路"实施前、后为背景分别对比"项目决策风险、项目质量风险、计划延误风险和成本费用超支风险"三级指标两两之间的重要程度，并以此为基础回答问题12~14（进行两两比较）。

12. 第三级指标：请您对以下指标之间的相对重要程度进行比较。

		9	8	7	6	5	4	3	2	1	1/2	1/3	1/4	1/5	1/6	1/7	1/8	1/9		
项目决策风险	前																		前	项目质量风险
	后																		后	

13. 第三级指标：请您对以下指标之间的相对重要程度进行比较。

		9	8	7	6	5	4	3	2	1	1/2	1/3	1/4	1/5	1/6	1/7	1/8	1/9		
项目决策风险	前																		前	计划延误风险
	后																		后	
项目质量风险	前																		前	计划延误风险
	后																		后	

14. 第三级指标：请您对以下指标之间的相对重要程度进行比较。

		9	8	7	6	5	4	3	2	1	1/2	1/3	1/4	1/5	1/6	1/7	1/8	1/9			
项目决策风险	前																			前	成本费用超支风险
	后																			后	
项目质量风险	前																			前	成本费用超支风险
	后																			后	
计划延误风险	前																			前	成本费用超支风险
	后																			后	

第二部分：风险等级判定

问卷填写说明：请您对"一带一路"实施前后华为对外投资风险各要素所处的风险等级做出判定，以此为基础回答问题15~17。为了便于您评定，打分范围为1~10分，1分表示风险等级最低，10分表示风险等级最高，共10个等级（分值可重复）。

15. 请您分别对"一带一路"实施前后华为对外投资"外源性风险"下三级指标进行风险等级评分，分值可重复。

（1）"一带一路"实施前

	10	9	8	7	6	5	4	3	2	1
法律风险										
政治风险										
经济风险										
文化风险										
产品市场风险										
行业竞争风险										
行业技术风险										
行业制度风险										

（2）"一带一路"实施后

	10	9	8	7	6	5	4	3	2	1
法律风险										
政治风险										
经济风险										
文化风险										
产品市场风险										
行业竞争风险										
行业技术风险										
行业制度风险										

16. 请您分别对"一带一路"实施前后华为对外投资"内生性风险"下的三级指标进行风险等级评分，分值可重复。

（1）"一带一路"实施前

	10	9	8	7	6	5	4	3	2	1
人力资源风险										
融资风险										
运营风险										

（2）"一带一路"实施后

	10	9	8	7	6	5	4	3	2	1
人力资源风险										
融资风险										
运营风险										

17. 请您分别对"一带一路"实施前后华为对外投资"过程性风险"下的四项三级指标进行风险等级评分，分值可重复。

（1）"一带一路"实施前

	10	9	8	7	6	5	4	3	2	1
项目决策风险										
项目质量风险										
计划延误风险										
成本费用超支风险										

（2）"一带一路"实施后

	10	9	8	7	6	5	4	3	2	1
项目决策风险										
项目质量风险										
计划延误风险										
成本费用超支风险										

后记

本书付梓之际正值装载"一带一路"重大项目建设配套物资的中欧班列由成都国际铁路港首发至俄罗斯圣彼得堡舒沙雷火车站。历经两千年历史，贯穿东西方文明，2013年以来，"一带一路"已经从理念转化为行动，从愿景转化为现实，从倡议转化为全球广受欢迎的国际公共产品；中欧班列与西部陆海新通道"双翼齐飞"，东西互济、陆海兼顾，串起丝路机遇，助力丝绸之路经济带扬帆远行！

感谢伟大的祖国！中国企业"走出去"，从步履蹒跚到行稳致远，每一步都离不开国家坚强有力的后盾堡垒。企业深度参与全球化进程，不仅仅是各国企业间的竞争，更是企业背后国家综合实力和发展战略的竞争。截至2021年3月，我国已与171个国家和国际组织，签订了205份共建"一带一路"合作文件；东亚区域一体化20年来最重要的成果——《区域全面经济伙伴关系协定》的成功签署，标志着覆盖世界人口最多、经贸领域最广、最具发展潜力的全球最大自贸区正式启航；2020年以来，面对复杂的国际形势特别是新冠肺炎疫情的冲击，我国与区域各国守望相助、共克时艰，共同推进"一带一路"的新进展、新突破、新成效。

感谢伟大的时代！共建"一带一路"倡议源自中国，更属于世界；根植于历史，更面向未来。缘起千年，泽被当代，历史总是押着相同的韵脚，但其内涵已非同日而语。中国企业扬帆出海，注定要在深海里练就抗击风浪的经验和能力，从泰国"大米换高铁"的起伏波折到墨西哥高铁项目的频发变故，从缅甸政府叫停密松水电站项目到希腊新政府叫停比雷埃夫斯港股权收购项目，从华为收购美国3leaf受阻到宏芯收购德国爱思强失利，似乎都在彰显中国企业对外投资之路并不平坦，"行一棋不足以见智，弹一弦不足以见悲"，历史还在继续，企业前行的脚步也将永不停止。一带振兴之旅、一路天辽地宁，"新丝路"与"新思路"交融，"一带一路"征途上，中国企业将一路自东向西，穿越戈壁、沙漠、草原、绿洲，乘风破浪，唯智者不惧，行者无疆。

本书是国家社会科学基金项目"'一带一路'背景下中国企业对外投资风险防控研究"（项目编号：17BJY029）的结项成果。3年多来，从获准立项的欣喜到研究过程的艰辛，从提交鉴定的忐忑到顺利结项的释然，如人饮水，甘苦自知。"平生多感激，忠义非外奖"，书稿的付梓，感谢国家社科基金项目评审专家的厚爱和成果鉴定专家的肯定，感谢课题组成员凝心聚力、相互提携、砥砺前行，感谢中央高校基本科研业务费专著出版基金的资助，感谢西南财经大学出版社编辑部孙婧老师严谨、细致、专业的辛勤付出，资金资助和全程管理使我们能"安然于无闻，执着于真知"。酌水知源，再次对一路来给予我们信任、帮助和引导的友善之士、端良之士、饱学之士表示感谢。

志同者，不以山海为远。"一带一路"背景下中国企业对外投资是一幅波澜壮阔的历史长卷，不论是谋篇布局的"大写意"，还是精雕细琢的"工笔画"；不论是质朴雅致的"素描"，还是绚丽夺目的"彩绘"，兼需心系怀柔远人、和谐万邦的天下观，亟须立足夯基垒台、立柱架梁的践行观。由于"一带一路"背景下中国企业对外投资经济体量庞大，场景应用广泛，对外投资风险防控研究涉及领域较多，且区域各国国情有别、禀赋各异，站在更高层面对理论与实践的综合把握恐不够深入，问卷数据的手工处理可能存在偏差，以及学识和经验等方面的局限，本书尚需拓展和深化，笔者不揣浅陋，以见教于大方，盼同仁斧正、望贤达赐教以"补茅屋之罅漏，塞墙垣之隙缺"。

黄娟

2021 年 9 月于成都